权威·前沿·原创

皮书系列为
"十二五""十三五"国家重点图书出版规划项目

BLUE BOOK

智库成果出版与传播平台

南宁蓝皮书

BLUE BOOK OF NANNING

南宁社会发展报告（2020）

ANNUAL REPORT ON SOCIAL DEVELOPMENT OF NANNING (2020)

主　编／胡建华
副主编／覃洁贞　王　瑶

社会科学文献出版社
SOCIAL SCIENCES ACADEMIC PRESS (CHINA)

图书在版编目(CIP)数据

南宁社会发展报告.2020/胡建华主编.--北京：社会科学文献出版社，2020.9
（南宁蓝皮书）
ISBN 978-7-5201-7153-3

Ⅰ.①南… Ⅱ.①胡… Ⅲ.①社会发展-研究报告-南宁-2020 Ⅳ.①D676.71

中国版本图书馆CIP数据核字（2020）第159890号

南宁蓝皮书
南宁社会发展报告（2020）

主　　编／胡建华
副主编／覃洁贞　王　瑶

出 版 人／谢寿光
组稿编辑／恽　薇
责任编辑／宋淑洁
文稿编辑／许文文

出　　版／社会科学文献出版社·经济与管理分社（010）59367226
　　　　　地址：北京市北三环中路甲29号院华龙大厦　邮编：100029
　　　　　网址：www.ssap.com.cn

发　　行／市场营销中心（010）59367081　59367083
印　　装／天津千鹤文化传播有限公司

规　　格／开　本：787mm×1092mm　1/16
　　　　　印　张：22　字　数：327千字
版　　次／2020年9月第1版　2020年9月第1次印刷
书　　号／ISBN 978-7-5201-7153-3
定　　价／128.00元

本书如有印装质量问题，请与读者服务中心（010-59367028）联系

▲ 版权所有 翻印必究

南宁蓝皮书编委会

主　任　周红波

副主任　张文军　邓亚平　何　颖　周　中　李建文
　　　　　刘为民　朱会东　秦运彪　伍　娟

编　委　黄宗成　蔡志忠　丁　伟　边作新　黄南方
　　　　　汪东明　韦振豪　胡建华

《南宁社会发展报告（2020）》
编 辑 部

主　　编　胡建华

副 主 编　覃洁贞　王　瑶

编　　辑　龙　敏　杨　彧　苏　静　张　伟　庞嘉宜
　　　　　王许兵

主要编撰者简介

胡建华　男，汉族，籍贯河南汤阴，硕士，南宁市社会科学院党组副书记、院长，编审，《创新》主编。南宁市专业技术拔尖人才。

覃洁贞　女，瑶族，籍贯广西金秀，南宁市社会科学院副院长、研究员，主要研究方向为产业经济、民族文化发展。南宁市专业技术拔尖人才，南宁市新世纪学术和技术带头人。

王　瑶　女，壮族，籍贯广西百色，硕士，南宁市社会科学院社会发展研究所副所长、助理研究员，主要研究方向为部门法学和社会学。南宁市优秀青年专业技术人才，南宁市新世纪学术和技术带头人。

摘　要

《南宁社会发展报告（2020）》由南宁市社会科学院组织研究机构专家和政府相关职能部门研究人员共同协作完成。全书旨在对南宁市2019年社会发展总体情况及各领域的情况进行全面客观的分析和总结，同时对2020年社会发展形势及发展思路进行预测和展望。

全书分为总报告、分报告、基层社会治理篇、专题研究篇四部分。总报告认为，2019年南宁市经济社会持续健康发展，民生事业全面进步，城市管理水平显著提高，综合改革扎实推进，但同时面临城乡居民收入水平不高、城乡差距持续扩大等问题。2020年，南宁市将加快贯彻落实"强首府"战略步伐，稳定社会发展格局，持续完善公共服务体系，加强社会治理体系和治理能力建设，保障社会稳定健康发展。

分报告主要从南宁市教育、科技、民政事业、就业、脱贫攻坚、文化事业、体育事业等社会发展各领域展开分析，同时对2020年的发展态势做出展望，并提出相应对策。基层社会治理篇主要从南宁市推进首府市域治理现代化、社区治安综合治理体系建设、老旧小区管理、少数民族流动人口管理等方面分析南宁市基层社会治理基本情况。专题研究篇是专家学者对南宁市社会发展相关问题的研究成果，具有较高的理论价值和政策参考价值。

关键词： 社会发展　基层社会治理　民生保障

Abstract

Report on Social Development of Nanning (2020) is jointly compiled by the experts from Nanning Academy of Social Sciences and relevant government departments. The Report aims to make comprehensive and objective analyses and summary on overall social development and different social fields of Nanning in 2019 and make forecasts and prospects on its social development and development concepts in 2020.

This book is composed of four parts, including general report, topical reports, grassroots social governance reports and special reports. General report concludes that in the year 2019 Nanning achieved sustained and sound economic and social development and made all-round progress in improving people's wellbeing, remarkable improvement in urban management and solid progress in comprehensive reform. However, it also faced relatively low income of its urban and rural residents and widening gap between urban and rural areas. In 2020, Nanning will speed up implementing the strategy of building a robust provincial capital city, strive to achieve stable social development, continue to improve the public service system, strengthen the system and capacity of social governance and ensure stable and sound social development.

Topical reports mainly analyze different fields of social development in Nanning, such as education, science and technology, civil affairs, employment, poverty alleviation, culture and sports. They also make prospects and put forward countermeasures for development in 2020. Grassroots social governance reports analyze the overall grassroots social governance in Nanning, such as the modernization of its urban governance, construction of a comprehensive community public security management system, management of old residential communities, management of floating population of ethnic minorities. Special reports collect the research findings of the scholars and experts on the subjects related to social development in Nanning and therefore have high theoretical and policy reference value.

Keywords: Social Development; Grassroots Social Governance; Security for People's Livelihood

目　录

Ⅰ 总报告

B.1 2019~2020年南宁市社会形势分析及展望 …………………… / 001

Ⅱ 分报告

B.2 2019~2020年南宁市教育发展状况分析及展望 ………………… / 034
B.3 2019~2020年南宁市科技发展状况分析及展望 ………………… / 046
B.4 2019~2020年南宁市民政事业发展状况分析及展望 …………… / 059
B.5 2019~2020年南宁市就业状况分析及展望 ……………………… / 071
B.6 2019~2020年南宁市社会保险事业发展状况分析及展望 ……… / 081
B.7 2019~2020年南宁市脱贫攻坚状况分析及展望 ………………… / 089
B.8 2019~2020年南宁市社会治安综合治理分析及展望 …………… / 102
B.9 2019~2020年南宁市文化事业发展状况分析及展望 …………… / 117
B.10 2019~2020年南宁市体育事业发展状况分析及展望 ………… / 129

Ⅲ 基层社会治理篇

B.11 发展新时代"枫桥经验"推进首府市域治理现代化………… / 145

001

B.12 南宁市社区治安综合治理体系建设对策分析 ………………… / 160
B.13 南宁市老旧小区概况调查及管理对策分析 …………………… / 176
B.14 南宁市各民族相互嵌入式社区建设情况分析 ………………… / 191
B.15 南宁市少数民族流动人口融入城市问题分析 ………………… / 206

Ⅳ 专题研究篇

B.16 南宁市创建国家级医养结合试点研究 ………………………… / 224
B.17 南宁市加强与东盟国家友好城市人文交流对策研究 ………… / 238
B.18 农村人居环境现状研究
——以南宁市为例 ……………………………………………… / 254
B.19 推进南宁市乡村风貌提升对策研究 …………………………… / 267
B.20 提升南宁市扬尘治理智慧化水平对策研究 …………………… / 278
B.21 南宁市污水处理差别化收费政策研究 ………………………… / 292
B.22 南宁市促进建筑垃圾资源化利用对策研究 …………………… / 307
B.23 南宁市易地扶贫搬迁拆旧复垦对策研究 ……………………… / 318

皮书数据库阅读**使用指南**

CONTENTS

I General Report

B.1 Analysis and Prospect of Social Development in Nanning 2019-2020 / 001

II Topical Reports

B.2 Analysis and Prospect of Educational Development in Nanning 2019-2020 / 034

B.3 Analysis and Prospect of Scientific and Technological Development in Nanning 2019-2020 / 046

B.4 Analysis and Prospect of Civil Affairs Development in Nanning 2019-2020 / 059

B.5 Analysis and Prospect of Employment in Nanning 2019-2020 / 071

B.6 Analysis and Prospect of Social Insurance Development in Nanning 2019-2020 / 081

B.7 Analysis and Prospect of Poverty Alleviation in Nanning 2019-2020 / 089

B.8 Analysis and Prospect of Comprehensive Management of Public Security in Nanning 2019-2020 / 102

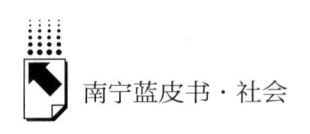

B.9　Analysis and Prospect of Cultural Development in Nanning 2019-2020

/ 117

B.10　Analysis and Prospect of Sports Development in Nanning 2019-2020

/ 129

Ⅲ　Grassroots Social Governance

B.11　Advancing Modernization of Urban Governance in
　　　　Nanning with "Fengqiao Experience" in the New Era　　/ 145
B.12　Countermeasure Analyses on Building a Comprehensive Management
　　　　System for Community Public Security in Nanning　　/ 160
B.13　Surveys and Countermeasure Analyses on Old Residential Communities
　　　　in Nanning　　/ 176
B.14　Analyses on Building Communities with Mixed Residence of
　　　　Different Ethnic Groups in Nanning　　/ 191
B.15　Analyses on Urban Integration of Floating Population of Ethnic
　　　　Minorities in Nanning　　/ 206

Ⅳ　Special Reports

B.16　Study on National-level Pilot Implementation of Integrated Eldercare
　　　　Services with Medical Care in Nanning　　/ 224
B.17　Countermeasure Study on Strengthening Cultural and People-to-
　　　　people Exchanges Between Nanning and Its Sister Cities in
　　　　ASEAN Countries　　/ 238
B.18　Research on Existing Living Environment in Rural Areas
　　　　—*A Case Study on Nanning*　　/ 254
B.19　Countermeasure Study on Upgrading Rural Landscape in Nanning

/ 267

CONTENTS

B.20　Countermeasure Study on Improving the Smart Management in Dust Control in Nanning / 278

B.21　Study on Differentiated Charges on Wastewater Treatment in Nanning / 292

B.22　Countermeasure Study on Promoting Resource Utilization of Construction Waste in Nanning / 307

B.23　Countermeasure Study on Relocation of Impoverished Residents and Demolition of Their Old Houses for Reclamation in Nanning / 318

总 报 告
General Report

B.1
2019~2020年南宁市社会形势分析及展望

联合课题组*

摘　要： 2019年，南宁市经济社会持续健康发展，民生事业全面进步，城市管理水平显著提高，综合改革扎实推进，但同时面临城乡居民收入水平不高、城乡差距持续扩大、基本公共服务供给不平衡、就业供需矛盾、引才留才有待加强等问题。2020年，南宁市将持续加强民生保障，加速推进落实"强首府"战略，稳定社会发展格局，持续完善公共服务体系，加强

---

* 课题组组长：王瑶，南宁市社会科学院社会发展研究所副所长、助理研究员。课题组成员：苏静，南宁市社会科学院社会发展研究所副研究员；张伟，南宁市社会科学院社会发展研究所研究实习员；谢强强，南宁市社会科学院科研管理所研究实习员；王许兵，南宁市社会科学院东盟研究所研究实习员；邓学龙，博士，南宁师范大学，副研究员；刘娴，广西社会科学院助理研究员；毕雯，南宁市发展和改革委员会社会科科长；赵良刚，南宁市发展和改革委员会社会科副科长。

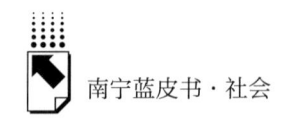

基层社会治理能力建设，统筹衔接乡村振兴与脱贫攻坚，强化稳就业举措，扩大居民消费。

关键词： 民生事业　基层社会治理　城乡差距

2019年，南宁市社会发展继续坚持稳中求进的总基调，民生事业持续改善，教育高质量发展，科技创新迸发活力，文化引领力不断增强，综合改革向纵深推进，脱贫攻坚工作取得显著成效，社会治理水平不断提高。2020年开年受到新冠肺炎疫情影响，南宁市经济下行压力增大，社会发展也面临疫情防控长期化和常态化给决胜全面小康、脱贫攻坚收官、全面贯彻落实"强首府"战略等带来的多重挑战。南宁市应全力以赴持续稳增长、促改革、调结构、惠民生、防风险、保稳定，着力处理好疫情防控下稳定增长、稳定就业、增强公共服务供给、激发新消费等各项社会事业面临的新情况和新问题，保障南宁市经济社会稳定健康发展。

一　2019年南宁市社会发展总体形势

（一）民生事业全面进步，助力民生福祉升级

1. 居民收入持续增长，市民获得感显著增强

2019年，南宁市将增强人民获得感、幸福感放在首位，切实做好服务于人民这一中心工作，持续加强保障和改善民生。全市民生支出624.39亿元，占一般公共预算支出的79.27%（见表1），社会消费品零售总额增长9%，城镇居民人均可支配收入增长6.8%，农村居民人均可支配收入增长10.2%（见表2），居民消费价格上涨2.5%，实现保供应、保民生、保稳定。

表1 2018年、2019年南宁市与部分省会城市民生支出及其比重

单位：亿元，%

城市	年份	民生支出	占一般公共预算支出的比重
南宁市	2019	624.39	79.27
	2018	539.22	77.26
贵阳市	2019	471.12	65.55
	2018	409	65.2
成都市	2019	—	—
	2018	1200	65
昆明市	2019	618.58	75.4
	2018	557.8	73.7

资料来源：根据各市人民政府网站数据整理。

表2 2015~2019年南宁市居民人均可支配收入及增长率

单位：元，%

年份	常住地	居民人均可支配收入	同比增长率
2019	城镇	37675	6.8
	农村	15047	10.2
2018	城镇	35276	6.2
	农村	13654	9.1
2017	城镇	33217	8.1
	农村	12515	9.8
2016	城镇	30728	5.6
	农村	11398	21.2
2015	城镇	29106	7.5
	农村	9408	9.7

资料来源：根据南宁市人民政府网站数据整理。

2. 提升教育整体水平，促进高质量发展

2019年，南宁市荣获广西首批"职业教育改革成效明显市"称号，学生资助、普及高中阶段教育等工作走在全区乃至全国前列。学前教育普惠发展，新增多元普惠幼儿园118所，全市多元普惠幼儿园累计达681所；义务教育均衡发展，南宁市已实现公办义务教育学校学区制管理改革工作100%覆盖，共将192个学区的1302所学校纳入学区制管理；普通高中教育优质

发展，全市建成自治区示范性普通高中 25 所，自治区特色高中 2 所；职业教育高质量发展，南宁市辖区 19 所中等职业学校共新增 18 个专业，与南宁市重点产业发展相适应的专业体系基本形成。南宁市积极推进教育信息化，建设智慧校园，全市 653 个教学点已实现数字教育资源全覆盖，多学科资源互联互通。

3. 推动科学技术发展，激发创新创业活力

2019 年，南宁市着力抓好创新载体建设、创新环境优化等工作，科技创新整体实力不断增强。高新技术企业保有量达 990 家，总数占全区的 41.44%，新增广西瞪羚企业 6 家，全年培育入库国家科技型中小企业 503 家，数量居自治区首位；大力推进南宁·中关村创新示范基地建设，为基地引进新型产业技术研究机构 3 家、国家级人才 4 名，引进海创大赛获奖项目 2 个；携手知名高校打造高端创新创业载体，引进 6 家知名高校分支机构和新型产业技术研究机构；推动企业研发平台建设，新增国家企业技术中心 2 家、自治区级企业工程技术研究中心 9 家；推进创业孵化载体发展，新增入库培育国家级科技企业孵化器 1 家、众创空间 2 家，新增自治区级科技企业孵化器 2 家、众创空间 6 家；深化政产学研合作，新增自治区级星创天地 5 家、技术转移示范机构 8 家；注重高科技人才建设，引进国家级人才 5 名；重大科技成果取得新突破，2 项科技成果获国家科学技术奖、42 项成果获广西科学技术奖。

4. 加强公共文化服务，推动文化活动提档升级

一是公共文化服务提质增效。积极推进图书馆服务渠道优化升级，截至 2019 年 11 月底，共举办各类读者活动 805 场次，参与人数为 21.7 万余人次；新增馆外流通服务点 14 个；推动社会教育培训均等普惠，共开展阵地公益培训、艺术培训示范基地培训 195 期（班）次，培训 6600 余人次；推进旅游硬件设施建设，推进五星级饭店、三星级旅游饭店、绿色饭店创建，着力提升酒店的软硬件设施和服务水平；加强游客服务中心、旅游停车场等旅游公共服务体系建设，确定 15 个旅游大客车临时上落客点，完成新建旅游厕所 71 座、改建 13 座任务，完成第二批、第三批共 260 块新版南宁旅游

交通标识牌设置。

二是成功举办了庆祝中华人民共和国成立70周年系列文化活动。举办了"我心中的歌"南宁市庆祝中华人民共和国成立70周年群众文化活动暨第二十一届南宁国际民歌艺术节"大地飞歌·2019"、"我和我的祖国"南宁市庆祝中华人民共和国成立70周年暨2019年南宁国际民歌艺术节"绿城歌台"群众文化活动、庆祝中华人民共和国成立70周年"百里秀美邕江"摄影大赛获奖作品展、"一带一路"艺术行——俄罗斯油画名家南宁邀请展等各类活动。

三是扎实推进"四个文化"提档升级。传统文化焕发活力，2019年市级非物质文化遗产代表性项目新增38项，市级非物质文化遗产项目代表性传承人新增33名，隆安县旧石器时代"娅怀洞遗址"入选第八批全国重点文物保护单位。精品文化繁荣发展，2019年精品文化继续繁荣发展，舞剧《刘三姐》荣获广西第十五届精神文明建设"五个一工程"奖，邕剧《魂断巴丘》作为广西唯一一个入选节目参加了2019年全国净行、丑行暨武戏展演活动。对外文化交流硕果累累，赴缅甸、老挝开展"文化走亲东盟行"文化交流活动，举办2019年中国—东盟（南宁）戏剧周，吸引了中国与东盟国家的19个文化机构、艺术院团及其著名艺术家的参与，吸引了3万余名观众观看。群众文化多元普惠，组织开展新春音乐会、迎春广场文化活动、"欢度元宵"大型广场舞会、南宁市第七届文化庙会等，截至2019年11月底，民歌湖周周演活动累计演出99场次，惠及观众25万余人次。

5. 加强公共体育供给，促进"体育+"融合发展

2019年，南宁市加大公共体育设施建设的投入力度，中央、自治区、南宁市三级政府共投入资金2244.84万元，建设体育场地和设施项目238个，构建城市社区"10分钟健身圈"。全年举办市、县（区）级以上赛事活动约500项，组织开展第十四届南宁国际马拉松比赛暨第三十七届南宁解放日长跑活动、南宁市第十届运动会等，营造了浓厚的全民健身氛围。推动"体育+旅游""体育+康养""体育+培训""体育+会展"等工

作，打造体育旅游精品品牌，促进"体育+"融合多元发展。实施"赛事兴旺工程"，目标是将南宁建设成面向东盟的区域性国际体育中心城市、国际大赛优选城市，成功举（承）办了2019年"中国杯"国际足球锦标赛、2019年"苏迪曼杯"世界羽毛球混合团体锦标赛、2019年环广西公路自行车世界巡回赛（南宁站）、中国—东盟卡丁赛车邀请赛暨洛克中国卡丁车大奖赛（南宁站）、ITF国际女子网球巡回赛（南宁站）、全国少年攀岩锦标赛等10余项品牌赛事，有效提高了南宁的国际知名度、美誉度和影响力。

6. 全面建设健康城市

一是抓好健康素养促进工作。推进青秀区、马山县、宾阳县自治区健康促进县区建设，持续开展健康促进医院、学校、机关、企业，健康社区（村）和健康家庭等健康促进场所建设，完成3个国家级居民健康素养监测点监测任务，打造3个市级健康促进示范点。二是持续巩固"国家卫生城市"成果，确保全市"创卫"工作力度不减、标准不降。三是推进健康产业发展。全市"两证齐全"医养结合机构达30家，其中2019年新增5家；100%的养老机构通过内设医疗机构或与医疗机构合作为入住老人提供医疗卫生服务，能够提供医疗卫生服务的养老机构达273家，二级及以上公立综合医院设立老年病科的比例达53%。启动0~3岁婴幼儿照护工作，全市公共场所母婴设施建设率达92%。加快推进中医健康旅游示范市创建工作，打造中医药健康旅游示范基地。加大健康产业招商力度，全市民办医疗机构达71家，民办医疗机构床位达5760张。

7. 加强民生保障能力，提高社会保障水平

一是全力推进兜底保障工作，提高城乡低保标准。城市低保标准从620元/（人·月）提高到690元/（人·月），农村低保标准从3800元/（人·年）提高到4600元/（人·年）。全力抓好医保征缴扩面工作，2019年1月至11月，全市城镇职工基本医疗保险参保人数为114.95万人，同比增长3.78%，城乡居民基本医疗保险参保人数为586.43万人，同比增长0.46%，其中符合条件的建档立卡贫困人口参加城乡居民基本医疗保险

612189人（含2014年、2015年退出户，2016年脱贫户），参保率达100%。

二是2019年南宁市就业形势总体平稳，稳中有进。2019年，南宁市城镇新增就业75247人，同比增长7.93%；城镇失业人员再就业17921人，同比增长8.89%；就业困难人员就业5651人，同比增长28.14%；城镇登记失业率为2.71%，与2018年同期持平；离校未就业毕业生就业率为98.05%；农村劳动力转移就业6.64万人，其中，贫困劳动力转移就业2.40万人。各项就业指标进展情况总体好于预期。

三是稳步推进安居工程建设。2019年南宁市分别完成危旧房改造、棚户区改造国家新开工任务2695套、7051套。筹集各类公租房房源5233套，其中新增分配政府投资公租房2041套；公租房租赁补贴惠及3618户家庭。积极推进旧城改造工作，印发实施《南宁市加快推进旧城区改造工作实施办法》，落实老旧小区改造资金2600万元，南宁市皮鞋厂第二生活区等首批老旧小区试点项目实现开工建设。积极做好人才安居保障工作，研究出台了《南宁市高层次人才公寓管理办法》《关于开展南宁市高层次人才购房补贴发放有关工作的通知》等人才安居政策，启动了高坡岭人才公寓普通人才住房分配工作。

（二）城市治理能力显著提高，推动宜居城市建设

1.城市建设具有新举措

2019年，南宁明确发展定位，全面落实"强首府"战略。明确"一主四副"总体规划，多个板块的具体规划出炉；多个重大项目开工竣工，清川立交桥两条主线通车，建兴北路延长线一期工程、蓉茉大道延长线凤岭北路（快环—高坡岭路）等项目正在稳步推进；中国（广西）自由贸易试验区获批，成为南宁新时代推进改革开放的新高地；与香港特别行政区实现动车直连直通，加速在重大基础设施等领域融入粤港澳大湾区；南宁地铁3号线通车，正式进入3.0时代。南宁市部分地铁进度如表3所示。

表3 南宁市部分地铁进度（截至2019年12月31日）

地铁	进度
1号线	2016年12月8日通车
2号线	2017年12月9日通车
3号线	2019年6月6日通车
4号线	未开通
5号线	未开通

2. 城市管理水平显著提高

2019年，南宁市深入开展"城市精细化管理年"活动。连续三年获评国家卫生城市。加强"五乱"专项整治。完成高铁沿线安全隐患问题整改664处。全面提升邕江沿岸公园管理水平。积极解决"垃圾围城"问题，实施生活垃圾分类，覆盖居民99.61万户。实施集团化运作，集"收、转、运和处置"于一体的垃圾处理改革迈出新步伐，兴宁区二塘建筑垃圾破碎循环利用试验基地正式运营，双定循环产业园项目开工建设。新型智慧城市建设步伐加快，在2019年中欧绿色智慧城市和企业优秀案例评选中获评荣誉城市。"爱南宁"App应用汇聚全市47个部门信息服务资源，上线应用超过100项，成为全国领先的城市级互联网公共服务平台，实现"一码通城"。

3. 社会治理能力显著提高

一是法治建设能力不断提高。2019年，南宁市以法治政府建设推进政府治理能力现代化，入围全国法治政府建设示范创建实地评估56个"综合示范创建候选地区"，法治政府建设处于全国前列。扎实推进综合行政执法改革，完成全市市场监管、文化市场、生态环境保护、农业、交通运输等五个领域的综合行政执法改革。强化制度供给，编制《南宁市规章五年立法规划（2019—2023年）》，注重完善中国（广西）自由贸易试验区南宁片区建设等方面急需的制度，启动向自贸试验区南宁片区放权的立法工作，出台系列支持政策。

二是社会综合治理持续加强。南宁市坚持和发展新时代"枫桥经验"，持续健全多元化的矛盾纠纷解决机制。全市共开展矛盾纠纷排查28635次，成功调解各类矛盾纠纷17889件，办理人民调解协议司法确认490件。突出打造社会治安防控体系升级版，持续提升政法智能化建设水平。以智能化推进治安防控立体化，"雪亮工程"共安装摄像探头38189个，实现全市联网互通；以综治中心规范化打造治安防控"共同体"，建立市级"指挥调度平台"，依托综治信息系统，有效指挥调度；将全市所有街道、社区、城中村及各乡镇、农村划分为7046个网格，配备网格员6000多人，打造了"综治中心+网格化"的复合式服务管理模式。南宁市深入开展"暴风行动""零点行动"等系列专项整治行动，以解决好人民群众身边的治安问题，人民群众安全感达96.9%。

（三）推动绿色协调发展，夯实全面小康基础

1. 脱贫攻坚成效显著

2019年，南宁市筹措各级财政资金33.78亿元用于扶贫工作。2019年南宁市有9.0735万名贫困人口脱贫、109个贫困村出列，贫困发生率从年初的2.57%下降至年末的0.43%。

一是强基础、补短板。聚焦深度贫困地区、特殊贫困群体和影响"两不愁三保障"的突出问题。2019年共投入4.57亿元建设农村饮水安全项目1037项，受益人口有104.87万人，重点在3个贫困县实施跨区域集中连片供水和找水打井工程，多措并举攻克大石山区贫困群众饮水难题；力啃易地搬迁"硬骨头"，全市25个易地扶贫搬迁集中安置点全部完成基层组织建设工作，2019年自治区下达南宁市农村危房改造建档立卡户2512户，年度开工率和竣工率均达100%。

二是加强卫生医疗保障。贫困人口医保待遇实现"应享尽享"、"一站式"结算。健康扶贫工作"两个报销比例"全部达标，贫困户住院实际报销比例达92.97%，门诊慢病医疗费用实际报销比例达88.67%。救治患大病贫困人口5489人，救治率达99.35%。组建家庭医生团队1596个，为48156人办理慢病卡，建档立卡贫困人口签约率达99.99%。

三是加大就业扶贫力度。2019年全市农村贫困劳动力新增转移就业2.41万人，建成贫困村扶贫产业示范园150个，新增就业扶贫车间158家（累计认定271家），全市共培育贫困村创业致富带头人2058名。1~11月，召开贫困劳动力专场招聘会97场，扶持创业人员786人，新增开发乡村公益性岗位1184个，开展建档立卡贫困劳动力培训，惠及6405人，超额完成年度目标。

四是抓牢抓实教育扶贫。2019年，南宁市共投入助学（含奖、贷）资金8.94亿元，受惠学生达75.58万人次。其中，资助建档立卡贫困户学生30.50万人次，发放和拨付建档立卡贫困户学生免、助、奖学金2.29亿元；劝返辍学学生1297人，其中建档立卡贫困户子女249人；资助义务教育阶段家庭经济困难学生29.49万人次，发放生活补助费15758万元；新建和完善列入自治区贫困地区乡村义务教育基本办学条件项目的学校22所。开展教育结对帮扶活动，推动城乡义务教育一体化发展。

五是深化粤桂扶贫协作。2019年，南宁市全面落实粤桂扶贫协作，在全区率先实现粤桂就业扶贫数据信息线上交换协作。茂名市、高州市、电白区、化州市共向南宁市援助粤桂扶贫协作财政资金1.2137亿元，上林县、马山县、隆安县三个贫困县通过粤桂扶贫协作累计引进了12家企业落地投资。南宁市通过劳务用工信息共享和举办扶贫协作招聘会等多种方式，帮助3464名贫困家庭劳动力到广东省转移就业。除此之外，两市互派9名优秀干部到结对县挂职交流，医疗援助、支教或教育交流学习分别为102人次和353人次。

2. 生态环境治理成效突出

2019年，南宁的空气质量在全国168个重点城市中排第17位，比2018年的第20位提高3个位次，空气质量连续三年稳定达标，综合指数同比改善0.3%，PM2.5平均浓度下降2.9%，"南宁蓝"继续保持常态。深化邕江综合整治和开发利用，"百里秀美邕江"建设水平持续提升。市、县两级饮用水水质达标率保持在100%，县级饮用水环境问题整治在全区率先完成，比预计的提前了3个月。黑臭水体治理工作成效明显，初步建立黑臭水体治理"长效机制"，成功入选国家2019年城市黑臭水体治理示范城市。南宁市作为第一批国家海绵城市建设优秀试点城市，共建设项目322个，完成总投资106.8亿元，2019年3月海绵城市示范区建设通过国家验收，为全国提供了"南宁经验"。2019年南宁市生态建设有新提升，荣获"2019美丽山水城市"称号，成为全国唯一的连续三次入选的城市。

3. 乡村建设扎实推进

推进乡村风貌提升工作。截至2019年11月底，全市开展乡村风貌提升行动的村庄有1139个。开展"三清三拆"，累计清理村庄垃圾11.71万吨，清理乱堆乱放2.61万处，清理池塘、沟渠淤泥0.37万处12.69万吨；拆除乱搭乱盖0.28万处16.22万平方米，拆除广告招牌0.55万个，拆除农村危旧房、废弃猪牛栏及露天茅厕、断壁残垣等0.91万处21.86万平方米。抓好特色小镇培育工作，南宁市政府已公布的两批12个南宁特色小镇培育名单中已有4个小镇在2019年完成前期培育工作，转入全面建设工作。推进南宁市村屯公共照明试点项目建设，超额完成2019年自治区住房城乡建设厅下达的农村公共照明试点157个项目。

（四）综合改革扎实推进，促进深化改革

1. 深化教育改革

推进改革创新，配套出台《南宁市关于学前教育深化改革规范发展的实施意见》《南宁市职业教育改革实施方案》等专项规划，推动教育综合改革向纵深推进；深入开展学前教育联动教研工作，扩大教研辐射面，形成以市级教研活动推进县区教研活动的串联式发展模式；加强中高考改革、课程改革及教学改革精准研究，采取分层推进、分类指导的原则进行中高考视导，加强校际交流与合作；深化艺体特色学校课程改革，促进艺体核心专项普及与水平提高，开展2020届全市高考艺体术科备考主题视导，有效解决制约普通高中艺体术科训练中的突出问题。

2. 推动医疗改革

深化医保支付方式改革，通过开展上林县医保支付方式改革试点，推进三医联动监测系统建设、线上购药、处方共享、信用就医等方面工作。推动医保经办创新改革，一是继续优化医保智能监控平台系统，实现对医疗费用

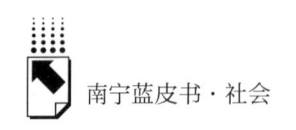

事前、事中和事后的全方位监管；二是打造电子社保卡，实现虚拟卡服务升级，参保人员可通过"智慧人社"、"爱南宁"及"支付宝"App等注册申领"电子社保卡"，实现在全市定点零售药店范围内使用电子社保卡"扫码购药"。2019年南宁市230家定点医疗机构实现医保结算"扫码就医"，560家定点零售药店签订医保"网上购药"服务协议。

3.优化行政审批流程

2019年南宁市全面开展"优化营商环境攻坚突破年"活动，以百日攻坚14项指标优化为重点，针对18项指标实施攻坚突破，全面优化服务管理，提升政务服务效率。积极深化"放管服"改革，开展"减证便民"行动，通过优化办理流程、压缩办结时长、精简申请材料等方式，简化企业开办、施工许可、房产交易登记、用电报装、获得信贷等事项的办理，营商环境得到大幅改善。南宁市推进"互联网+不动产登记"改革、构建智能服务新体系作为典型经验做法之一，入围第二届（2019）中国营商环境特色50强。"创新全链条审批服务　开启办事创业'一事通办'新模式"获2019年中国政府信息化管理创新奖。

二　2019年南宁市社会发展亮点

（一）公共服务智慧化、便利化

一是在全国率先打造"线上一网通、线下一门办"的人社服务新体系，其经验做法获国家肯定和推广。上线全业务"智慧人社"系统，同步实施人社"一门式"服务改革，实现了数据从"分散"到"集中"、信息从"共享"到"融合"、业务从"割裂"到"协同"、办事从"多门多窗"到"一门综窗"、服务从"线下为主"到"线上线下全覆盖"五大突破。2019年1月至11月，全市已有197项人社业务实现"线下一门办"服务，2835万人次通过"线上一网通"平台查询、办理业务。

二是在全国率先探索惠民利企补贴"免办"服务。依托"智慧人社"

系统的信息共享、数据融合等优势，免去企业和群众的申报，推动民生服务"从申办到秒办、从秒办到免办"不断升级，打造民生政策"一出台，即落地"和企业群众"对条件，就享受"的服务新生态。2019年1月起启动个人类补贴"免办"服务，1~11月为8655人次就业困难人员和高校毕业生发放"灵活就业社保补贴"5027.84万元，全年为3万余人次就业困难人员和离校未就业高校毕业生提供"免跑腿"服务。2019年8月起启动企业类补贴"免办"服务，截至11月底发放"企业新增就业岗位社保补贴"369家次1024.20万元（2018年全年为57家次）；为18076家次企业发放"稳岗补贴"9076.06万元，政策落地率由14.05%迅速提高到59.05%，是2018年全年落地率的4倍多。

三是在全区率先实现劳动维权"零跑腿"服务。打破空间和时间限制，实现劳动监察"零跑腿"在线自助投诉、举报服务，以及劳动仲裁"线上线下"同步办案，申请、开庭、查询三个"零跑腿"服务。2019年9月1日起，与知名网站司法频道合作，在广西率先推出互联网公告送达仲裁文书，公告内容同步链接到南宁市人社局网站发布。网络送达与纸质送达具有同等法律效力，实现"零跑腿""秒送达"。

（二）基层社会治理多元化

一是加强易地扶贫集中安置区基层组织建设。指导全市25个易地扶贫搬迁集中安置点开展基层组织建设工作，截至2019年11月底，成立村（社区）7个，推动13个并入搬迁地村（社区）的安置点和5个村内搬迁安置点实现"主动吸收、积极参与、相互融合"的良好互动。

二是推动城乡社区服务能力提升。组织开展城乡社区治理能力提升培训，建立住宅小区"老友议事会"协商模式，全面推广"逢四说事"协商工作机制，推动形成基层党组织领导、基层政府主导的多元参与、共同治理的城乡社区治理体系。继续实施社区惠民资金项目，加强社区惠民资金对培育、扶持社区社会组织的作用，推动以居民为参与主体的居民自治有序开展，着力补齐城乡社区治理短板，强化城乡社区治理资金保障。

三是加强城乡社区"三社联动"。开展农村社区"三留守"人员社会工

作服务督导项目,在横县、西乡塘区等5个县(区)的15个农村社区开展行政性、教育性和支持性督导。推动农村社区建设试点和村民委员会规范化建设工作。2个镇22个村被确定为第三批自治区级农村社区建设试点社区。

(三)养老服务改革持续深化

一是深入推进居家和社区养老服务改革试点。出台《南宁市新建住宅小区配套社区居家养老服务用房管理办法(试行)》,按照全国范围最高标准落实住宅小区配套养老服务设施"四同步"。修订出台《南宁市政府购买居家养老服务实施意见》,健全南宁市五类特殊困难老年人基本居家养老服务制度。出台《南宁市居家和社区养老服务组织运营补贴暂行办法》,大力培育和扶持居家和社区养老服务机构连锁化、专业化、品牌化运营。印发《关于开展南宁市老年人助餐配餐服务试点的通知》,创新开展50个"长者饭堂"试点。2019年南宁市完成居家和社区养老服务改革试点验收工作并获得优秀,验收成绩在全国36个试点城市中排名第三。

二是大力发展健康养老产业。出台《南宁市进一步打造全国养老服务业综合改革试点城市实施方案》。大力开展招商引资,1200张床位的海王健康产业园等项目已经落地,华润·悦年华等一批大中型养老项目正在加快建设。印发《关于简化利用现有空闲房屋设立养老机构有关手续的通知》,新备案养老机构30家,登记备案床位4052张。积极推动实施城企联动普惠养老服务专项行动,新增普惠床位3842张,获得中央资金7684万元。

三是着力提升养老服务质量。开展养老院服务质量建设专项行动,全市189家机构的基础指标已基本达标。加大对养老机构的扶持力度,2019年落实自治区、南宁市补贴资金1086万元。加强对养老服务人才的培养,举办四期养老服务从业人员培训班,开展第二届"护理之星"评选活动,表彰优秀养老护理员30名。

(四)脱贫攻坚探索新经验

一是探索创新"1+15动车组"组织模式和"一比二核三解决"工作

模式。"1+15动车组"组织模式中,"1"即由南宁市脱贫攻坚战前线指挥部负责组织领导和统筹协调,"15"即从15个行业部门抽调280余人组成12个行业扶贫工作组,由1个"火车头"带领15个"动车组"强力推进"强基础、补短板"工作。"一比二核三解决"工作模式中,"一比"即比对分析,"二核"即系统核查与实地核查,"三解决"即解决存在问题,进一步盘点摘帽"家底",疏通堵点难点,扫除盲区误区。自治区党委书记鹿心社高度表扬了南宁市的经验做法,指示向全区总结推广"强基础、补短板,服务基层促攻坚"经验。

二是探索创新易地扶贫搬迁拆旧复垦"1234567"工作方法,获自治区肯定。2019年脱贫攻坚工作中,在马山县探索形成"一摸、二讲、三分、四拆、五补、六复垦、七挂钩"工作法,即:摸清底数—讲透政策—分类施策—拆除旧房—发放补贴奖励—按标准复垦复绿—拆旧建设用地与城乡建设用地增减挂钩。自治区扶贫搬迁专责小组充分肯定了马山县易地扶贫搬迁拆旧复垦工作,《广西脱贫攻坚移民搬迁工作简报》专门刊登了"1234567"工作法。

三是为东盟国家提供扶贫减贫经验。按照国家、自治区的部署,南宁市协助自治区组织"泰国孔敬府代表团赴广西扶贫工作访问"以及"第十三届中国—东盟社会发展与减贫论坛"等国际扶贫交流重大活动。东盟各国代表团深入隆安县等地考察学习,探讨深化减贫的战略思路和途径方法。活动充分展示了南宁市在扶贫工作方面的鲜活做法和显著成效,为东盟国家改进扶贫工作提供了中国经验。

三 2019年南宁市社会发展存在的问题

(一)城乡居民收入水平不高,城乡差距持续扩大

一是城乡居民收入水平不高。2019年,南宁市城镇居民人均可支配收入为37675元,是全国平均水平(42359元)的88.94%;农村居民人均可支配收入为15047元,是全国平均水平(16021元)的93.92%。虽然2019

年南宁市城镇居民人均可支配收入同比增长6.8%，农村居民人均可支配收入同比增长10.2%，但是与全国平均水平相比依然存在差距。二是城乡居民人均收入差距持续扩大。根据2019年数据，南宁市农村居民收入增速高于城镇居民收入增速，城乡居民收入比逐年下降，但是城乡居民收入绝对值仍然存在较大差距。2018年城乡居民收入差距为21622元，2019年城乡居民收入差距进一步扩大，为22628元（见图1）。

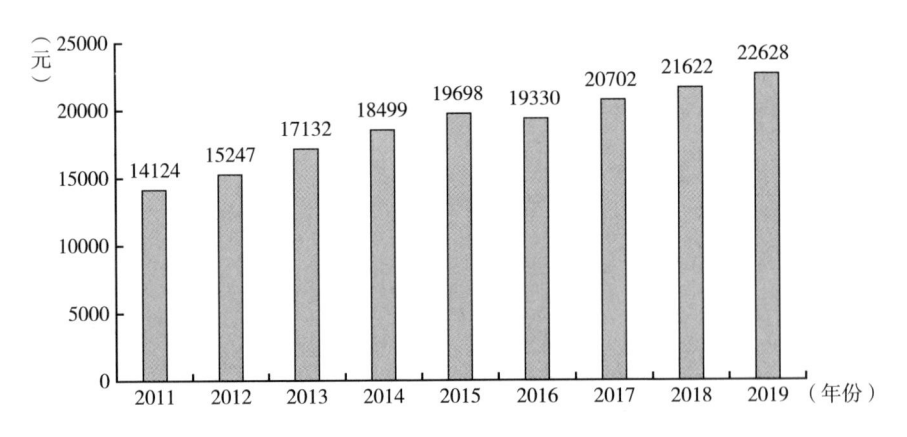

图1　2011～2019年南宁市城乡居民收入差距

资料来源：根据历年《南宁市国民经济和社会发展统计公报》数据整理。

（二）基本公共服务供给不平衡，民生短板有待补齐

一是城镇困难群众脱困解困工作与自治区的要求还有较大差距。据统计，南宁市城市低保覆盖率约为0.65%，与自治区要求的2%尚有较大差距。二是民政公共服务设施不足，与服务对象的需求相比存在较大差距。主要表现为养老服务城乡发展不平衡，城市社区养老服务设施不足，农村基础养老服务设施还十分薄弱；流浪乞讨救助对象托养设施不足，风险隐患依然存在。三是社会保险可持续筹资能力受到削弱。受经济下行影响，中小微企业生产经营困难，失业人数和中断缴费人数增加，部分私营企业逃避参保、中断参保，部分灵活就业人员和新业态从业人员不愿参保、中断参保。四是教育资源总量不足，教育发展体制机制亟须深化。南宁市个别县区依然存在

"大班额"现象,控辍保学工作还需进一步加强,公办幼儿园紧缺,公办园在园幼儿占比偏低。市内学校课后服务弱化,校外教育培训机构存在监管与执法上的困难等。五是公共体育服务供给仍显不足。全市体育类社会组织总体数量偏少、发展质量不均衡,各县(区)均未成立社会体育指导员协会,体育类社会组织管理水平参差不齐,发展水平不高,承接政府购买服务、参与社会管理的能力有待提高。六是住房保障结构性矛盾仍然突出。南宁市公租房、经济适用房等保障性住房供给紧张,存在轮候量大、可供房源少的供求矛盾。

(三)就业供需矛盾尚存,引才留才竞争力有待提升

一是就业供需矛盾依然突出。南宁市劳动密集型企业相对较多,而企业整体规模相对较小,企业在自主培养所需人才方面整体有所欠缺,劳动力人口整体呈下降趋势。另外,受企业工资薪酬偏低影响,劳动力转移到广东等地就业的较多,新生代劳动力择业观念转变,不少企业反映招工难问题较突出。二是引才留才竞争力有待提升。由于南宁市缺乏大型企业集团和研发机构,且未形成相对完整的产业链,对高层次人才和骨干人才的吸引力依然不强,大部分企业对人力资源开发和培育投入不足,高层次人才存在一定程度的流失。

(四)脱贫攻坚收官任务重,解决相对贫困的长效机制有待完善

一是扶贫资金使用效率有待提高,扶贫项目推进难度大。南宁市贫困地区主要集中在大石山区,自然条件恶劣,生产要素贫乏,导致扶贫产业发展受阻,脱贫产业覆盖率不高,部分扶贫项目比较零散,资金投向相对分散,扶贫资金使用效率不高。二是建档立卡信息质量有待提高,解决相对贫困问题的长效机制仍需进一步完善。临近脱贫攻坚收官,防止返贫与减贫压力大,落实"摘帽"不摘责任、不摘政策、不摘帮扶、不摘监管的"四不摘"要求和巩固脱贫成果任务重。对返贫人口和新发生贫困人口的监测难度大,尚未建立健全解决相对贫困问题的长效机制,如何确保贫困村出列后、贫困户脱贫后不发生反弹,做到"脱真贫、真脱贫",仍是一个问题。

（五）营商环境不断优化，指标监测机制有待完善

2019年，南宁市营商环境建设取得不错成效，但部分改革效果未达到预期目标，现行指标监测机制仍需完善。一是由于部分审批事项权限不在辖区范围内，部分工程建设项目审批受影响。二是"放管服"改革进入深水区后，相关法律法规的制定和修订滞后，"证照分离"、"照后减证"、市场主体简易注销等尚无相应的法律法规予以支撑，健全制度法规、加快配套制度"立改废"迫在眉睫，需通过制定地方性法规、规章的方式，推动营商环境法治化、制度化。三是指标监测机制有待进一步完善，随着大数据和人工智能等新一代信息技术的运用，对数据指标监测的要求也越来越高，亟须建立完善跨地域、跨部门、跨行业的信用联合检查机制，加快实现信用监管数据可比对、过程可追溯、问题可监测。

（六）城市治理总体形势向好，一些重点难点问题有待解决

一是城市精细化管理水平仍需进一步提升。扬尘污染源头精细管控仍需加强，部分工地、搅拌站、消纳场的防尘、降尘措施不到位；监管盲区和短板仍然存在，部分道路等区域工程车辆超速行驶、撒漏物污染路面、绿化带积尘等问题较严重。二是重难点领域问题有待突破。停车泊位管理"六个统一"尚未全面落实，管理仍然比较粗放，部分停车泊位管理员未能统一着装，部分路段仍有乱收费现象。黑臭水体治理人员、雨污管网摸排人员专业性不强，排查效率低，部分管网基础条件较差，改造难度大，吸污车污水处理类别单一，排污泵站数量严重不足。三是城市治理能力现代化水平有待提升。信息互通链接机制还不够完善，执法专业技术支撑不足，部分执法事项专业性较强，立案需行业专业认定。

（七）依法行政成效明显，全面法治化程度有待提高

一是法治政府建设的推进仍不平衡，依法行政制度体系仍不健全。因对法治政府建设的指导不够系统、到位，法治政府建设步伐有待加快，行政执

法规范化程度仍有待提升，部分执法部门对新的监管方式认识不够到位。二是重大行政决策的风险评估和公众参与的实效还不够强，对行政执法队伍的培训不够充分有效，基层执法队伍的能力建设有待加强。三是对法治政府建设的宣传不够广泛、深入，普法工作机制仍不够完善，全民尊法学法守法用法良好氛围有待进一步形成等。

四 2020年南宁市社会发展态势展望

（一）决胜全面小康，民生保障取得新成效

2020年是全面建成小康社会目标实现之年，南宁市各项民生保障将步入新阶段。2020年，南宁市将扎实推进乡村振兴战略，加快补足农村基础设施短板，强化人居环境整治，加大在教育、卫生等基本公共服务领域的供给力度，做好局部地区脱贫攻坚与乡村振兴的有效衔接。坚决打好打赢污染防治攻坚战，持续巩固提升蓝天保卫战成果，继续强化黑臭水体治理，加大生态环境保护力度，持续改善土壤环境。城市建设补短板的力度进一步加大，老旧小区改造项目集中释放，地下管网建设密度增大。2020年还是脱贫攻坚的收官之年，南宁市将持续按照"核心是精准、关键在落实、确保可持续"的工作思路，一方面，打赢脱贫攻坚战，实现剩余贫困村、贫困群众全面"摘帽"脱贫；另一方面，持续巩固脱贫攻坚的基础，防止出现较多的返贫致贫现象，深化研究脱贫后的制度与政策安排。

（二）"强首府"战略加速推进，社会发展迎来新篇章

《中共南宁市委员会、南宁市人民政府关于全面落实强首府战略的实施意见》对如何实施"强首府"战略做出了全面部署，明确了七大主要任务。随着"强首府"战略的加速推进，社会发展也将步入新阶段。2020年，南宁市将开展"交通网"建设三年大会战，力争到2022年，将南宁建成区域性国际性门户枢纽机场、区域性国际铁路枢纽，全面提升对外交通能力，使其区域性现代综合

交通枢纽地位进一步凸显。中国（广西）自由贸易试验区南宁片区建设加快推进，制度创新步伐加快，营商环境进一步改善，社会发展的品质进一步提升。区域性国际大都市承载力进一步增强，在优化城市发展空间布局、完善城市基础设施、持续巩固城市生态优势以及提升城市文化品位等方面取得更多进展。同时，城市治理能力与治理体系现代化水平也不断提升，优质教育资源配置更为均衡，医疗卫生服务保障能力更加强大，法治南宁、平安南宁建设深入推进，智慧南宁建设步伐加快，居民的安全感、获得感更为明显。

（三）积极融入粤港澳大湾区，社会发展合作步伐加快

融入粤港澳大湾区是从南宁市到广西全区的政策着力点之一，自治区层面发布了《广西全面对接粤港澳大湾区建设总体规划（2018—2035年）》《广西全面对接粤港澳大湾区实施方案（2019—2021年）》，南宁市层面也已发布《南宁市全面对接粤港澳大湾区2019年工作方案》。2020年是南宁市主动融入粤港澳大湾区政策落地与实施的重要一年，融入的步伐将进一步加快，在社会发展合作方面的步伐也会不断加快。一是扶贫方面的协作进一步增强，尤其在教育扶贫、就业扶贫协作方面力度将进一步加大，一些扶贫项目将陆续在2020年落地并发挥扶贫效益。二是生态环境保护方面的合作持续深化，包括城市生态治理方面的经验交流与合作、生态环保项目合作、珠江—西江水资源保护联合行动等。三是人才交流合作更趋频繁，积极开展面向粤港澳大湾区的党政干部培训合作，组织干部深入粤港澳大湾区交流学习，持续加大面向粤港澳大湾区的引才引智力度。

五 推进南宁市社会持续健康发展的对策建议

（一）完善公共服务体系，加快发展健康养老服务

1. 构建健康养老服务的多元参与格局

围绕"健康南宁"建设工作，推动多元联动、共建共享，形成健康养

老服务合力。一是政府应进一步完善养老服务政策体系。重点推进社区养老服务、居家养老服务和农村养老服务发展，整合和优化养老、医药、康复、医疗、旅游等相关行业发展布局和政策导向，科学合理制定健康养老服务规范，加强对各类养老机构的监管工作和专项治理，推进健康养老的制度化管理。同时，通过用地规划、人才培训、融资政策、税收优惠和市场准入等方面的政策制定，引导和鼓励相关企业投资南宁市大健康产业。二是通过多种途径增加健康养老服务供给。加快建设一批老年群体宜居社区、养老服务示范机构、区域性养老服务中心，在马山县、上林县等养生、医药、旅游资源比较丰富的县区，创建一批健康养老小镇和大健康特色小镇；以健康养老产业项目为依托，培育和引进一批健康养老龙头企业，推动形成健康养老产业集聚区；深化"公建民营"改革，逐步放开健康养老服务市场，鼓励社会资本参与到公办养老机构的运营活动之中，全面激发公办养老机构活力。三是营造健康养老的良好社会氛围。发挥社区志愿者组织的作用，加大健康养老宣传力度，在社区特别是老龄人口比较集中的老旧小区，推广"时间银行""银龄互助"等项目，鼓励老年群体参与到健康养老互助活动之中。

2. 提高医养结合养老服务供给水平

医养结合作为新型养老服务方式，对提升南宁市健康养老服务质量具有重要意义。一是借鉴医养结合"青岛模式"，加快建立与养老保险、医疗保险和商业保险相结合的医疗护理制度。进一步扩大医疗服务资源的覆盖面，合理应对低收入老龄群体慢性病实时诊治和长期照护的需要，同时拓宽医养结合养老机构的资金来源渠道，形成政府兜底、企业支持、个人缴费的筹资格局，充分发挥企业在医养结合养老模式中的作用，继续推动PPP模式（政府与社会资本合作模式）与医养行业的结合，进一步优化医养结合养老模式的资源配置。二是打造"15分钟医养结合生态圈"。在公共区域内配备健康养老服务设施和医疗设备，对道路设施、休闲场所、老年餐厅等进行无障碍改造，利用智能终端设备、可穿戴设备等监测老龄人口的生命体征，建立健康养老信息中心和呼叫中心等，面向老龄人口提供便捷的医疗服务。三是推广健康老龄化的理念。在老龄群体中建立健康干预机制，加大对中医药

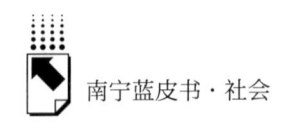

养生文化、老年疾病预防、保健护理、老年营养学等知识的宣传和普及，利用南宁市丰富的民族医药资源，在医养结合养老机构推行中医、西医、民族医结合的保健防治方法，加快建设中医药、民族医药健康养老服务机构，推动中医药、民族医药研究机构与养老机构的合作，提高老龄群体的持续性健康管理能力。

3.推动健康养老服务智慧化升级

大力发展智慧养老服务模式，是健康养老服务个性化、精准化、信息化发展的必然要求。一是以健康养老信息为基础，加强养老机构、医疗机构、公安机关、民政部门等的协作，加快建立南宁市智慧健康养老大数据平台。推动养老数据平台与医疗卫生平台的信息共享，以及智能终端与线下服务的结合，充分利用现有的物联网、大数据、区块链、云计算等技术，以社区为单位，为老年群体提供全方位、一站式的智慧健康养老服务。二是推动南宁市的智慧健康养老产业有序发展。整合智慧健康养老产业的企业链、技术链、产品链，推动信息产业、保险业、医疗器械业、家政服务业与健康养老服务业的深度融合，实现养老商业化模式创新；积极布局南宁市智慧健康养老产业，在深入研究老年群体生活需求、消费需求的基础上，加大适用型智能养老产品的开发力度，以智能家居改造和公共场所设备安装为重点，营造智能化居住环境。三是提升老年人的智慧健康素养。不仅要结合老年群体的心理需求和使用习惯，通过适老化产品设计和活动推广，推进智慧健康养老产品的日常应用，还要加大对从业人员的培训力度，提升其面向老年人群的服务能力，通过人际沟通提高老年人对智慧健康养老服务的认同度和有效需求。

（二）加强基层社区治理创新，推进治理能力现代化

1.深入推进社区协商

社区协商是解决当前社区治理公众参与不足问题的有效手段，是城市管理从以行政支配为主的基层管理向多元互动的基层治理转变的重要环节。一是加强社区居民自治组织的建设。在当前的基层治理实践中，政府、市场、

社会组织等多元利益主体嵌入社区已成趋势，需要以协商合作取代互相拆台，尽可能撬动社区治理资源。居民自治组织的建立、健全是协商式治理得以推进的重要保障，除了要在新建商品房小区推动成立业主委员会，还应利用当前南宁市老旧小区改造的契机，发挥"老友议事会"议事协商和自治自管的作用，积极探索社区协商的南宁模式。二是不断增强协商主体的广泛性。一方面，应围绕社区公共事务和居民利益相关事项开展协商活动，切实解决矛盾和维护居民利益，从而提高社区居民参与议事协商的主动性和积极性；另一方面，要营造平等的协商氛围，在注重吸纳社会组织、驻区单位、外来务工人员等利益相关主体的同时，还要消除主体地位差异、社会资源差异、信息不对称等可能影响协商结果有效性的不利因素。三是根据南宁市不同社区的具体情况，探索符合实际的协商形式。可以采取议事会、听证会、民情恳谈、线上协商、社区对话等多种协商方式，推动协商治理的规范化运作，不断提升社区议事协商的效能和参与度。

2. 探索易地扶贫搬迁安置社区治理路径

当前易地扶贫搬迁安置社区治理面临较多问题，如震东集中安置区是南宁市易地扶贫搬迁人数最多的安置点，安置区人口成分复杂，风俗习惯、宗派构成等存在较大差异，给社区治理带来较大压力。为解决安置区治理问题，一要形成治理合力。发挥基层党组织核心作用，确保党建全覆盖，提高社区居委会自我管理、自我服务的能力，通过政府购买服务引入社会组织参与社区管理，在集中安置区推动建立居民自治组织。二要提升社区居民对迁入地的归属感。除了确保安置补偿款的发放，还应构建多层次的帮扶体系，推动公共服务和社会保障的均等化，提高迁入居民的家庭收入和生活水平，实现"搬得出、稳得住"；针对安置社区居民社会交往"内卷化"现象，通过广泛的社区参与，重建社区生活共同体；增加政府与居民间的沟通渠道，及时回应安置社区居民的合理诉求，解决居民生产生活难题，在居民群体中建立积极的情感体验。三要加强安置社区文化建设，推动安置社区居民向新市民转变。加快安置社区内的公共文化设施建设，为提高群众文化素养提供良好的设施和环境；结合迁入居民群体的民族特点、风俗习惯等，定期举办

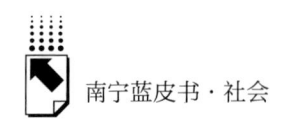

多种形式的社区文化活动，营造新型社区公共文化；针对社区内私搭乱建、毁绿种菜等不文明行为，在集中整治的同时也要加强宣传、引导。

3. 不断推动"三社联动"工作优化创新

"三社联动"即以社区为主要的服务和治理场域，实现社区、社会组织和社会工作"三驾马车"的联动。为在社区治理实践中推动"三社联动"系统的顺利运行，一要转变政府职能，不断激发社会活力。政府在加大政策支持和资源投入力度的同时，应通过简政放权，以权力清单的方式，进一步厘清政府派出机构与社区自治组织之间的权责边界，政府逐步退出社区自治组织、市场供给、社会组织能够覆盖的各类事项，并且从政社分开逐步转向政社互动、合作推进。二要加强基层党建工作，发挥党建在协调主体利益、塑造新共识和加强政社沟通等方面的积极作用，从而解决"三社"各主体由功能分化导致的难以形成合力的潜在可能，还可以通过区域化党建、党建联建等形式，对街道、社区、驻区单位的治理资源进行有效整合。三要壮大社会组织力量。社会组织力量薄弱是当前制约南宁市推进"三社联动"的重要因素。一方面，要通过改革促进政社分开和社区居委会的去行政化，为社会组织让渡部分治理空间和职能，使社会组织参与社区治理能够真正体现其专业化优势；另一方面，要鼓励以社区为服务对象的社会组织入驻南宁市社会组织孵化基地，打造具有影响力的社区组织服务品牌，满足助老、扶幼、助残、便民、开展文体活动、调解纠纷等多样化的社区服务需求。

（三）医防结合补短板，完善城乡公共卫生体系建设

1. 强化基层防控能力建设

新冠肺炎疫情的发生，给南宁市的基层防控能力建设敲响了警钟，基层防控体系的构建直接关系南宁市应对突发公共卫生事件的能力。一是转变"重医轻防"的观念，强调预防为主、医防结合的工作方式。与此同时，积极开展群众性卫生活动，持续推进城乡环境卫生综合整治，引导南宁市民形成良好的卫生习惯和"关注环境、共享健康"的生活理念。二是完善基层

医疗卫生服务网络，推广家庭医生签约制度。应当以提升公共卫生服务均等化水平为目标，推进南宁市基层医疗卫生机构建设项目的规划和落地，进一步提高基层医疗卫生机构服务能力。同时，还应借鉴上海、四川、浙江等地的先进经验，建立健全以居民健康管理为主要内容的家庭医生签约制度，强化基层医疗卫生机构和家庭医生的"守门人"作用。三是加快卫生部门的信息化建设，实现防治资源的有效共享。通过制度化管理，进一步落实基层医疗卫生机构对人员健康信息和风险因素的动态掌握和及时上报的责任；推动传染病监测预警工作、分级诊疗制度建设、医联体服务模式的有机结合；协调卫生、科技、农业、林业、海关等相关部门，建立跨部门的防控数据共享监测体系。四是发挥中医药、民族医药在疾病预防中的作用。结合"健康南宁"的建设，贯彻传统中医药"治未病"的理念，推动中医药、民族医药健康工程升级，加强中医药、民族医药研究机构与社区卫生服务中心和乡镇卫生院的合作。

2. 建立健全公共卫生应急管理体系

突发性公共卫生事件关系民众的健康和安全，是对地方政府防控应急能力和执政能力的重大考验。一是加强公共卫生事件应急管理的科技支撑。针对重大疫情的主要特点，在具有高风险性的野生动物和畜禽宿主中，加强对新发及潜在传染病病原体的普查和检测工作，同时还应加强对南宁市各生鲜市场的管理；发挥智库作用，不定期组织专家对突发公共卫生事件进行预测研判；加强对健康大数据的利用，构建多维度的大数据疫情监测系统，提升大数据应用在政府应急管理决策中的地位和作用；在中国—东盟国际博览会平台基础上，加强南宁市与东盟国家城市之间在医疗和公共卫生领域的交流合作。二是发挥疾病预防控制体系的专业作用。明确市县疾控中心的功能定位，建立对疾控工作长期稳定的投入保障机制，提高疾控机构人员薪酬待遇，稳定人才队伍；建立疾控系统与医疗机构之间的人员柔性流动机制，试行医院与疾控中心的人员双向聘任制度；进一步强化南宁市二级以上医院的公共卫生工作。三是优化应急信息披露机制。以确保信息披露及时性为导向，进一步完善信息披露的报告、审核和发布制度；加强信息安全工作，降

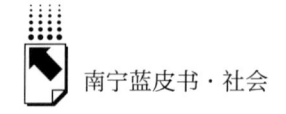

低在应急状态下相关数据、信息被泄露或滥用的风险；强化专业人员和专业机构在疫情信息披露中的参与机制。

3. 推进紧密型医联体建设

紧密型医联体是一种新型医疗服务合作模式，有利于促进优质医疗资源下沉，充实基层医疗和公共卫生力量。一是打破层级管理和部门利益壁垒。一方面，紧密型医联体的建立应以合作意愿、双向选择、优势互补为前提，在组建过程中需要明确各成员单位的功能定位和主要职责，以及下放给医联体的自主运行权限；另一方面，在紧密型医联体内部，通过扁平化管理方式改革，不断推动成员单位在人员调配、设备购置、财务管理、绩效分配等方面的统一管理。二是推进"三医"联动改革，即加大医疗、医保、医药联动改革力度。可以在紧密型医联体内成立中心药房，降低基本药物和收支两方面对基层医疗机构的束缚；深化医保政策及医保支付方式改革，在紧密型医联体内实现医保打包；发挥紧密型医联体的整体优势，实施药品、设备、医药耗材的批量采购，有效降低购买成本。三是提升基层医疗机构人员素质和医疗水平，破解大医院对基层医疗的"虹吸现象"。分析疾病费用支出和转诊病人较多的病种，找准基层医疗机构的短板所在，并通过新设备、新技术、专业人才的引入，提升基层医疗技术和服务能力，将患者和医保基金留在基层；重视在基层培养全科医生，并采取多种措施确保基层全科医生队伍稳定；强化核心医院对医疗的质控责任，推进实施多级质控、实时质控和规范诊疗，降低基层医院医疗事故的发生风险。

（四）抓脱贫促振兴，统筹衔接乡村振兴与脱贫攻坚

1. 分类推进乡村振兴建设

根据不同乡村的发展阶段因村施策、梯次推进乡村振兴，是南宁市实现乡村振兴与脱贫攻坚有效衔接首先要解决的问题。按照当前发展状况，南宁市乡村可以分为以下三类。一是在新型城镇化过程中形成的城郊村。随着南宁市城镇化进程的持续推进，此类乡村与城市经济社会发展之间的关系愈加紧密，其乡村振兴工作的重点应当放在推进农民市民化进程上。这就要求南宁市加快发展传统服务业和新兴产业，提高对周边农业转移人口的就业吸纳能力，同时通过缩小城乡户籍福利差距，保障进城农民权益。二是产业发展基础相对较好的新乡村。当前南宁市部分贫困村已通过产业扶贫激发出内生动力，还有部分实力较强的乡村逐渐成为区域经济新的增长极，此类乡村的振兴工作重点应当放在继续保持良好的产业发展态势上，特别是加强扶贫产业项目与乡村振兴产业项目的统筹衔接，为巩固脱贫攻坚成效、培育乡村发展新动能奠定基础。三是贫困问题仍然比较严重的边缘村。此类村庄的振兴工作重点应当是结合自身特点，走特色发展道路，空心化趋势明显的部分乡村应结合当地的资源禀赋、生产条件和民众意愿，选择不同的发展模式。在适合发展现代农业的村庄，可以加大教育扶贫力度，培育新型职业农民；在旅游、养生资源比较丰富的村庄，需要加快建设乡村公共服务基础设施；可以循序渐进地撤并部分衰退的村庄。

2.推动"扶贫"工作向"防贫"工作转变

解决相对贫困问题是全面脱贫之后贫困治理战略的重要构成，建立相对贫困治理的长效机制，则是做好脱贫攻坚与乡村振兴统筹衔接工作的重要保障。一是逐步转变前期以社会动员为主的扶贫模式，建立内嵌式、制度化的新型扶贫机制，包括以党的领导确保乡村振兴战略实施的工作机制，以产业培育和就业扶持为主的持续增收机制，以基本公共服务均等化为发展方向的差距缩减机制，以编密织牢民生兜底保障网为助力的返贫防范机制，以强化扶志、扶智为主要手段的增强内生动力机制，等等，并将减贫战略和工作体系转型纳入乡村振兴战略。二是着力破解影响扶贫可持续性和乡村振兴实践的人才短缺问题。深化粤桂扶贫协作，利用粤桂扶贫协作人力资源市场线上直连平台，助力南宁市实施乡村振兴战略；发挥经济能人的带动作用，构建有助于激发乡村人才创业活力的制度环境，保障其下乡返乡创业的合法权益；进一步完善南宁市现有的人才政策，统筹开发利用好城乡人才资源。三是在加强对脱贫人口帮扶工作的同时，还要加大对两个群体的帮扶力度，即收入水平略高于建档立卡贫困户的群体和城市贫困群体。乡村振兴战略能够在更高层次、更大范围、更多领域巩固脱贫攻坚成效，并且能够通过城乡统

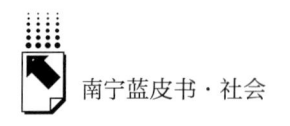

筹将减贫治理范围扩大到城市,因此能够有效解决当前这两个群体脱贫政策支持不足的问题。

(五)深入优化营商环境,激发市场活力

1. 深化简政放权

进一步放宽市场准入,全面实施全市统一的市场准入负面清单制度,做好负面清单管理与现行审批制度的衔接。压减行政许可事项,落实国务院取消和下放的行政许可事项,取消事项对应项目一律取消到位,下放事项及时承接到位,2020年底前基本实现行政许可"应放尽放"。大力清理废除妨碍统一市场和公平竞争的各种规定和做法,保障不同所有制主体在资质许可、政府采购、科技项目、标准制定等方面的公平待遇。推进"证照分离"改革,重点是"照后减证",对能取消审批的予以取消,对暂时不具备条件取消的,要通过"多证合一"等方式优化服务。压缩企业开办时间,减并市场监管、公安、税务等流程,实现流程再造、业务协同、同步办理。推行市场主体简易注销改革,完善市场主体退出机制。推进投资项目审批改革,进一步精简审批、核准等事项,优化项目报建审批流程,加快投资项目承诺制改革。治理各种不合理收费,全面推行依清单收费。

2. 创新监管方式

全面梳理市场监管领域的规范性文件,清理规范行政处罚事项,对重复处罚、标准不一、上位法已作调整的事项进行精简和规范。建立健全以"双随机、一公开"监管为基本手段、以重点监管为补充、以信用监管为基础的新型监管机制,加快实现市场监管领域"双随机、一公开"监管全覆盖。对重点领域实行重点监管,加强对取消生产许可证管理的工业品质量安全的监管,加强对危险化学品、成品油质量安全的监管。加强社会信用体系建设,推进信用监管。推进"互联网+监管",实现综合监管、"智慧监管",做到"一次检查、全面体检"。对新兴产业实施包容审慎监管,区分不同情况,量身定制包容审慎监管模式和标准规范,坚守质量安全底线。推进跨部门联合监管,构建协同监管格局。

3. 优化政务服务

全面建成政务服务"一张网",确保同一事项实现"最多跑一次""零跑腿"的目标。解决行政审批耗时长、办理难问题,推动企业开办、不动产登记、投资项目审批等行政审批时限在现有基础上压缩一半。大力发展"互联网+政务服务",除法律法规另有规定或涉密等外,要按照"应上尽上"的原则,实现政务服务事项基本上网办理。推进线上线下融合,优化、整合、提升各级政务服务大厅"一站式"功能,实现"一个窗口""一次办成"。调动市场力量增加非基本公共服务供给,更好满足群众多层次、多样化需求。推进一体化在线政务服务平台建设,做好政府平台、部门专网、独立信息系统的整合接入工作,推进审查事项、办事流程、数据交换等方面的标准化建设。筑牢平台建设和数据共享安全防线,确保政务网络和数据信息安全,保护好商业秘密和个人隐私。

(六)强化稳就业举措,破解结构性就业矛盾

1. 推动民企复工复产稳定就业

强化政府部门在复工复产中的帮扶责任,做好要素保障。建立市、区(县)两级复工复产服务指导小组,深入企业指导疫情防控工作及企业复工复产相关事项,在办理绿色通行证、购买口罩、用工等方面积极提供支持,帮助解决相关困难和问题。指导企业学习掌握《关于支持打赢疫情防控阻击战促进经济平稳运行的若干措施》和《南宁市积极应对新冠肺炎疫情影响促进经济平稳运行工作方案》,用足用好各项帮扶政策,推动各项扶持政策应享尽享,支持企业渡过难关,增强企业复工营业的信心。

2. 加强高校毕业生就业工作

加快建设"互联网+就业"智慧平台,组织网上就业大市场,强化线上就业指导。创新方式,提升网上就业服务能力。促进毕业生多渠道就业,积极引导大学毕业生参军入伍、补充教师队伍,增加毕业生升学深造机会。做好重点群体就业帮扶工作。推进市属国有企业、事业单位扩大高校毕业生招聘规模,要求2020年、2021年事业单位空缺岗位主要

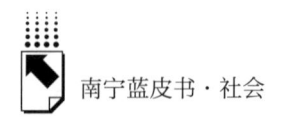

用于专项招聘高校毕业生。对中小微企业招用应届高校毕业生、签订1年以上劳动合同的，给予一次性吸纳就业补贴，激励中小微企业吸纳更多毕业生。

3. 鼓励支持创业

深入实施创新驱动发展战略，加快建设创新创业载体，优化创业环境，全面构建"大众创业、万众创新"的生动局面。加大创业担保贷款贴息及奖补政策支持力度，降低一次性创业补贴、创业岗位开发补贴申领门槛，鼓励以创业带动就业。充分发挥国家融资担保基金的作用，引导更多金融资源支持创业。推进产业结构优化，持续促进高技术产业发展振兴，提高其对创业的带动能力。

4. 完善就业服务体系

坚持以培育成熟的劳动力市场为基础，主要通过市场机制配置劳动力资源，从而实现就业均衡。持续完善就业服务体系，破除阻碍劳动力自由流动的体制机制障碍，促进就业和提高就业质量。大力实施劳动者职业技能改善提升计划，提高劳动者应对劳动力市场变化的能力，为经济社会发展提供有力的技能人才保障。加强对退役军人的职业技能培训，促进退役军人就业。全面落实失业保险技能提升补贴政策，补助在岗转岗培训，加大力度用好失业保险基金结余资金，开展失业人员培训，支持困难企业开展职工在岗培训，保持就业局势稳定。推进灵活就业人员社保补贴工作，保障就业困难人员的切身利益。引导产业资本和社会力量进入养老等领域，进一步开拓就业空间。完善失业风险预警机制，根据劳动力市场特征不断优化防范失业风险预案系统。

（七）扩大居民消费，释放城市消费潜力

1. 提升居民消费能力

一是重点促进农民消费能力提升。加大对农村电商的扶持力度，助推农村地区特别是贫困地区特色优势农产品销售，助力农民特别是贫困户收入增长、脱贫致富；大力促进农产品加工、生态休闲农业和乡村旅游等相关产业

发展，使农民获得更多农业增值收益；加快落实《农民住房财产权抵押贷款试点暂行办法》，促进农民增收致富；切实做好农业转移人口就业指导和服务工作，有序推进农业转移人口市民化，稳定农业转移人口收入预期。二是促进城镇低收入人群增收。在加强社会保障的基础上，通过培训、再教育、推进残疾人就业创业等方式，提高城镇低收入人群增收能力。三是提高重点群体收入。通过积极推进员工持股、股权分红等激励机制改革，提高技能人才、科研人员、小微创业者、企业经营管理人员等重点群体的收入。

2. 推动消费平稳增长

努力克服新冠肺炎疫情的影响，推动生活性服务业加快恢复发展。推动文、旅、体产业恢复发展，瞄准五一国际劳动节、端午节等节假日和暑期档，重点推出山地观光、乡村休闲、生态康养等活动，激活旅游消费市场。推动商贸服务业恢复发展，鼓励创建绿色商场，加快"三街两巷"步行街改造提升，促进实体商店消费。推动夜间经济发展，优化提升夜间公共交通配套服务，加强治安防控，规范夜市经营秩序，促进夜间消费复苏。

3. 优化消费品供给

一是适时增加消费品种。适应新时代消费理念的变迁，积极发展智能、绿色、健康消费品，发展壮乡特色消费品，增加中高端消费品供给。二是提升各类消费品质量。让老百姓吃得放心、穿得称心、用得舒心，倡导优质优价，促进品牌消费、品质消费。三是促进消费升级。引导消费品生产企业更加积极主动适应市场需求变化，实施企业技术改造提升行动计划；落实和完善财税政策，对消费品领域的先进技术开发与应用给予适当政策倾斜。

4. 改善消费环境

畅通消费者维权渠道，加强12315投诉维权平台和消费者维权信息化建设，形成线上线下相结合的消费者维权服务体系。公示消费投诉信息，利用网络、广播电视、维权服务点电子公示牌等多种形式公开投诉产品和服务信息。充分发挥媒体监督功能，加大对侵害消费者合法权益的违法行为的曝光力度。强化12315行政执法体系建设，不断提升行政执法工作的制度化、标准化、规范化水平，加大消费者保护力度，严厉打击侵犯知识产权和制售伪

劣商品等违法犯罪活动，打击食品、药品违法交易行为，强化市场秩序监管。彻查生产源头和销售网络，开展全链条打击，有效净化消费环境，切实增强消费维权实效。针对质量问题集中和人民群众关注的重点服务领域，加强服务质量监测。

（八）加强生态文明建设，打造生态宜居南宁

1. 坚决打好污染防治攻坚战

一是巩固已有成果，将坚决打赢蓝天保卫战作为重中之重。加快建立大气污染预防、监测、治理的长效机制，实施重点企业污染减排生产全过程管理，持续提升"南宁蓝"品质。二是着力打好碧水保卫战。加强对河流、湖泊污染的预防、监测、治理；加快实施城镇污水提质增效三年行动，系统提升污水收集处理效能。三是扎实推进净土保卫战。进一步做好土壤及重金属环境风险防控工作，有效管控农用地和建设用地等土壤环境风险；加快推进城乡生活垃圾处理、特殊固体废弃物处理等基础设施建设，着力补齐生态环保基础设施短板。

2. 加快建设城市生态系统

积极推进山水林田湖草整体保护、系统修复、区域统筹和综合治理工作，实施生态系统保护和修复重大工程，优化生态安全屏障，以"生态空间"拓展"发展空间"，优化"生活空间"。进一步提升"中国绿城"品质，深化国家森林城市和生态园林城市建设，构建"300米见绿、500米见园"城市绿地综合体系，率先开展"公园城市"建设试点及创建国际花园城市。积极开展城市修补，提高滨水空间连续性、可达性，营造高品质、强活力的蓝绿网络，构建覆盖中心城的无障碍城市慢行绿道系统。

3. 推进乡村生态振兴

加快乡村生态振兴重点区域建设，扎实推进农村人居环境整治。深入开展"环境秀美""生活甜美""乡村和美"三个专项活动，深化拓展清洁乡村、生态乡村、宜居乡村活动。推进"美丽南宁·幸福乡村"活动取得实效，形成可推广、可复制的长效机制，为南宁市实施乡村振兴战略、推动农

业农村优先发展提供有益借鉴，助力全市农村与全区乃至全国同步全面建成小康社会。

参考文献

［1］高强、孔祥智：《论相对贫困的内涵、特点难点及应对之策》，《新疆师范大学学报》（哲学社会科学版）2020年第3期。

［2］李强、卢尧选：《社会治理创新与"新清河实验"》，《河北学刊》2020年第1期。

［3］王坤、毛阿燕、孟月莉、杨玉洁、童佩、邱五七：《我国公共卫生体系建设发展历程、现状、问题与策略》，《中国公共卫生》2019年第1期。

［4］魏后凯：《"十四五"时期中国农村发展若干重大问题》，《中国农村经济》2020年第1期。

［5］朱怡洁：《综合施策积极应对老龄化》，《宏观经济管理》2019年第6期。

分报告

Topical Reports

B.2 2019~2020年南宁市教育发展状况分析及展望

陈鑫 叶康 米珍枢*

摘 要: 南宁市高度重视教育事业发展,坚持不断优化教育结构,统筹协调各学段、各项教育活动的开展,深化教育改革创新,激发教育发展活力。目前,南宁市的教育发展还存在教育资源尤其是优质教育资源供给不足、教育体制机制不够灵活等问题。下一步将更加聚焦优化教育结构的辐射作用,深化教育改革的牵引作用,全力推动教育高质量发展。

关键词: 教育资源 教育结构 教育事业

---

* 陈鑫,南宁市教育局办公室主任;叶康,南宁市教育局政策法规科科长;米珍枢,南宁市教育局办公室四级主任科员。

2019年,南宁市以"办人民满意的教育"为宗旨,"不忘初心、牢记使命",不断提升教育民生工程惠民功效,发展素质教育,推进教育公平,以"奋进之笔"答好"教育答卷"。2019年,南宁市荣获广西首批"职业教育改革成效明显市"称号,市教育局荣获全国第六届中小学生艺术展演优秀组织奖、创建全国文明城市工作集体三等功等。南宁市学生资助、普及高中阶段教育等工作走在全区乃至全国前列。

一 2019年南宁市教育发展状况

(一)教育现代化发展迈上新台阶

1. 优质教育资源扩容增量

2019年,南宁市共建成并投入使用市一中五象校区、良庆区金龙小学等35所公办中小学校,新增中小学学位约5.77万个。建成市教育局直属第一幼儿园、上林县明澄幼儿园等20所幼儿园,新增幼儿园学位8640个。聚焦教育资源相对薄弱地区,深入推进"全面改薄"(全面改善贫困地区义务教育薄弱学校基本办学条件)项目,进一步改善中小学校办学条件。2019年,南宁市实施"全面改薄"项目2499个。其中,开工项目2499个,开工率达100%;竣工项目2467个,竣工率为98.7%。总投入资金27.57亿元(含中央、自治区、市县资金)。其中,基建项目资金21.96亿元,项目累计完成投资21.65亿元,完成率为98.6%;设备采购资金5.6亿元,采购设备763.71万台(件、套、册),完成采购金额5.6亿元,完成率达100%。县(区)义务教育学校基本办学条件得到了极大改善,城乡学校差距不断缩小。2019年,全市学前教育毛入园率为96.83%,九年义务教育巩固率为97.5%,高中阶段教育毛入学率为95.9%,普惠性幼儿园覆盖率为76%。

2. 学前教育普惠发展

2019年,全市多元普惠幼儿园累计达681所,比2018年新增118所,在园幼儿约13万人，数量居全区首位。为加快推进城镇住宅小区配套幼儿园治理，全市累计移交教育行政部门的住宅小区配套幼儿园有45所，其中2019年移交了24所。开展南宁市示范幼儿园和南宁市示范乡镇（街道）幼儿园的验收评估和复查评估，共有7所幼儿园通过了市级示范幼儿园验收评估，21所幼儿园通过了市级示范幼儿园复查评估。2019年，全市学前教育整体水平大幅提高，共有自治区级示范性幼儿园62所、市级示范性幼儿园173所。

3. 义务教育均衡发展

南宁市注重加强集团化办学，深化义务教育学区制管理改革，积极探索教师流动、教学管理、教师研训、考核评价等新举措，进一步完善集团化办学、城乡对口帮扶和学区管理机制，努力在教育资源共享、学校文化共建、教育教学互助、质量考核评价等方面有新突破，持续扩大优质教育资源覆盖面。2019年，南宁市已实现公办义务教育学校学区制管理改革工作100%全覆盖，共将192个学区1302所学校纳入学区制管理。落实大班额、大通铺专项规划，2019年，全市基本消除66人以上超大班额，56人及以上大班额比例控制在5%以内。全市公办义务教育学校100%实行免试就近入学，2019年，全市小学招生14.7万人，初中招生10.5万人。

4. 普通高中教育优质发展

持续促进普通高中教育优质发展，南宁市第四中学获评自治区示范性普通高中立项建设学校，上林县城关中学获评自治区一星级特色普通高中。全市建成自治区示范性普通高中25所，立项1所；建成自治区特色高中2所，立项8所。优质高中就读学生数占比居全区首位。加强普通高考、高中学业水平考试等的报名和组考管理。2019年，全市普通高中招生5.5万人，超额完成既定招生计划。利用云技术升级完善南宁中考招生信息网和录取系统，市区普通高中招生录取工作3天即可完成，约10万名考生及其家长足不出户就可完成所有报名操作，录取过程实现"零失误""零投诉"。南宁市高中阶段教育提前一年通过自治区评估验收，成为广西首个实现普及高中阶段教育的设区市，普及高中阶段工作经验获评教育部基础教育典型案例。

5. 职业教育高质量发展

坚持以服务为宗旨，以就业为导向，升学就业双驱动。2019年全市中等职业学校完成全日制招生30192人，完成率为126%；完成非全日制招生9694人，完成率为108%；中职送生31095人，完成率为111%。全市中等职业学校毕业生就业率为97.47%，比2018年提高0.87个百分点。升入高职、本科院校的毕业生有9415人，占毕业生总数的51%，比2018年增加4699人。市一职校、市六职校、市卫校入选广西1+X证书制度试点学校。市一职校、市四职校、市六职校入选自治区现代学徒制试点单位，探索建立校企合作长效机制。统筹规划市属和驻邕区直中职学校专业发展、优化专业结构。2019年南宁市辖区19所中等职业学校共新增18个专业，36所中等职业学校共撤销91个专业，与南宁市重点产业发展相适应的专业体系基本形成。全市中等职业学校共设置了加工制造、交通运输、信息技术、财经商贸、旅游服务、文化艺术、公共管理与服务等18个专业大类84个专业，重点培养电子信息、先进装备制造、生物医药、金融服务、现代物流、大健康、文旅、建材等重点产业领域和新材料、新能源、节能环保等新兴产业领域的技术技能型人才，推动"产业—专业"集群式发展。加强南宁市16个中等职业教育"双师型"教师培训基地和19个名师成长工作室建设。

6. 社区教育蓬勃发展

2019年，全市15个县区、开发区全部启动社区教育工作，全年共开展社区教育活动8545次，共有702733人次参加。南宁市文学社区教育基地"绿城公益文学讲堂"、市社区教育学院的"幸福摄影系列课程"等两个项目获评2019年全国"终身学习品牌项目"；青秀区刘锦尧、邕宁区张增补等两位市民获评2019年度全国"百姓学习之星"；南宁市第一职业技术学校"美妆学堂"、江南区江南街道新锦社区"七彩学堂"等5个活动项目获评2019年广西"终身学习品牌项目"；市社区教育学院学员朱江红、陈琦等3人获评2019年广西"百姓学习之星"；邕宁区蒲庙镇"红星学堂"、良庆区"阳光青少年足球训练营"获评2019年度"市级终身学习品牌项目"。推荐津头街道大板三社区"南湖边的育学堂"参加教育厅举办的"2019年

全民终身学习活动周系列主题展播活动",推荐南宁市第三职业技术学校"教你如何制作壮乡艾叶糍粑""鸡仔饼制作"等10个美食制作系列社区教育微课程参加教育厅举办的"教育资源进社区网上博览会"活动。

7. 教育信息化提速发展

南宁市积极推进教育信息化,建设智慧校园。全市653个教学点100%实现了数字教育资源全覆盖,并依托国家教育资源公共服务平台和南宁教育城域网,实现了多学科资源互联互通。全市中小学(不含教学点)互联网接入率为100%,超过90%的普通教室配备多媒体教学设备。实施学校数字校园建设工作,启动智慧校园试点工作,启动智慧安防示范校建设,加速校园"一卡通"建设,满足新高考改革"走班制"教学,强化校园内部安防措施,融入南宁市"一码通城"项目,树立了一批有示范带动作用、可复制推广的智慧校园试点建设与智慧安防应用模式,实现了与南宁智慧城市一体化进程同步发展。为县区35所学校800间教室进行灯光改造,不断改善中小学校教室照明环境。

(二)立德树人工程取得新成效

1. 中小学一体化德育形成新体系

坚持学校、家庭联动,营造良好教育生态。组织开展"我和我的祖国"新中国成立70周年系列主题教育活动,广泛开展爱国主义教育活动、缅怀革命先烈活动、红色教育研学旅行活动。高度重视青少年心理健康教育,制定《南宁市加强中小学生心理健康教育工作实施方案》和《南宁市未成年人心理治疗转介工作方案》,组织开展2019年南宁市家庭教育主题活动和"5·25"心理健康文化节活动。南宁沛鸿民族中学和南宁外国语学校获评"广西壮族自治区心理健康教育特色学校"。积极引导学生共建绿色校园,持续推进教育系统生活垃圾分类工作,组织编写垃圾分类知识读本,免费发放给学生。联合主办"'邕'有垃圾分类 '城'就美丽南宁"垃圾分类进校园主题活动。组织开展"爱邕江·爱南宁"保护母亲河志愿活动。建设"家长课堂""家长开放日"等家庭教育品牌,宣传教育方针政策,开展家庭教育指导，听取家长意见和建议。南宁市第十四中学等10个单位申报的家庭教育案例被评为自治区优秀家庭教育案例。全区唯一一所对存在不良行为的未成年人进行教育和矫治的公办专门学校——南宁市励志专门学校建成并投入使用。

2. 全面育人呈现新风貌

着力破解学生体美方面较弱等难点问题，推动中小学生全面发展。新增10所"全国足球特色幼儿园"、12所"全国青少年校园足球特色学校"。坚持举办体育运动会、艺术节等展示活动，为学生的潜力挖掘、个性发展提供平台。2019年，面向全市中小学生开办艺术公益培训班64期，参训学生3800多人次。南宁市在全国第六届中小学生艺术展演中引领全区创历史纪录，荣获一等奖5项、二等奖5项、三等奖1项、优秀组织奖4项。良庆区南晓镇中心学校等5所学校获评"全国中华优秀文化艺术传承学校"。培育学生爱国意识，组织全市高中阶段学校开展"赞颂辉煌成就，军民同心筑梦"主题国防教育活动。加强学校卫生工作，开展校园食品安全风险隐患排查整治，实行学校食品安全风险隐患预警制度。推进学校食堂"明厨亮灶"为民办实事工程，公办学校覆盖率达100%，民办学校覆盖率在80%以上。南宁注重学校传染病防控相关工作，为加强学校传染病疫情信息管理，2019年建成并投入使用"学校传染病防控信息管理系统"。

3. 教学改革结出新硕果

加强中高考改革、课程改革及教学改革精准研究，采取分层推进、分类指导的原则进行中高考视导，加强校际交流与合作，促进全市中学教学质量的均衡、持续发展。深化艺体特色学校课程改革，促进艺体核心专项普及与水平提高，开展2020届全市高考艺体术科备考主题视导，有效解决普通高中艺体术科训练中的突出问题。全市6654名教师参与"一师一优课、一课一名师"晒课评比，获评区优数259节、部优数118节。在2019年高考中继续领跑全区，南宁市学子喜获广西理科总分和卷面分、高考体育类总分、高考艺术类总分第一名。全市一本上线8645人，首次突破8000人；本科上线30439人，首次突破3万人；高职高专上线43280人，上线

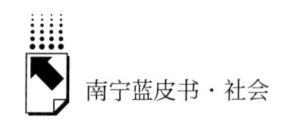

率达99.18%。以赛促教，南宁在广西职业院校技能大赛中，荣获193个奖项，位列全区第一。代表广西参加2019年全国职业院校技能大赛，获奖13项，其中，横县职教中心周沛芸参加的手工制茶项目获得全国职业院校技能大赛一等奖。

（三）人民群众教育获得感得到新提升

1. 教育公平得到充分保障

2019年积极实施以居住证为主要依据的随迁子女入学政策，简化入学手续，降低入学门槛，进城务工人员随迁子女在南宁就读义务教育阶段学校人数约为15.3万人。配合教育部在南宁市开展《残疾人教育条例》立法后实施情况调研，扎实推进融合教育，通过多种措施依法保障适龄残疾儿童少年接受义务教育的权利。在全区率先实现市辖县农村义务教育学生营养改善计划全覆盖，2019年接收营养改善计划学生44.07万人，位列全区第一。

2. 教育扶贫精准施策

开展教育结对帮扶活动，29所市区义务教育阶段学校与县区级的35所学校结成帮扶对子，14所市级直属学校与19所县级普通高中结成帮扶对子，促进城乡义务教育一体化发展。加快推进乡镇公办幼儿园建设，马山县、上林县、隆安县32个乡镇的公办中心幼儿园覆盖率达100%。到边远农村学校、贫困村学校组织开展机器人、航模、消防、交通安全、应急救护等体验活动。全力做好控辍保学工作，2019年劝返失学辍学学生1297人次。"国培计划"、"区培计划"和市级培训指标向贫困地区倾斜，优先安排贫困地区教师2408人次参加培训。选派57名支教教师到上林、马山、隆安三个县开展支教工作，实现国定贫困县都有支教教师。加强粤桂扶贫，推动教育均衡发展。茂名共派出138人次优秀骨干教师到南宁支教，南宁共派出282人次教师到茂名跟岗考察学习。

3. 学生资助创出特色品牌

在资助贫困学生方面，南宁制定资助对象精准评估认定办法、建立助学金集中统发模式等，市学生资助管理办公室荣获全国学生资助工作"推荐学习单位"称号，相关工作走在全区乃至全国前列。2019年，全市共投入助学（含奖、贷）资金8.94亿元，受惠学生达75.58万人次，其中资助建档立卡贫困户学生30.50万人次，发放和拨付建档立卡贫困户学生免、助、奖学金2.29亿元。研发上线南宁市学生资助信息管理平台大数据比对功能，整合教育系统学籍、扶贫、民政、工会等部门之间的数据，让数据多跑路、系统多运算、群众少跑腿，进一步减轻群众办事负担。创新宣传方式，打造学生资助主题MV《使命》，制作学生资助政策宣传动画片。在全市开展"学生资助政策宣传月暨诚信教育宣传月"系列活动，发放手册，开展资助主题手抄报、征文和演讲比赛。南宁市受资助学生参加自治区"感恩祖国·助学筑梦·励志成长"主题演讲比赛，并获得全区高中组一等奖和中职组一等奖。

（四）教师队伍建设实现新突破

1. 完善师德建设长效机制

2019年4月是师德教育主题活动月，近6万名教师进社区、进家庭，开展"万名教师访万家"活动，累计入户家访7.5万次。累计开展师德宣讲团巡讲26场，参加者达9273人次，包括教师代表、家长代表和学生代表。在全区2019年师德师风演讲比赛中，多人获奖，其中一等奖1人、二等奖1人、三等奖2人。2019年，在全区率先开展教师师德师风应知应会知识专项测试工作，引导广大教师深入学习十项职业行为准则和习近平关于教师队伍建设重要讲话精神。2019年1月，南宁市在全区师德师风建设工作会议上就典型经验做法进行交流发言。

2. 名师队伍不断壮大

2019年，南宁中小学教师中，2人被评为"全国模范教师"，2人被评为"全国优秀教师"。在自治区评奖中，获得自治区"特级教师"称号的有26人，获得自治区"优秀教师"称号的有22人，获得自治区"优秀教育工作者"称号的有6人，获得"广西教学名师"称号的有11人。新成立7个特级教师工作室，成立5个南宁市中小学名师工作室。市级评选表彰300名

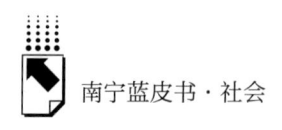

优秀教师、250名优秀班主任、50名优秀教育工作者,确定89名教坛精英领航工程培养对象、200名教学骨干育秀工程培养对象。开展名师及教育人才培养对象先锋志愿服务队支持脱贫攻坚"送教下乡"活动,以复习备考、教学能力提升为主题,30位名师及教坛精英领航工程培养对象参加了送教上林县、马山县、隆安县活动,既推动了贫困地区教师队伍的发展和教学水平的提高,又促进了名师和培养对象对个人教学研究成果的总结。

3. 创新教师培养机制

按照"教学骨干—学科带头人—教坛明星—特级教师—教学名师—教育家型教师"的梯级培养思路,对培养目标、选拔办法、培养体系、管理评价进行系统规划。同时,根据新时代教师队伍发展要求,修订《南宁市教坛明星学科带头人教学骨干管理办法》和《南宁市特级教师工作室考核实施方案》,逐步完善和健全"选(推荐选拔)—培(培养管理)—用(发挥作用)—推(宣传推介)—评(评价奖励)"教师培养新机制。

(五)教育改革迈出新步伐

1. 聚焦激发活力早规划

超前谋划南宁教育事业发展,牵头编制出台《南宁教育现代化2035》《南宁加快推进教育现代化实施方案(2018—2022年)》。推动教育综合改革向纵深推进,配套出台《南宁市关于学前教育深化改革规范发展的实施意见》《南宁市深化产教融合实施方案》《南宁市推进落实教育信息化2.0行动计划实施方案》等专项规划。

2. 聚焦群众关切出实招

贯彻落实《关于做好中小学生校内课后服务工作的实施意见》,推行中小学生校内课后服务,在全市273所中小学校推行午餐午托和科普、书法、器乐、美术、体育、语言等课后兴趣课程,惠及14.86万名学生。联合市场监管、公安、民政、住建、消防、城管、街道办等部门开展校外培训机构专项整治月行动,消除个别校外培训机构安全隐患,整治办学不规范现象,规范校外培训机构发展,实现全市学科类校外培训机构办学行为合格率在

90%以上。

3. 聚焦优化保障强措施

南宁市为优先保障学校规划及用地、提高基础教育生均用地标准，颁布实施了广西首部规划管理教育用地的地方性法规——《南宁市中小学校幼儿园用地保护条例》。

二 南宁市教育工作中存在的主要问题

教育工作虽然取得了一定的成效，但与建设西部地区教育强市的发展目标和市民期盼仍然存在一定的差距，主要表现如下。

（一）教育发展不均衡，教育资源尤其是优质教育资源供给不足问题仍然存在

个别县区依然存在"大班额"现象，与2020年底基本消除义务教育学校56人及以上大班额的目标仍有差距。全市公办幼儿园紧缺，公办园在园幼儿占比偏低，与国家要求的到2020年公办园在园幼儿占比达到50%的目标仍有较大差距。

（二）教育发展体制机制不灵活，管理、投入、激励和保障机制改革亟待深化

在推进教育高质量发展、化解教育堵点痛点难点问题上力度仍然不够。社会关注的小区配套幼儿园移交整治以及校内课后服务方面投入力量不够、民办培训机构办学不规范、控辍保学等问题需要进一步解决。

（三）校外教育培训机构执法困难

关于校外教育培训机构的管理规范不明确，且执法涉及教育、人社、市场监管、民政、公安等多个部门，教育行政部门没有专门的执法队伍，难以开展教育执法与监督工作。

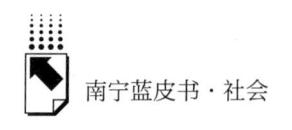

三 2020年南宁市教育事业展望

2020年,全市教育系统将牢固树立以人民为中心的发展理念,坚定追求卓越的发展取向,改革创新,主动作为,全力推动教育高质量发展。

(一)更加聚焦党对教育事业的领导作用

巩固"不忘初心、牢记使命"主题教育成果,坚持党对教育事业的绝对领导,深入贯彻落实习近平新时代中国特色社会主义思想和党的十九大精神。加强对校长队伍的培养,实施南宁市中小学卓越校长培养工程(第二期)三年规划;抓好年轻干部选用工作,继续实施中青年干部"扬帆计划"。继续加强新形势下的学校思想政治工作,牢牢把握意识形态工作领导权。

(二)更加聚焦落实立德树人的根本任务

持续强化学校体育、美术、卫生和国防教育,促进学生全面发展。狠抓学校安全管理制度、责任和措施的落实,加强安全教育的时效性和针对性。加快推进德育品牌创建活动,凸显学校德育特色。积极打造校外教育品牌,深入推进校内课后服务工作。抓好高考、中考教研及备考工作。

(三)更加聚焦优化教育结构的辐射作用

着力做好学前教育普惠提质工作,继续开展无证园整治工作,做好第三期学前教育行动计划收官工作。深入推进义务教育学区制管理改革工作,推动义务教育优质均衡发展。扎实做好控辍保学工作,抓好消除义务教育学校大班额、大通铺工作。持续推进高中阶段学校普及攻坚工作,加强对自治区示范性普通高中和特色高中创建工作的指导,推动办学特色化发展。推进职业教育改革,改善职业学校办学条件,优化专业结构,深化产教融合,推行就业、升学"双轨"育人,加强"双师型"教师队伍建设。改善特殊教育办学条件,深入实施第二期特殊教育提升计划。巩固校外培训机构治理成果，规范民办学校办学行为，促进民办教育持续健康发展。推动社区教育实验区项目建设，利用社会力量发展社区教育。

（四）更加聚焦深化教育改革的牵引作用

制定《南宁市教育事业发展"十四五"规划》，切实落实教育优先发展战略。深化普通高中教育教学改革，推进高考改革。持续深化教育综合改革，不断提高教育满意度。推进智慧校园建设，逐步形成若干个有示范带动作用、可复制推广的智慧校园建设与应用模式；不断加强教师、教学和课程等的教育信息化工程建设。

（五）更加聚焦促进教育公平的民生导向

扎实推进自治区、南宁市为民办实事项目教育惠民工程，积极推进公办中小学校、幼儿园建设。加强对教育适龄人口变化趋势的研判，不断完善招生入学政策，千方百计增加学位供给，统筹解决随迁子女入学问题。继续全面落实各项学生资助政策，健全资助政策体系，确保符合资助条件的家庭经济困难学生都受到资助。开展"推普脱贫"工作，积极做好农村贫困地区国家通用语言文字推广普及工作。加强监督检查管理，保障教育脱贫攻坚学生学业帮扶计划各项措施有效落实。

（六）更加聚焦深化新时代教师队伍建设改革的基础作用

优化教师资源配置。探索推行义务教育阶段教师"县管校聘"改革，健全城乡校长教师交流轮岗制度。落实中小学教师招聘制度改革，结合实际出台南宁市中小学教师公开招聘实施办法。以教坛精英领航工程为抓手，加大名师队伍建设力度，培养教学名师和教育专家。全面深入实施《南宁市中小学教师培训"十三五"规划》，大力实施教师培训十大工程。

B.3
2019~2020年南宁市科技发展状况分析及展望

潘 涯*

摘　要： 2019年，南宁市持续推动科学技术发展，抓好高层次创新平台建设、创新型企业培育和创新人才引育、民生领域的科技创新，促进区域协同创新，不断加快科技创新资源集聚和转化，激发创新、创业、创造活力。在取得成绩的同时，南宁市科技创新工作依然存在科技创新引领产业发展能力不强，高质量创新型企业数量不多、规模不大，高水平产业技术研究机构较少等问题。2020年，南宁市科技工作将围绕产业高质量发展，以加大研发投入力度为切入点，以建设新型研发机构为抓手，加强关键核心技术攻关，加大对重大产业项目、战略性新兴产业的支持力度，不断提升南宁市科技创新能力，为把南宁打造成引领全区高质量发展核心增长极提供有力科技支撑和创新动力。

关键词： 科技创新　科技人才　科技金融

2019年南宁市积极贯彻落实"强首府"战略，着力抓好创新载体建设、创新主体培育、创新环境优化等方面工作，科技创新整体实力不断增强。全

---

* 潘涯，南宁市科技局办公室主任。

市共引进了6家知名高校分支机构和新型产业技术研究机构，推动南宁市与清华大学深圳国际研究生院签署战略合作协议；新增国家企业技术中心2家、自治区级企业工程技术研究中心9家；新增入库培育国家级科技企业孵化器1家、众创空间2家，新增自治区级科技企业孵化器2家、众创空间6家；高新技术企业保有量达990家，总数占全区的41.44%，新增广西瞪羚企业6家，全年培育入库国家科技型中小企业503家，占全区的34.12%；新增自治区级星创天地5家、技术转移示范机构8家；荣获国家科学技术奖二等奖2项。

一 2019年南宁市科技发展状况

（一）抓高层次创新平台建设，不断增强发展新动能

1. 推进南宁·中关村创新示范基地建设

大力支持南宁·中关村创新示范基地高质量发展，与基地支部结对共建，推动基地获批自治区级科技企业孵化器，为基地引进新型产业技术研究机构3家、国家级人才4名，引进海创大赛获奖项目2个。在第四届南宁市创新创业大赛中，基地入驻企业获奖数占比高达25%，包揽初创企业组和成长企业组第一名，创新示范引领效应凸显。加快推进南宁·中关村创新示范基地建设，不断提升京桂协同创新的层次和水平，构建富有吸引力的创新生态系统；南宁·中关村创新示范基地累计入驻重点行业企业90家，入孵创新企业170家；与广西30余所高校合作，累计培养大数据、人工智能等新一代信息技术人才7000余名；通过创新示范基地投融资平台已经累计为基地内外企业提供2.11亿元融资服务。创新示范基地通过举办以创新中国行、邕城创新行等为代表的创新活动150多场，进一步拓宽交流渠道，营造良好的创新创业氛围。

2. 加快新型产业技术研究机构建设

制定《南宁市新型产业技术研究机构建设三年行动计划（2019—2021

年)》,成立了市新型产业技术研究机构建设领导小组,设立了新型产业技术研究机构重大科技专项。2019年,引进沈阳化工大学绿色功能分子产业南宁研究院、武汉大学广西节能环保研究院、南宁吉锐生物医药研究院等新型产业技术研究机构;借助新型产业技术研究机构,新引进国家级人才4名,其中包括国家重点实验室主任1名、享受国务院特殊津贴专家1名。大力支持已引进落地的两家新型产业技术研究机构发展,南宁华数轻量化电动汽车研究院铝制轻量化白车身智能生产线订单取得重大突破;广西先进铝加工创新中心开发的国内首条自主铝材热处理型材辊底炉生产线试产成功,已被列入国家工信部重大短板装备。

3. 携手知名高校打造高端创新创业载体

引进了深圳清华大学研究院运营单位力合科创集团建设的力合南宁创新中心、桂林电子科技大学建设的南宁产教融合基地等两个高端创新载体,总投资约8亿元,引入享受国务院特殊津贴专家等创新人才。与清华大学深圳国际研究生院签署战略合作协议,实现全市"985"高校和国家科研院所分支机构零的突破,重点在研究生培养、研发平台建设、支持南宁学院和南宁职业技术学院提升办学质量等方面展开深入合作。引进的华中科技大学国家大学科技园南宁基地建设取得进展,华中科技大学孵化器正式入驻,华中科技大学南宁光电子产业园落户五象新区物流园东片区。

(二)抓创新型企业培育,不断壮大科技创新主力军队伍

1. 加大科技型企业培育力度

推进实施科技型中小企业创新资金项目、高新技术企业认定奖励性后补助、企业研发费用加计扣除等政策,南宁市企业的技术创新主体地位不断提高。2019年,全市共364家企业获国家高新技术企业认定,同比增长32%,高新技术企业保有量达990家,占全区总量的41.44%,居全区首位;培育入库科技型中小企业503家,占全区总量的34.12%;新增广西瞪羚企业6家,总数达19家。

2. 推进创业孵化载体高质量发展

加强对孵化载体的政策支持，对获得科技部门认定的科技企业孵化器给予100万~500万元补助资金。深圳清华大学研究院力合南宁创新中心项目成功签约，高质量引进、孵化、培育南宁市科技型中小微企业；华中科技大学国家大学科技园南宁基地建设取得进展，华中科技大学孵化器正式入驻，华中科技大学南宁光电子产业园正式落户五象新区物流园东片区；新增国家级孵化器1家，自治区级孵化器2家，自治区级众创空间备案6家，市级众创空间备案7家。第四届南宁市创新创业大赛成功举办，20家企业从378个参赛项目中脱颖而出。

3. 推动企业研发平台建设

新增广西博世科环保科技股份有限公司、广西路桥工程集团有限公司两家国家企业技术中心，国家级研发创新平台达8家，是2017年的2倍；新增广西无线网络信息工程技术研究中心等9家自治区级工程技术研究中心。申能达获批国家级科技企业孵化器，启迪之星（南宁）"一带一路"孵化基地获批自治区级孵化器，新增国际科技合作基地5个。

4. 发展科技金融，缓解企业融资压力

加快实施科技创新券补助政策，遴选确定13家创新券运营机构，发放科技创新券100万元，企业申请兑付创新券41.2万元。积极建设科技信贷风险资金池，23家企业获得直接贷款3.12亿元。深入推进科技保险试点工作，共受理13家企业科技保险保费补贴申请，总保费514.15万元，财政拟补贴124.20万元，有效缓解了科技型中小微企业融资难问题。

（三）抓创新人才引育，不断夯实科技创新的人才基础

1. 实施顶尖人才"突破计划"，鼓励（准）院士级别人才来邕创办企业

制定了《南宁市顶尖人才"突破计划"申报评审指南》，对院士级别人才来邕创办企业给予1000万元资助，允许自选课题、自定技术指标，赋予其相当大的科研自主权；对准院士级别人才给予500万元资助。推动中国工程院欧阳平凯院士来邕创办企业，欧阳院士参股的拜欧生物工程有限公司成

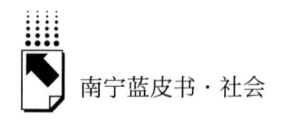

功申报南宁市顶尖人才"突破计划",并获得1000万元资助,成为南宁市引进的首个顶尖人才"突破计划"项目。

2. 首次出海举办"海创大赛",开创海(境)外人才引进新通道

成功举办了第二届南宁市海(境)外人才创新创业大赛(简称"海创大赛"),使南宁成为广西首个走出广西、走出国门,前往北京、深圳等发达城市和英国、美国等发达国家举办大赛、选拔人才的城市。大赛吸引了442个高水平项目参赛,60个优质项目受邀到南宁参加复、决赛,目前已有"AI智能机器人系统研发中心"等3个优质获奖项目在南宁注册企业,两个大赛一等奖项目正在办理公司注册前期手续,近20个项目表达了落户意向。

3. 实施优秀青年科技人才培育项目,支持人才创新创业发展

出台《南宁市优秀青年科技创新创业人才培育项目资助管理办法》,开展2019年人才选拔培育工作,资助18名优秀青年人才,推动该人才培育项目入选广西北部湾经济区发展专项资金(重大人才)项目投资计划。

(四)抓民生领域创新,不断促进科技创新惠民利民

1. 以科技支撑乡村振兴战略

加强农业科技创新平台建设,整合武鸣区、广西—东盟经济开发区两个自治区级农业科技园区优势资源,申报创建国家级农业科技园区;鼓励和支持科技型企业依托高校、科研院所资源建设星创天地,新增自治区级星创天地6家。优选302名科技特派员为全市贫困村提供产业发展咨询、产业科技攻关、项目示范推广等服务,攻关解决关键技术问题81项。设立科技扶贫示范基地,专项支持贫困地区的技术创新和成果转化推广,新增马山县竹鼠养殖脱贫攻坚科技示范基地、黑山羊产业科技扶贫示范基地、隆安农之源科技扶贫示范基地等三个科技扶贫示范基地。

2. 强化农业科技源头创新

围绕南宁市"10+3"特色农业产业,以农业科技项目为主要抓手,以

产学研相结合的方式组织开展沃柑保鲜工艺关键技术、优质杂交水稻新品种繁育技术、香蕉枯萎病综合防控技术、努比黑山羊选育技术、竹鼠养殖技术、本地水牛改良技术等特色产业技术的攻关工作。2019年共实施农业科技项目61项，新投入科技经费1445万元，研发、引进、示范推广农业新品种19个、新技术39项、新产品12项，通过品种、技术上的创新支撑和推动农业产业结构调整。

3.推进重大民生领域科技攻关

围绕三大重点产业、战略性新兴产业、"10+3"特色农业产业等领域，实施一批关键核心技术攻关项目，积极引导企业开展技术创新。2019年共实施Al－Mg－Si系铝合金汽车板气垫式连续热处理关键工艺技术研究及产业化示范应用等科技重大专项11项，科技拨款共计870万元，有效助推了重点产业转型升级。围绕民生关注的中医药和民族医药制药、生态环境保护和污染防治以及公共安全、城市交通、节能减排与防灾减灾等领域，重点支持艾滋病临床医学研究、常见病和多发病诊疗技术、中医药和民族医药新药研发等20项大健康产业技术创新研究，重点支持生态环境治理保护项目6项，支持公共安全、消防减灾、城市交通等项目9项，支持民生科技成果惠民平台建设项目5项。

（五）抓区域协同创新，不断加快科技创新资源集聚和转化

1.进一步深化科技交流合作

积极深化扩展与粤港澳大湾区、"一带一路"沿线国家的国内国际科技合作，组织参加北京科技博览会、中国（深圳）国际高新技术成果交易会等多场科技合作对接展会，促成科技合作（包括意向）58项。在第十六届中国—东盟博览会期间，正式签约新型产业技术研究机构项目3个、创新创业孵化载体1个。

2.进一步深化产学研合作

围绕绿色农药、生物制药、节能环保、新材料、电子信息等重点领域和行业，加强与清华大学、沈阳化工大学、东北大学、中科院等10余家区内

外知名高校、科研院所和企业对接合作,积极引进高层次人才及产业研究院项目,2019年共支持产学研科技项目69项,科技投入达1965万元。积极推动技术市场快速发展,奖补激励技术转移中介机构和技术交易,新增自治区级技术转移示范中介机构8家。

3. 进一步加速科技成果转化

实施"南宁市科技成果转化大行动",完成重大科技成果转化项目103项,发放科技成果转移转化应用后补助153.9万元。重大科技成果取得新突破,2项科技成果获国家科学技术奖、42项科技成果获广西科学技术奖。在2019年度国家科学技术奖评选中,广西博世科环保科技股份有限公司参与完成的"大型二氧化氯制备系统及纸浆无元素氯漂白关键技术及应用"获国家技术发明奖二等奖,实现了南宁市获国家技术发明奖零的突破;广西田园生化股份有限公司参与完成的"防治农作物主要病虫害绿色新农药新制剂的研制及应用"获国家科学技术进步奖二等奖。2019年,全市获自治区科技成果登记472项;输出类技术合同登记1421项,成交额29.85亿元;吸纳类技术合同登记2284项,成交额180.14亿元。

(六)抓创新生态环境,不断激发科技创新发展新活力

1. 完善科技创新政策支撑体系

出台《南宁市新型产业技术研究机构建设三年行动计划(2019—2021年)》,以三大重点产业和相关战略性新兴产业领域为重点方向,大力引进、组建新型产业技术研究机构。出台实施《南宁市科技项目经费后补助管理办法》,补助、支持企业先行投入资金实施科技创新项目,提高企业自主创新能力。出台实施《南宁市激励企业加大研发经费投入财政奖补实施办法》,支持企业进一步提高研发投入比重,鼓励和支持企业主动提升科技创新能力。

2. 推进科技计划项目管理改革

修订出台《南宁市科技计划项目管理办法》,进一步完善组织管理、立

项程序、实施管理、信用监督等方面内容,强化科技计划项目管理的责任机制,建立更加符合科研规律、高效规范的管理制度。制定出台《关于依托第三方专业机构管理科技项目的实施方案》,深入开展第三方专业机构管理科技项目试点工作,委托第三方专业机构对370项科技计划项目进行管理。开展委托管理工作以来,第三方专业机构加强对科技计划项目的事前、事中、事后管理,督促企业规范项目管理、完成项目结题,试点工作取得预期成效,有力提高了科技项目管理效能。

3. 研究制定落实"强首府"战略强创新方案

为全面贯彻落实"强首府"战略,以科技创新支撑南宁提速发展,结合南宁市实际,对南宁市"十三五"以来实施创新驱动的举措和成效进行总结,对存在的问题进行剖析,对未来几年的创新工作提前进行谋划,综合考虑创新支撑产业高质量发展的工作方向、工作重点和工作任务,研究制定了《南宁市落实强首府战略强创新实施方案》,提出了强创新的思路和框架,明确了指导思想、主要任务、工作进度和职责分工,为科技创新工作提供了行动指南。

(七)聚焦基层创新工作,开创科技创新驱动发展新格局

各县区、开发区进一步优化科技工作思路,解放思想、担当实干、奋力拼搏,不断激发全市创新、创业、创造活力。上林县、马山县、隆安县扎实推进精准脱贫,大力开展科技特派员服务、农业技术培训、农业创新创业支持等科技扶贫工作;宾阳县培育电子信息产业新动能,建立"中国赛宝实验室广西工作站";良庆区持续建设广西可持续发展试验区,推出了科技人才公寓政策,在广西国际壮医医院揭牌运营广西首个外国专家工作站;南宁经济开发区、广西—东盟经济开发区深入推进创新创业,大力扶持孵化载体建设、举办和承办"双创"赛事。南宁高新区持续推进南宁·中关村创新示范基地建设,打造特色载体,被财政部、工信部、科技部评为优秀等级;其他县区结合辖区实际和地区特色,加大科技创新力度,科技创新工作成效明显,有力促进了全市经济社会高质量发展。

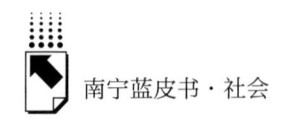

二 南宁市科技发展存在的问题

在肯定成绩的同时，也要清醒地认识到，当前南宁市科技创新工作依然存在不少困难和问题，主要表现在以下几个方面。

（一）科技创新引领产业发展能力不强

科技创新与产业发展结合不够紧密，在重点产业和重点规模以上企业中的引领带动作用不突出。重点产业龙头科技企业不多，在全国行业内科技创新影响力不大，规模以上中型企业研发投入少、研发平台不多，大型企业主营产品具有高科技含量和自主知识产权的占比不高。大数据、云计算、5G、物联网、智能制造、生物技术等新兴技术研究和应用能力不强，缺乏有自主知识产权的关键核心技术。产学研结合，本地高校、科研院所和南宁市产业技术需求匹配度不高。部分重点科技企业创新水平虽然达到国内甚至国际先进水平，但产品市场反应不强烈，产业化规模不够大。

（二）高质量创新型企业数量不多、规模不大

高新技术企业的数量与规模是衡量一个地方科技型企业发展状况最为重要的指标。2019年，全市高新技术企业已达到990家，超过全区的40%，但落后于贵阳（1005家）、昆明（1030家）、南昌（1442家）、合肥（2539家）、长沙（3090家）等省会城市。高新技术企业规模不大，规模以上高新技术企业仅有339家，比例仅为34.24%，其中2019年营收超过2亿元的高新技术企业仅有68家。高新技术企业融资上市的不多，当前仅有7家高新技术企业在主板或海外上市（全市有16家上市公司），平均每家上市公司的市值仅约38.24亿元，仅18家高新技术企业在新三板挂牌交易。

（三）高水平产业技术研究机构较少

近两年来南宁市加快引进建设新型产业技术研究机构，但与先进地区相

比，总量偏少，层次还不够高，产业引领力不够强，辐射力有限，承载力和服务功能不足；国家级高层次研发创新平台偏少，国家重点实验室、工程技术研究中心、工程实验室、企业技术中心仅有8家。企业自主研发机构的设立只相对集中在少数大型龙头骨干企业，中小企业多数没有属于自己的科研机构；大多数企业的研发机构档次不高，研发活动的层次不深、水平不高，特别是支撑人才、科技产业融合发展的新型产业研发机构的建设还是一个短板，在很大程度上制约了南宁市产业的转型升级。

（四）高层次科技创新人才不足

总体来看，南宁市行业顶尖人才和学科领军人才仍然十分缺乏，科技领军人才及后备人才不足，与西部其他省会城市相比，高水平创新人才队伍的缺乏是南宁市加快实施创新驱动发展战略中的最大"短板"。截至2019年底，南宁市仅有院士1人，近五年全市自主培育的国家级科技人才不超过10人，其中来自企业的仅有3人；理工类青年科技创新创业人才供给不足，2019年青年人才补助获批的博士有1人，硕士有49人。高水平创新人才队伍在数量、质量和结构上，仍有很大的差距，企业在职称待遇、福利待遇、个人发展空间等方面对高层次科技创新人才的吸引力明显不足。

（五）科技创新投入相对不足

投入不足是制约南宁市科技创新发展的最大因素，2018年全社会R&D投入占地区生产总值的比重为1.13%，在全国省会城市中排名靠后，远低于全国R&D投入平均水平（2.19%），略高于全区平均水平（0.71%）；跟中西部省会城市相比，低于贵阳（1.53%）、昆明（1.88%）、南昌（1.70%）、银川（1.40%）。和区内城市相比，2018年南宁市R&D投入总额为46.84亿元，柳州为38.56亿元，R&D投入强度低于柳州市（1.28%）。虽然南宁市R&D投入总额处于全区第一位，但R&D投入强度处于全区第二位，与首府地位不匹配。

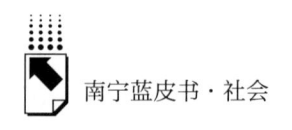

三 2020年南宁市科技事业展望

(一)围绕"强首府"战略,加快推动一批改革举措落地

围绕"强首府"战略,制定出台贯彻落实"强首府"战略强创新实施方案,加快推进各项任务实施;强化科技人才支撑,制定落实"强首府"战略科技人才专项政策;加大科技投入,抓好《南宁市激励企业加大研发经费投入财政奖补实施办法》等各类科技创新政策的落实,鼓励企业开展创新活动;深化科技"放管服"改革,进一步优化申报、服务流程,提高惠企政策兑现效率,优化创新创业环境;改革财政科技支出方式,重点支持重大关键技术研发和普惠性政策补贴,加大财政科技创新投入和政策支持力度;启动南宁市"十四五"科技规划编制工作,谋划南宁市"十四五"科技创新发展基本思路。

(二)围绕创新要素集聚,引进建设一批科技创新平台

加大对南宁·中关村支持力度,加快推进南宁·中关村创新示范基地、南宁·中关村科技园建设;加快推进中科院、清华大学等附属新型产业技术研究机构的引进和建设,引进和建设高水平新型产业技术研发机构5家,继续扶持已落地的新型产业研究机构发展壮大;加快推进与清华大学深圳国际研究生院在创新平台、人才引育、产业孵化等方面的全面战略合作,加速深圳清华大学研究院力合南宁创新中心、华中科技大学国家大学科技园南宁基地等创新载体的建设运营;支持15家企业开展创新创业平台能力提升工作,引导企业成立工程技术研究中心等研发机构;加快农业科技创新平台建设,做好国家级农业科技园区申报创建工作,继续培育3~5家星创天地。

(三)围绕创新主体培育,发展壮大一批高新技术企业和科技型中小企业

继续实施高新技术企业倍增行动,力争2020年全市高新技术企业数量

突破1100家；落实研发费用加计扣除等税收优惠政策，鼓励企业加大研发投入；持续推进科技型中小企业、广西瞪羚企业的培育发展，加大对瞪羚企业和瞪羚企业培育库入库企业的研发投入奖励力度，扶持一批初创期企业和瞪羚企业等高成长性企业加快发展；强化金融资本支撑，与力合集团共同设立天使投资基金，重点支持高科技企业和项目；推进科技信贷风险补偿工作，加大科技保险推广力度；加快推进科技创新券制度的实施，加速中小科技企业发展。

（四）围绕产业转型升级，组织实施一批重大科技成果转化和民生领域项目

聚焦三大重点产业和传统优势产业以及战略性新兴产业等领域，组织实施10项重大科技计划项目；加快优化科技成果转移转化机制，培育一批科技成果转移转化示范企业，持续实施重大科技成果转化项目90项，推动先进科技成果到南宁转移转化；围绕乡村振兴战略，加大科技扶贫攻坚力度，新增建设科技扶贫示范基地2家，继续选聘290名贫困村科技特派员，重点开展影响南宁市特色产业发展的农业关键技术攻关工作；加大对民生福祉升级的支撑力度，组织实施一批大健康产业项目、环境保护治理项目等。

（五）围绕创新生态环境，努力打造一批创新创业载体

重点支持南宁·中关村创新示范基地、启迪之星（南宁）"一带一路"孵化基地创建国家级孵化器，推进华中科技大学国家大学科技园南宁基地建设，打造中国—东盟区域协同创新孵化典范；积极探索在北京、上海、深圳等设立"飞地孵化器"，推动"飞地孵化器"和南宁当地孵化载体联动发展；举办第五届南宁市创新创业大赛和"邕城创客行"常态化路演等"双创"品牌活动，激发全社会的创新创业热情；打造专业宣传服务平台，加大对科技政策的宣传培训力度，提高科技政策的知晓率和覆盖率。

（六）围绕创新核心要素，加快培育一批科技创新人才

根据"强首府"战略和中国（广西）自贸区南宁片区科技人才政策，出台自治区海外人才引进计点积分制度南宁实施细则和海外人才"一卡通"实施细则；继续打造南宁市海（境）外人才创新创业大赛活动品牌，积极做好第三届大赛筹备工作，抓好第二届大赛项目落地服务工作；加强青年科技人才政策支持，设立科技人才培育等人才平台建设专项。2020年引育高层次人才（团队）20个。

B.4 2019~2020年南宁市民政事业发展状况分析及展望

黄菊如 李汉波 李春明 黄彦霞*

摘　要： 2019年，南宁市民政事业发展呈现稳中有进的良好势头，在服务脱贫攻坚大局、全面深化养老服务改革、坚持推动基层社会治理多元协同发展、提升基本公共服务能力等方面取得显著成效，同时面临民政公共服务设施不足，部分制度还不够完善，民政信息化、智能化水平有待提高等问题。2020年，南宁市将全面完善养老服务体系、创新基层政权建设和社区治理、拓展社会组织服务和综合监管、持续深化社会事务规范管理等，扎实推进民政事业稳步发展。

关键词： 民政事业　养老服务　基层社会治理

2019年，南宁市坚持以习近平新时代中国特色社会主义思想、习近平总书记关于民政工作的重要论述和指示精神为指导，紧紧围绕自治区和市委、市政府关于民政工作的重要决策部署，坚持以人民为中心的发展思想，牢固树立"民政为民、民政爱民"工作理念，聚焦脱贫攻坚、特殊群体、群众关切，殚精竭虑谋发展，扎扎实实抓落实，推动各项工作任务圆满完成，全市民政事业发展呈现稳中有进的良好势头。

---

* 黄菊如，南宁市民政局局长、党组书记；李汉波，南宁市民政局副调研员、党组成员；李春明，南宁市民政局办公室（政策法规科）主任；黄彦霞，南宁市民政局办公室（政策法规科）工作人员。

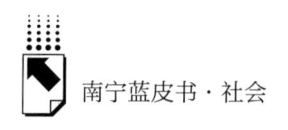

一 2019年南宁市民政事业发展状况

（一）服务脱贫攻坚大局，全力推进兜底保障工作

印发《南宁市社会救助兜底脱贫攻坚三年行动计划》，修订出台《南宁市城乡居民最低生活保障办法》，全面将低保审批权限下放乡镇（街道）。落实特困人员救助供养制度和临时救助制度，持续开展社会救助扶贫领域腐败和作风问题专项治理、农村低保专项治理等工作。提高城乡低保标准。从2019年6月1日起，南宁市城市低保标准从620元/（人·月）提高到690元/（人·月），农村低保标准从3800元/（人·年）提高到4600元/（人·年）。开展"强基础、补短板"入户大排查，城乡低保覆盖率达2.02%，非贫困县农村低保覆盖率达4.35%，贫困县农村低保覆盖率达6.43%。将符合低保条件的建档立卡贫困户100%纳入低保范围，全市在享农村低保对象有214301人，其中农村建档立卡贫困人口有116090人，占比达54.17%。全年发放城乡低保4.67亿元，惠及183.99万人次；发放城乡特困人员救助供养金1.57亿元，惠及23.95万人次。做好残疾人两项补贴工作。发放残疾人两项补贴8580.40万元，惠及107.25万人次；发放80周岁以上高龄补助1.75亿元，惠及207265人。

（二）全面深化养老服务改革，养老服务提质增效

一是深入推进居家和社区养老服务改革试点工作。出台《南宁市新建住宅小区配套社区居家养老服务用房管理办法（试行）》，要求新建住宅小区按每百户不少于30平方米的标准配套建设社区居家养老服务用房，且单处用房建筑面积不少于300平方米。修订出台《南宁市政府购买居家养老服务实施意见》，依托社区居家养老服务平台为全市1.2万名五类特殊困难老年人提供政府购买居家养老服务，顺利完成为民办实事任务。出台《南宁市居家和社区养老服务组织运营补贴暂行办法》，补贴资金达843万元，

大力培育和扶持居家和社区养老服务机构连锁化、专业化、品牌化运营。印发《关于开展南宁市老年人助餐配餐服务试点的通知》,创新开展50个"长者饭堂"试点,不断满足居家老年人的用餐需求。通过采取一系列重要改革措施,逐步完善居家和社区养老服务体系,2019年南宁市在民政部、财政部开展的居家和社区养老服务改革试点验收工作中除了被评为优秀等级外,还获得100万元中央以奖代补资金。二是完善养老服务基础设施。在全市15个县区(开发区)建设300~500张床位的公办示范性养老福利机构,已建成5个(其中3个投入运营),正在建设的有10个;建成132个社区日间照料中心和23个城市养老服务中心项目。三是大力发展健康养老产业。积极贯彻落实自治区加快大健康产业发展的决策部署,出台《南宁市进一步打造全国养老服务业综合改革试点城市实施方案》。大力开展招商引资,拥有1200张床位的海王健康产业园等项目已经落地,华润·悦年华等一批大中型养老项目正在加快建设。深化"放管服"改革,出台《关于简化利用现有空闲房屋设立养老机构有关手续的通知》,新增备案养老机构30家,登记备案床位4052张。积极推动实施城企联动普惠养老服务专项行动,新增床位3842张,其中普惠床位820张,获得中央资金7684万元。四是着力提升养老服务质量。开展养老院服务质量建设专项行动,重点开展养老机构重大风险隐患检查和整治,全市189家机构的基础指标已基本达标。加大对养老机构的扶持力度,落实自治区和南宁市养老机构补贴资金1086万元。加强养老服务人才培养,开展第二届"护理之星"评选活动,表彰了30名优秀养老护理员。继续实施星级示范养老机构培育工程,截至2019年底全市共评选出五星级养老机构6家、四星级养老机构3家、三星级养老机构14家。通过狠抓养老服务质量建设,不断推进全市养老服务机构转型升级。

(三)坚持完善机制,基层社会治理多元协同发展

一是加强易地扶贫集中安置区基层组织建设。指导25个易地扶贫搬迁集中安置点开展基层组织建设工作,推动安置点实现"主动吸收、积极参与、相互融合"的良好互动。二是推动城乡社区服务能力提升。组织开展

城乡社区治理能力提升培训，建立住宅小区"老友议事会"协商模式，全面推广"逢四说事"协商工作机制。继续实施社区惠民资金项目，加强社区惠民资金对培育、扶持社区社会组织的作用，强化城乡社区治理资金保障。三是加强城乡社区"三社联动"。开展农村社区"三留守"人员社会工作服务督导项目，在横县、西乡塘区等5个县区的15个农村社区开展行政性、教育性和支持性督导。四是推动农村社区建设试点和村民委员会规范化建设工作。来自两个镇的22个村被确定为第三批自治区级农村社区建设试点社区。将自治区福彩公益金120万元，用于4个城乡社区服务设施新建、改扩建或维修项目。指导全市村（居）民委员会标准化、规范化建设星级评定工作。五是会同相关部门出台关于遵守村规民约和居民公约、加强村务监督委员会标准化规范化建设等的政策文件。

（四）夯实工作基础，提升基本公共服务能力

一是社会事务管理水平有所提升。全年办理婚姻登记事项7.9万件，合格率为100%；办理收养登记事项276例，救助流浪乞讨人员1.17万人次。完成全市火葬区和土葬改革区的调整划定工作。二是儿童福利与慈善事业有新发展。推动建立"社工+志愿者"农村留守儿童关爱模式。保障散居孤儿552人，机构抚养孤弃儿童344人，发放孤儿保障金1020.44万元。发放孤儿助学金45.44万元，资助142名年满18周岁的孤儿就读高等教育学校。加快推进社会捐助站和慈善超市建设，举办第四个"中华慈善日"活动。2019年市慈善总会募集善款978.8万元（含物资），助困等资助项目共支出482.8万元（含物资）。三是区划地名管理规范有序。依法开展撤县设市的调研论证和申报审核工作。指导两个城区与开发区划清管理边界。完成南宁、来宾两市4条毗邻县界和市内5条县界联检任务。有序整治不规范地名，完成主城区内38条新扩建道路命名工作。切实抓好路名标志牌设置与维护工作，市区更新、设置路名标志牌771块。规范地名普查档案管理，全市12个县区通过自治区第二次全国地名普查档案核查验收。推进市县两级地名普查成果转化，编辑出版《南宁政区图》。四是社会组织发展势头良好。完成559家市本级社会组

织现场年检，评出5A级社会组织2家、4A级社会组织1家。出台并落实《南宁市社会工作专业人才奖励实施细则》。五是积极推进社会组织党的建设。组织开展党旗领航志愿服务活动，推进组织建设百日攻坚。2019年南宁市社会组织综合党委新转入党员64名，新增党组织4个，新发展党员8名；现直属党组织增至16个，共有正式党员143名，流动党员94名。

（五）不断夯实民政服务设施基础

采取PPP模式募集资金约4亿元，用于建设南宁市第二福利院，床位规模达2000张，一期工程已竣工，于2019年12月底试运营。南宁市备灾中心项目前期工作已基本完成。南宁市儿童福利院项目列入南宁市三年滚动计划重大项目建设规划储备库。南宁市社会福利院提升改造工程（一期）项目已列入南宁市"十三五"期间重点项目，该项目拟申请亚洲开发银行贷款11357.35万元人民币。马岭公益性公墓建设项目有序实施，已向市发展改革部门申请定价审批。

（六）强化责任落实，大力加强机关自身建设

一是加强党的基层组织建设。开展"党支部标准化、规范化建设提升年"活动，完成机关党委和机关纪委换届选举工作。二是持续推进"两学一做"学习教育常态化、制度化。组织召开局系统"两学一做"经验交流会、党员集中活动日等活动。三是开展"不忘初心、牢记使命"主题教育。扎实推进学习教育、调查研究、检视问题、整改落实四项重点措施，举办局系统共产党员先进事迹报告会。四是认真落实党风廉政建设及反腐败工作。制定党组主体责任工作清单并进行公示；召开专题会议，研究部署党风廉政建设和反腐败工作；开展"书记引航担使命"主题活动。

二 南宁市民政事业发展中存在的困难和问题

当前南宁市民政工作仍然存在一些困难和问题。一是民政公共服务设

施不足，特别是养老服务设施、流浪乞讨救助对象托养设施和殡葬服务设施还不能满足群众日益增长的需求。二是一些制度还不够完善，事实无人抚养儿童、"三留守"人员安置等工作落实难，乡镇敬老院法人登记工作推进乏力。三是基层民政工作人员力量比较薄弱的问题没有得到彻底解决，人少事多的矛盾依然十分突出。四是民政事业信息化、智能化水平有待提高。

三 2020年南宁市民政事业展望

（一）完成脱贫攻坚兜底保障任务

从讲政治、顾大局的角度，尽锐出战，坚决兜住脱贫攻坚之底，切实做到全面小康的路上不漏一户、不落一人。紧紧围绕"两不愁三保障"要求，持续深化中央脱贫攻坚专项巡视整改工作，推进农村低保"抓系统、系统抓"专项治理，持续开展社会救助领域腐败和作风问题专项治理、农村低保专项治理等工作。组织实施社会救助兜底脱贫行动，全面排查各项兜底政策全覆盖的落实情况，确保符合条件的建档立卡贫困人口全部纳入农村低保等社会救助兜底保障范围，实现"应保尽保、应救尽救"。继续提高城乡低保标准和补助水平。修订《南宁市临时救助办法》，发挥好临时救助在促进解决"三保障"问题方面的积极作用，防止脱贫人口返贫。落实低保制度兜底保障"五个一批"行动计划，重点将因老、因残、因病等脆弱群体纳入低保范围。统筹推进城镇困难群众脱困解困，牵头建立健全困难群众脱困解困台账，全面落实"六保障"和"两个全覆盖"等各项救助政策，确保城镇困难群众同步迈入小康社会。

（二）健全养老服务体系

着力健全养老服务政策体系，建立南宁市养老服务局际联席会议制度，完成《南宁市养老服务长期规划（2020—2035）》编制工作，研究制定政府兜底床位和普惠床位管理办法，调整公办养老机构收费服务政府指导价，完善市级养老机构补贴政策，完善居家与社区机构相协调、医养与康养相结合的养老服务体系。完善养老服务基础设施，推进南宁市第二福利院二期工程建设，实现南宁市社会福利院提升改造工程（一期）项目开工建设。继续推进10个县区（开发区）300~500张床位公办示范性养老福利机构建设，储备建设一批区域性农村养老服务中心项目。深化居家和社区养老服务改革，贯彻执行《南宁市新建住宅小区配套社区居家养老服务用房管理办法（试行）》，新改扩建一批社区养老服务设施，打造3~5个老年人宜居社区，扶持和培育一批连锁化、专业化、品牌化居家和社区养老服务机构，推动社区居家养老服务平台质量提升和向社会老人拓展服务，推进"长者饭堂"试点工作持续开展，探索"养老服务时间银行"和"家庭养老床位"试点工作，加强居家和社区养老服务监理评估。推进农村养老服务改革，开展本地区特困人员供养服务设施（敬老院）三年改造提升工程，将提升敬老院建设标准纳入脱贫攻坚工作和乡村振兴战略。充分调动社会资源，鼓励社会力量参与敬老院运营，着力破解敬老院法人登记问题，确保特困人员得到专业养老照护服务。推进健康养老产业发展，深化"放管服"改革和养老机构公建民营改革，大力开展招商引资，推介兴宁区恩山路北侧福利用地项目，积极引进一批重大健康养老产业项目，开展第二批城企联动普惠养老服务项目合作，打造1~2个养生、养老小镇，探索培育老年人用品市场。提升养老服务质量，以民办养老机构消防安全达标提升工程、质量考评以奖代补、养老机构等级评定、标准化建设、信息化建设等为抓手，持续开展养老院服务质量建设专项行动。加大养老服务从业人员培训力度，进行职业技能鉴定，健全完善养老服务褒扬机制。建立养老服务综合监管制度，构建失信联合惩戒机制。优化高龄补贴发放管理工作，全面落实老年人福利。

（三）持续创新基层政权建设和社区治理

结合打赢脱贫攻坚战、实施乡村振兴战略以及推进扫黑除恶专项斗争的要求，健全基层党组织领导的基层群众自治制度，不断丰富和深化基层群众自治实践，进一步提升基层群众自治组织服务能力和水平。结合"十四五"规划，开展全市城乡社区服务用房建设情况摸底调查，补齐基础设施建设短板。指导易地扶贫搬迁集中安置区制定和完善社区治理规则、议事规则、居民公约，着力提升易地扶贫搬迁安置区的社区治理能力。根据《中共南宁市委组织部、中共南宁市委员会农村工作领导小组办公室、南宁市民政局印发〈关于进一步加强村务监督委员会标准化规范化建设的实施方案〉的通知》《南宁市民政局等七部门关于做好村规民约和居民公约工作的通知》，有序推进村务监督委员会标准化规范化建设，有序推进村规民约、居民公约试点工作。围绕"村（社区）党组织书记和村（居）委主任一肩挑"这一新要求，提前摸底、及早谋划、研究具体措施，认真做好2020年村（居）委会换届选举筹备工作。联合相关部门持续开展村（社区）"两委"换届"回头看"，坚决防止黑恶势力渗透、影响基层社会治理。贯彻落实近年来中央、自治区、市各级关于加强和完善城乡基层治理的系列政策要求和"强首府"战略等，建立完善区域城乡社区治理制度体系，探索建立社区党组织领导下社区居委会、业委会、物业组织和驻区单位联动机制。探索制定包含议事代表资格、选举、任期、退出、权利与责任等内容的南宁市"老友议事会"《协商自治章程》等制度，推动"老友议事会"协商制度建设。结合全国基层社会治理现代化试点工作，开展城市社区"三社联动"试点建设，探索服务项目过程评估，逐步培养一线社会工作者队伍骨干，建立社会工作专家团队。强化农村社区"三留守"人员社会工作服务项目的试点示范作用，推动指标指引、财务指引、过程指引的落实，强化农村社区营造，不断完善农村社区治理体系和服务体系。结合财政绩效评价、坚持问题导向，对2019年惠民资金执行情况进行抽查。加强社区惠民资金在购买服务，培育社区社会组织、社区社会企业方面的作用。不断完善、推广南宁市基层政权和社区建设信息系统，加强各县区数据采集工作，增强系统使用的主动性，逐步提升基层政权和社区建设工作从传统手段向信息化手段转变。

（四）深化拓展社会组织服务和综合监管

强化党对社会组织的全面领导，积极推动各县区加快健全社会组织党建工作机构，完善工作制度。结合社会组织登记、检查、评估以及日常监管等工作，督促、推动社会组织成立党组织并开展党建工作，努力推动社会组织党组织和党建工作全覆盖，不断提高社会组织负责人的"四种意识"，确保社会组织发展的正确方向。充分发挥社会组织管理工作领导小组的作用，研究完善社会组织综合监管新措施。规范社会组织登记工作，配合市行政审批局做好社会组织登记工作，指导县区民政部门做好登记管理。规范社会组织评估工作，修订完善南宁市社会组织评估指标和评分细则，积极指导、支持各县区开展评估试点工作。规范社会组织年检工作，严格审查，规范各项年检工作，客观核定年检结论，及时公开年检信息。规范社会组织执法监察，进一步依法依规对违法违规的社会组织和非法组织进行查处和取缔。积极引导社会组织发挥作用，大力培育、扶持发展社区社会组织，采取多种形式广泛动员和引导社会组织参与脱贫攻坚，彰显社会组织正能量，增强社会组织公信力。努力提升社会组织管理信息化水平，依托电子政务数据交换和信用信息共享平台，及时将社会组织基本登记信息及其变更、注销等信息推送给相关部门，实现信息横向共享。

（五）切实加强农村留守儿童和困境儿童关爱服务

完善家庭尽责、政府主导、社会参与的关爱保护机制，持续开展"合力监护、相伴成长"专项行动，全面落实孤弃儿童、农村留守儿童和事实无人抚养儿童生活养育和保障服务政策，为各类困境儿童和农村留守儿童的生存发展创造良好的社会环境。积极推动儿童福利机构转型升级，优化儿童福利机构的区域布局和服务功能，重点建设市社会福利院（儿童福利院）、宾阳县社会福利院（儿童福利院）两个福利院，将其发展为区域性儿童福利院。探索开展对散居孤儿、农村留守儿童、困境儿童、社会残疾儿童及其家庭的临时照料、康复指导、特殊教育、精神慰藉、定期探访、宣传培训

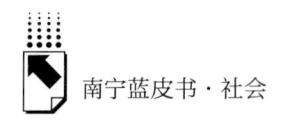

等。开展儿童福利工作情况摸排,全面摸清社会散居孤儿和福利院寄养儿童、事实无人抚养儿童的养、治、教、康等情况。

(六)稳妥推进区划调整和地名管理

优化行政区划设置。贯彻落实《行政区划管理条例》及其实施办法,围绕"强首府"战略扎实推进"县改市"的论证、审核、申报工作,有序开展"镇改街道""撤乡建镇"等工作,科学谋划行政区划改革创新。深化平安边界建设,牵头做好南宁与毗邻县界联检工作,组织做好南宁市内部县界年度联检,开展界线争议隐患排查工作,完善界线管理长效机制。创新开展形式多样的平安边界文化活动,保障边界地区和谐稳定,深入指导部分县区妥善解决法定界线与管理权责的统一。推进地名文化建设,持续规范地名管理和地名命名、更名报批工作。做好城乡地名标志设置,整治不规范地名。加快地名普查成果转化运用,做好区划地名图、录、典、志的编纂,出版《南宁市地名图集》《南宁市城区地名录》。加强对重要地名的传承与保护,开展千年古县(古乡镇、古村落)和传统文化地名的认定和申报工作。加强区划地名档案信息化建设,及时更新区划地名信息,进一步提高数字化管理和地名公共服务水平。

(七)持续深化社会事务规范管理

聚焦当前群众普遍关心的殡葬领域突出问题,健全殡葬改革法规和政策体系,从科学规划安葬服务设施、改善公益安葬服务供给、改进创新治理方式、推进殡葬移风易俗等方面综合施策,加强对公益性安葬设施用地、建设、维护管理等方面的政策扶持,积极稳妥推进社会力量参与殡葬设施建设,保障公益安葬服务供给,切实满足群众"逝有所安"的需求。进一步贯彻落实中央和自治区加强和改进救助管理工作的决策部署,扎实开展"救助管理服务质量大提升"专项行动,创建专业社会工作介入救助管理工作示范点,探索建立救助管理工作第三方监督委员会机制,加强救助管理工作队伍建设,大力提升救助管理服务水平。推进婚姻管理规范化建设,提升婚姻登记管理的精准性，完善婚姻登记信息部门共享机制，持续加强婚姻登记行风建设。进一步简化残疾人两项补贴的申请程序和审批流程，健全补贴标准动态调整机制，加强对残疾人两项补贴的监督管理，确保符合条件的残疾人"应补尽补"。

（八）加快发展慈善事业、社会工作和志愿服务

开展"八桂慈善奖"评选表彰工作。开展形式多样的宣传活动，弘扬慈善文化，形成广泛的社会影响，营造良好氛围。开展乡镇（街道）社工站建设试点工作，实现服务面对面，2019年开展12个乡镇社工站建设试点项目。落实社会工作"定向评估、定向使用"制度、高级社会工作师评价制度、乡镇（街道）社工站建设的配套制度，推动落实志愿服务记录与证明出具办法。加强对慈善组织、社工机构和志愿服务组织的监管工作，进一步提高负责人法治意识，强化项目和资金管理，依法开展社会公益活动。

（九）科学编制民政事业"十四五"规划

规划管长远、固根基，是经济社会发展的风向标，对民政事业发展具有重要支撑作用。"十四五"期间，我国将由全面建成小康社会向基本实现社会主义现代化迈进，做好民政事业"十四五"规划编制工作，绘制好民政事业发展蓝图，意义十分重大。一方面，加强对"十三五"规划各项目标的落实、监督和评估，确保圆满收官；另一方面，加紧谋划"十四五"民政事业发展。立足全局，紧扣"三个聚焦"要求和"三基"职责，把"十四五"民政各项业务的发展指标、规划任务和重大项目放在全市经济社会发展大局中考量，坚持着眼长远、优化布局，坚持重点突破、补齐短板，坚持尽力而为、量力而行，做好规划编制工作。体现战略眼光，突出发展重点，对薄弱环节和滞后领域进行集中攻关，提出一揽子规划目标任务、战略举措等。创新发展思路，充分发挥政府作用，激发社会和市场参与活力，破除制约发展的体制机制障碍。加强调查研究，及时摸清家底，结合实际统筹谋划，加强与上级部门、兄弟部门的沟通和对接，多渠道了解中央、自治区

的政策动向和部署要求，争取将民政规划的重要内容更多地纳入自治区和各地的总体规划、专项规划。要主动作为，从层级、数量、内容、质量和衔接上全面提升规划编制水平，为民政事业长远发展创造条件、奠定基础。

（十）不断夯实民政工作基础

探索加强基层民政服务能力建设的有效途径，继续采取政府购买服务方式。通过指导基层增加工作人员、合理配置乡镇（街道）现有力量、发挥驻村干部作用、增加政府购买服务、引入专业社工、配备村级民政协理员、加强信息化智能化手段应用、强化基层干部能力培训等方式，充实基层民政工作力量。开展乡镇（街道）社工站试点工作，各地要高度重视、周密部署、统筹实施，确保试点工作取得实效，为加强基层民政能力建设提供可操作、可复制的社会工作服务模式。推动"智慧民政"建设，提高民政信息化工作水平。

B.5
2019~2020年南宁市就业状况分析及展望

刘小平 文江英 刘雪平*

摘　要： 2019年南宁市就业形势好于预期，重点群体就业平稳向好，市场用工供大于求，"互联网+"催生新的就业形态，就业结构不断优化，但仍面临就业结构性矛盾突出、劳动力持续减少、就业服务难等问题。2020年，南宁市将根据新冠疫情的阶段性影响调整就业政策，确保稳就业政策释放新红利，支持和保障灵活就业，进一步规范新就业形态，持续缓解就业结构性矛盾，实现稳就业目标。

关键词： 就业形势　"稳就业"　自主创业　新就业形态

2019年，南宁市围绕党中央、国务院关于"就业是最大的民生"和"稳就业"等决策部署，坚持实施就业优先战略和更加积极的就业政策，坚持"劳动者自主就业、市场调节就业、政府促进就业和鼓励创业"的方针，统筹谋划，多措并举，着力为企业减负担、增活力，着力突出重点群体精准施策，着力强化职业技能培训，着力保障权益、兜牢底线，圆满地完成了各项就业创业工作，确保南宁市就业形势总体平稳且稳中有进。

---

* 刘小平，南宁市人力资源和社会保障局副局长；文江英，南宁市人力资源和社会保障局就业促进科挂职干部；刘雪平，南宁市人力资源和社会保障局就业促进科副主任科员（挂职）。

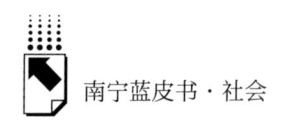

一 2019年南宁市就业形势分析

（一）总体情况

1. 主要就业指标的完成好于预期

2019年，南宁市城镇新增就业75247人，同比增长7.93%；城镇失业人员再就业17921人，同比增长8.89%；就业困难人员就业5651人，同比增长28.14%；城镇登记失业率为2.71%，与上年同期持平。从统计数据看，各项就业指标总体好于预期。

2. 重点群体就业平稳向好

高校毕业生方面，2018年南宁市（包括县区）生源应届高校毕业生共3.61万人，离校未就业毕业生就业率为98.27%；2019年南宁市（包括县区）生源应届高校毕业生共3.6万人，离校未就业毕业生就业率为98.05%。农村劳动力方面，转移就业6.64万人，其中，贫困劳动力转移就业2.40万人。

3. 市场用工供大于求

进入南宁人力资源市场招聘的用人单位有2613家，比2018年的2241家上升16.60%；需求岗位数为96586个次，比2018年的126954个次下降23.92%；服务各类进场求职人员28054人次，比2018年的53490人次下降47.55%，现场达成初步成交意向的有7014人次。其中，南宁市求职人员为13441人次，外埠求职人员（市本级以外）为14613人次（市外区内人员为12719人次，区外人员为1894人次）。求人倍率为3.44，比2018年的2.37上升了1.07，表明平均每100位求职者，有344个市场岗位招聘，与2018年相比，求职者进入市场求职时有更多可挑选的岗位，就业形势稳定，整体供大于求。

4. 群众参与创业的热情提高

2016~2019年，南宁市连续4年将扶持创业促进就业项目列入全市为民办实事工程,通过大力推动大众创业,激发了群众的创业热情。2016~2019年,共发放创业担保贷款7250笔,放贷金额共计6.62亿元。其中,2019年发放创业担保贷款1269笔,共计1.51亿元。

(二)就业形势新特点

1. "互联网+"催生新的业态

随着网络电商、共享经济等新兴行业的发展壮大,衍生了很多新兴职业,如私人旅游定制师、酒后代驾、快递小哥、淘宝卖家、共享办公管家、舆情分析师、微信营销、直播代购等,同时就业方式趋向于灵活,就业人群趋向于年轻化。新生代从业人员活跃在各类新兴职业领域,如"95后"最向往的职业排名是:网红、配音员、化妆师、游戏测评师和角色扮演师(Cosplayer)。

2. 群众就业产生新的愿景

高校毕业生方面,薪水、稳定性早已经不仅仅是"95后"高校毕业生最主要的考量点,"有趣"成为他们选择职业时的重要指标。高校毕业生对就业的选择更加多元化,也更加青睐工作与兴趣相结合。失业人员方面,当前城镇失业人员中,大部分具备一定技能,如电脑操作、会计等,他们在再就业过程中,也对岗位待遇、工作环境有了新要求。市本级公益性岗位从业人员正逐年减少,自2004年的峰值4079人减少至2019年的848人。新生代农民工方面,他们不再像其父辈一样,埋头苦干,满足于在城市边缘靠苦力挣钱,他们对就业环境、薪酬待遇、劳动强度等有了更高需求,体面就业、高质量就业的意愿更强,他们逐渐摆脱在城市打工、回家生活的传统观念,希望可以融入城市。城乡二元的就业机构也随着新生代农民工从乡村融入城市被逐渐打破,就像习总书记所说,望得见山,看得见水,记得住乡愁。

3. 产业升级催生新的需求

目前,南宁市劳动密集型重点企业,如富士康南宁公司,已经开始投入自动化设备,并加强了对生产线的技术创新,导致用工需求持续下降。未来

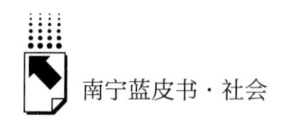

几年，随着机器生产线的大范围投入，以及全市经济结构的转型升级，单纯依靠劳动就业将面临很大挑战，如何推动劳动者顺应市场变化，更好地适应经济转型对技能等方面的需求，将成为就业工作的新课题。

4. 利好政策释放新的红利

除以上就业形势变化外，国家、自治区、南宁市高度重视就业工作，把就业工作摆在优先地位，面向企业实施了一系列降费减负政策，面向群众出台了一系列促进就业的政策，并大力推进脱贫攻坚、实施乡村振兴战略，产生了积极的稳就业作用。

5. 群众求职呈现新的渠道

近年来，"互联网+"市场蓬勃发展，亲戚帮带、熟人介绍、公共就业服务机构推荐就业的传统求职渠道已经不再是群众就业的主渠道。群众的求职渠道日趋多元化，如通过58同城、赶集网、猎聘网、百姓网等在网上求职也衍生为群众新的求职方式。

6. 高校毕业生自主创业热度递增

2019年南宁市自主创业的毕业生有1025人，与2018年相比增长了246%，反映出自主创业在大学生中正逐渐成为一种新时尚。毕业生在自主择业过程中更加倾向于将个人兴趣、追求与工作相结合，随着国家对大学生创新创业政策的全面落实，高校正在成为锻造创业者的熔炉。2019年高校毕业生选择非国有企业就业的有3420人，占47.23%；进入国企、机关事业单位的有1705人，占23.55%，比2018年增长了75.4%，这与2019届一部分毕业生感受到经济下行的压力、求稳心态凸显有关。2019届毕业生有4352人选择留在南宁市区工作，占就业毕业生总人数的60.1%，同比增长35.3%。

（三）市场供求分析

2019年，市场为8229家次用人单位提供现场招聘服务，比2018年的12561家次下降34.49%；需求人数为96586人次，比2018年的126954人次下降23.92%，进场求职人数为28054人次，比2018年的53490人次下降47.55%。总体上看，就业岗位竞争趋于平缓，市场整体呈现供大于求，主要表现如下。

1. 就业结构不断优化，第三产业成为吸纳就业的主要渠道

（1）从产业上看，就业结构不断优化

第一产业需求1483人次，占1.54%，比2018年的2469人次减少986人次，下降39.94%。第一产业指以农业为主的各产业，如种植业、林业、畜牧业、水产养殖业等，其岗位需求量受当季气候、作物销量等多种因素影响。第二产业需求19857人次，占20.56%，比2018年的31031人次下降36.01%。第二产业主要指加工制造业，需求人次下降体现了在我国经济增速放缓的大环境下，企业主动化解产能过剩问题，降成本补短板，按生产需求调控用工量。第三产业需求75246人次，占77.91%，比2018年的73.61%增加了4.3个百分点。第三产业以服务业为主，包含了第一、第二产业以外的其他行业，从上述数据可以看出，第三产业提供了大比例的就业岗位，在促进第一、第二产业产能消化、分流上起到了积极的作用，是拉动我国经济发展的主力军和吸纳就业的主要渠道。

（2）从行业分组看，集中在房地产、制造及服务行业

房地产业、制造业、居民服务和其他服务业需求居前三位。2019年，据南宁人力资源市场数据统计，用人单位行业分类中，房地产业以20821人次的需求量跃居首位；位居第二的是制造业，需求量为16091人；位居第三的是居民服务和其他服务业，需求量为14868人。这三类行业共需求51780人，占二十类行业总需求量的53.61%，超过总需求量的一半。

（3）从职业需求状况看，集中在商业和服务业人员、生产运输设备操作工

商业和服务业人员、生产运输设备操作工是用工需求的主体，所占比重分别为52.31%和27.70%，两者合计占总需求量的80.01%。求职人员中，人数相对集中的也是商业和服务业人员、生产运输设备操作工这两类，所占比重分别为55.24%和14.92%，两者合计占总求职人数的70.16%。供需匹配保持稳定状态。常规餐饮服务行业在转型升级的同时，网络消费带来新的经济动力，服务行业新兴工种的出现产生了新的用工需求点，如外卖送餐

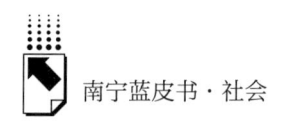

员、网络推广、网约车司机等。

2. 求职人员趋向年轻化，就近就业成为新趋势

（1）从求职人员的构成来看，以新成长失业青年等为主

2019年，据南宁人力资源市场数据统计，在所有求职人员中，新成长失业青年、就业转失业人员、其他失业人员是南宁市求职队伍的主体，分别有3262人次、11471人次和8329人次，合计占总求职人数的82.21%。其中，进场求职的新成长失业青年中包含应届高校毕业生649人次，占新成长失业青年人数的19.89%。应届毕业生进场求职比例不高的主要原因有两个：一是招聘途径增多，部分求职者通过网络应聘工作，减少了到人力资源市场现场求职的次数；二是在创业利好政策的激励下，很多毕业生选择自主创业，如通过微商、代购等途径实现初次创业，缓解了毕业生就业问题。

（2）从求职人员年龄段来看，仍以中青年为主

求职人员以中青年为主体。25岁以上年龄段的求职者占求职总人数的93.65%，这类求职人群中大多数具备较丰富的就业经验，为减轻生活压力会寻找更好的工作，因此该年龄段的人群成为市场求职的主体。

（3）从求职人员地域分类来看，以就近就业为主

南宁市劳动力以就近就业为主。从历年数据来看，南宁市农村劳动力转移就业中，自治区内转移就业占55%以上，其中，南宁市内务工人数约占区内务工人数的80%。如2019年，南宁市农村劳动力实现转移就业66396人，其中自治区内转移就业38822人，占58.47%，自治区外转移就业27574人，占41.53%。

（四）保障就业面临的挑战

1. 就业结构性矛盾突出，有效破解难

一方面企业招不到想要的人，另一方面求职者挑不到合适工作，劳动者技能素质与企业岗位需求不匹配、就业观念与用工环境不匹配等就业难题继续存在。2019年，南宁市求人倍率达到了3.44，结构性矛盾依然存在，并且会长期存在，而且随着经济结构转型升级加快，可能会更加突出。

2. 劳动力持续减少，保障用工难

2016~2019年，南宁市城镇新增就业人数分别为78199人、77337人、69717人、75247人，呈现逐年下降趋势；农村劳动力转移就业人数分别为72714人、81069人、71298人、66396人，除去就业扶贫的阶段性影响外，农村劳动力也基本呈现逐年下降趋势。人口红利已不再是南宁市的优势。尤其是随着劳动密集型企业进驻南宁，未来2~3年内，企业一线工人短缺问题依然存在，保障企业用工已经成为难题，短期内较难破解。

3. 群众就业多样化，就业服务难

高校毕业生方面，毕业生在自主择业过程中更加倾向于将个人兴趣、追求与工作相结合，这在某种程度上给就业服务工作提出了新要求。

贫困劳动力方面，随着就业扶贫工作深入推进，建档立卡贫困劳动力能够转移的已基本转移，剩下的属于"负重带"，他们满足于现状，转移就业愿望不强。

隐性失业难以跟踪，高校毕业生、农村劳动力等就业群体失业后，由于爱面子或不熟悉当地公共就业服务机构等，不主动到当地就业服务机构进行失业登记，成为隐性失业群体。公共就业服务机构无法为其提供职业介绍、职业指导、创业服务、失业培训等后续服务，帮扶其就业。

二 2020年南宁市就业形势研判

（一）新冠肺炎疫情影响呈阶段性

2020年新冠肺炎疫情突发，很多企业春节后未能及时开工复工，就业岗位总量减少，劳动者返岗复工相应延后，就业结构性矛盾突出，就业形势依然严峻。第二季度，随着全国疫情受到有效控制，上下游企业复工时间不一致、原材料供应紧张、销售市场不稳定等问题将得到有效化解，企业复工达产效率提高，用工需求上升，就业岗位增加。同时，提供大量就业岗位的第三产业，如旅游、餐饮、住宿、娱乐等受疫情影响最为明显的企业，随着

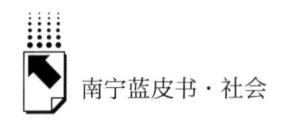

市场复苏，其吸纳就业的能力将被释放。与此同时，因疫情而无法外出的高校毕业生、农村劳动力等群体，将迎来新的复工求职潮，第二季度求职人员将比第一季度增多，劳动力市场渐趋活跃。此外，随着各行业各部门全面复工复产，城镇就业岗位逐渐增加，城镇新增就业人数将会增加；随着疫情期间各项政策红利的落地，失业人员、就业困难人员、贫困劳动力等重点群体就业指标与第一季度相比，慢慢向好。

（二）稳就业政策释放新红利

就业是民生之本、财富之源。"稳就业"作为"六稳"之首，将被摆在更加突出的位置。政府不断强化底线思维，做实就业优先战略，健全有利于更充分、更高质量就业的促进机制，尤其是为统筹推进新冠肺炎疫情防控和经济社会发展工作，出台了一系列援企稳岗新政，坚持创造更多就业岗位和稳定现有就业岗位并重等，全力确保就业形势总体稳定。如通过挖掘内需、扩大投资、稳定外贸、培育壮大新动能等，开发更多的就业岗位；通过减税降费、稳岗返还等，稳定现有就业岗位；通过鼓励企业吸纳就业、扶持创业来带动就业，加强托底安置就业，稳定高校毕业生等青年就业等，多渠道、多形式促进城乡劳动者就业创业。

（三）就业结构性矛盾依然存在

从2019年南宁人力资源市场供求状况看，就业结构性矛盾依然突出，岗位需求人数、进场求职人数均呈下降趋势。一方面，企业用工需求量大，却招不到想要的人；另一方面，由于2020年应届毕业生错过春节求职潮，叠加大面积复工求职时期，各类求职者面临挑不到合适工作的困境。劳动者技能素质与企业岗位需求不匹配、就业观念与用工环境不匹配等就业难题继续存在。2020年，南宁人力资源市场服务线上线下岗位需求预计约9万人次，制造业、批发和零售业、商贸服务业仍是用工需求较大的行业，其中推销展销人员、电子元器件与电子设备制造工、机动车驾驶员、营业人员、餐厅服务员、储运人员等需求量较大。劳动力供给预计为5万人次，求人倍率预计为1.8。

（四）"慢就业"现象持续存在

随着社会经济的发展，社会对毕业生的学历、能力要求越来越高，高校毕业生选择备战"考研"或继续深造的现象增多。此外，大部分家庭的经济条件已经是小康水平，毕业生不存在经济压力问题，因此很多毕业生外出旅行或者纯粹在家待业的情况增多，长时间延迟就业现象越发普遍。"慢就业"之后，很多学生因为求职心切，社会经验缺乏，面临的求职风险也不容忽视。因此，提前对在校生进行就业引导尤为重要，2020年加大与高校合作力度，将就业服务工作做在前头，将就业创业指导范围扩大到在校生，提前对学生进行择业观的引导；在拓宽高校毕业生就业渠道、提前支持校园招聘活动等方面不断加大力度，促进高校毕业生充分就业。同时，为应对新冠肺炎疫情对高校毕业生就业工作造成的影响，国家明确今明两年事业单位空缺岗位主要用于专项招聘高校毕业生，进一步解决好高校毕业生就业问题。

（五）灵活就业将得到新的支持

《关于进一步做好稳就业工作的意见》（国发〔2019〕28号）将支持灵活就业写入其中，要求各地支持劳动者通过临时性、非全日制、季节性、弹性工作等灵活多样的形式实现就业；完善支持灵活就业的政策措施，取消不合理限制灵活就业的规定。同时，延长就业困难人员享受灵活就业社会保险补贴政策期限。因此，2020年，灵活就业将会成为劳动者实现就业的重要方式，相关部门将会出台新的政策措施予以大力支持。

（六）新就业形态将逐步得到规范

近年来，随着互联网经济的发展，平台经济、众包经济、共享经济等创造了大量就业岗位，也形成了新的就业形态，如网约车司机、网络主播、美

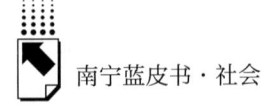

团骑手等。但这类人员就业形态比较灵活、自由，用工关系不够明确，导致此类人员的权益不能得到充分保障。《关于进一步做好稳就业工作的意见》中提出，明确新就业形态人员劳动用工、就业服务、权益保障办法，启动新就业形态人员职业伤害保障试点。因此，2020年，从国家到地方，都将启动对新就业形态人员的职业伤害保障、权益保障、就业服务、社会保险等的探索研究，确保新就业形态得到规范持续发展，促进劳动者实现多渠道就业。

B.6
2019~2020年南宁市社会保险事业发展状况分析及展望

徐 丽*

摘 要： 本报告介绍了南宁市社会保险的总体现状；梳理了2019年南宁市社会保险领域的突出亮点，包括全面落实降费率政策、全面推进社保扶贫政策落地、全面创新社保秒办免办经办模式等；分析了当前南宁市社会保险工作面临的形势和困难，如经济减速削弱社会保险可持续筹资能力、部分社保制度缺位等；对2020年南宁市社会保险事业发展进行了展望并提出了对策，包括进一步推动社保政策落地、强化社保信息化建设、完善智慧风控体系、推动社保扶贫工作、严格落实"减免缓降"政策等。

关键词： 社会保险 智慧社保 社保扶贫

2019年，在南宁市委、市政府的坚强领导下，南宁市深入贯彻习近平新时代中国特色社会主义思想和十九届二中、三中、四中全会精神，全面落实自治区党委、政府和南宁市委、政府的决策部署，抓紧抓实社会保险经办工作，进一步推动社会保障改革，为推动首府高质量发展提供民生保障。

---

* 徐丽，南宁市社会保险事业局办公室科员。

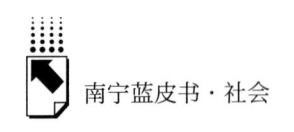

一 2019年南宁市社会保险事业发展状况

（一）全面完成社会保险参保征缴工作目标任务

截至2019年底，南宁市基本养老保险、工伤保险和失业保险参保总人数达518.64万人，完成目标任务的102.83%。其中，基本养老保险参保386.78万人（职工养老保险参保158.76万人，居民养老保险参保228.02万人）、工伤保险参保69.70万人、失业保险参保62.16万人，分别完成目标任务的104.45%、102.50%、105.00%；企业职工基本养老保险、工伤保险和失业保险征缴收入115.13亿元。

（二）积极落实自治区为民办实事城乡居民基本养老保险项目

截至2019年底，共计228.02万人参加城乡居民基本养老保险，参保率为98.30%。为67.60万名符合条件的居民按时足额发放8540.65万元基础养老保险金，发放率为100%；为26.27万名符合条件的困难参保群众代缴2627.01万元保费；为26025名符合条件的人员发放丧葬补助金，发放金额为2017.23万元。

二 2019年南宁市社会保险主要工作措施及成效

（一）聚焦实现全民参保，稳步推动社保精准扩面

按照兜底线、织密网、建机制的要求，坚持巩固成果、分类施策、创新引领、协同共享的工作原则，完善政策措施，创新工作机制，强化经办服务，充分调动群众参保缴费积极性，着力解决职工和居民不能参保、不便参保、缴不起费等问题，有序推动全民参保计划全面实施，促进各项社会保险应保尽保，为实现人人享有社会保障的目标做出积极贡献。

建立全民参保计划长效机制，打通与市场监督管理部门之间的数据壁

垒，依托自治区人社厅"六证合一"库，将进行工商登记的企业直接纳入参保登记范围，同时通过"智慧人社"信息系统，为尚未参加社会保险并缴费的用人单位和个人提供实时提醒和跟踪服务。积极推动进城农民工等城乡流动人口参加社会保险，南宁市社会保险扩面重点实现由"制度全覆盖"到"人员全覆盖"精准扩面。

（二）聚焦完善制度体系，有效推进制度改革落地

进一步落实企业职工基本养老保险中央调剂制度，做好调剂基金会计核算工作；稳步推进机关事业单位养老保险制度改革，着力抓好改革后退休人员待遇重算工作，截至2019年12月底，已完成重新核发养老金的人数为11841人，占总退休人数的89.9%；改进社保待遇拨付和发放方式，通过"社银直联"平台拨付社保待遇，做到发放数据"离库不离线，中途不落地"，有效确保社保基金安全；稳妥推进社会保险费征管职责划转工作，自2019年1月1日起，将机关事业单位应缴纳的社会保险费和城乡居民基本养老保险费、城乡居民基本医疗保险费交由税务部门征收。加快推进南宁市部分退役士兵的社会保险接续工作，积极与市退役军人事务、医保等部门密切配合，安排专职人员做好参保登记、核算、补缴等系统性工作。

（三）聚焦优化营商环境，全面落实社保降费政策

一是严格落实各项普惠性社会保险优惠政策，有效促进企业降本减负，优化营商环境。自2019年5月1日起，执行新一轮降费率政策，全市企业承担的社会保险总体费率为24.175%，与上一阶段（2018年5月至2019年4月）相比，降低了3.5个百分点，涉及4.75万家企业，68.75万名企业职工。2019年1月至12月已累计为企业降低社保人工成本约21.03亿元（2018年为企业减负约11.79亿元）。

二是降低企业缴纳基本养老保险的基数，缓解企业社保缴费基数偏高导致的缴纳社保费偏多的压力问题。从2019年5月起，缴费基数上下限下调后，每月再为企业减负约897.25万元，5~12月减负约7178万元。

三是开展失业保险支持企业发展工作。自2019年8月起，依托全业务大集中的"智慧人社"系统平台，通过数据共享、智能比对等技术手段，在全国率先推进"稳岗返还申报"由"申办"变"免办"，实现全程"免填表""免申报""免跑腿"服务，推动由"人找政策""企业找补贴"向"政策找人""补贴找企业"变革，形成民生政策"一出台，即落地"和企业群众"对条件，就享受"的服务新生态。2019年1~12月，共为19035家企业发放"稳岗返还"9053.43万元，"稳岗返还"实行"免办"发放后，惠及企业数超过近5年全市总和，小微企业占比超过95%，政策落地率为2018年的4倍。2019年8月起，开始对面临暂时性生产经营困难且恢复有望企业开展困难企业稳岗返还申报工作，截至12月底，全市已审核认定困难企业136家，涉及金额8706.56万元，其中59家已发放到位。

（四）聚焦保障社保权益，力促待遇按时足额发放

保障每一位参保群众享受社会保险待遇，及时做好每一笔社会保险待遇的审核和拨付工作。截至2019年底，全市按时足额发放基本养老保险、失业保险、工伤保险金额155.01亿元，惠及群众109.25万人。其中，为34.35万名企业退休人员发放基本养老保险金额100.34亿元；"老有所养、失业有补、工伤有助"的社保惠民体系更加牢固。进一步推行社会保险基金先行支付工作，防范因工伤致贫返贫，截至2019年底，已按操作程序支付117.66万元，惠及32人。

（五）聚焦提升智慧服务，拓宽社保公共服务平台

一是按照南宁人社"一门式"的统一部署，积极推进"一网一门一窗"经办模式，并实现全市通办。截至2019年12月底，对外公共服务事项为97项，已有73项实现网上申报，网报率达75%，其中实现秒办的事项为14项，7项为"免办"。公共征缴业务可实现与柳州跨市办理，社保服务"一张网"格局已初步形成。

二是推进工伤保险管理、经办、服务一体化工作，充分发挥管理服务一体化优势，减流程、简材料、缩时限，最大限度减轻申请人办事负担，不断深化便民利企改革。

二是强力开展社保业务网上经办工作，南宁市"智慧人社"网上经办数字证书实现了免费办理，极大地促进了参保单位使用网上办事大厅"零跑腿"办理社保业务。同时，不断优化完善社保"人社网上办事大厅+南宁人社微信公众号+南宁'智慧人社'App+就业社保自助服务一体机"综合线上服务平台，为参保单位和群众提供人员增减变动、申报补贴、社保缴费等多项社保业务自助办理服务。单位网厅办理类模块为31个，包括查询、预受理等业务，一共有63个模块，10项高频业务实行网上专项办理，进一步降低了服务对象跑腿频率，提高了社保业务经办效率。截至2019年12月底，南宁市开通网上办事单位的数量为59886家，12月新增1070家。2019年1~12月，共有14.94万人次通过南宁人社微信公众号、南宁"智慧人社"App、支付宝App、"爱南宁"App、南宁人力资源和社会保障局官网个人网厅、工商银行个人网上银行等6个缴费渠道缴纳社保费。

（六）聚焦实现全面小康，全力实施社保精准扶贫

通过落实针对建档立卡贫困人口的城乡居民基本养老保险费的代缴政策，推动贫困人口实现"应保尽保"。截至2019年12月底，全市动员组织43.62万名建档立卡贫困人口参加城乡居民基本养老保险，实现100%参保；为12.26万名符合条件的60周岁以上（含）建档立卡贫困人员发放基础养老金1572.1098万元，发放率为100%。同时，积极落实失业保险支持贫困地区脱贫攻坚政策。

三 南宁市社会保险事业面临的形势和困难

（一）经济减速削弱社会保险可持续筹资能力

受经济下行影响，中小微企业生产经营困难，失业人数和中断缴费人数有一定程度的增加。部分私营企业逃避参保、中断参保，部分灵活就业人员

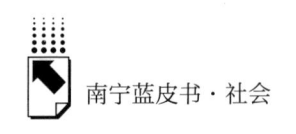

和新业态从业人员不愿参保、不敢参保、中断参保现象仍存在。2019年1~12月，南宁市已有73家企业申请签订缓缴社会保险费协议。

（二）部分社保制度缺位导致部分群体尚未纳入社保体系

由于制度还不够完善，缺乏明确的可操作规程，还有部分人群尚未纳入参保范围，许多职业群体，特别是民营、私营企业或中小微企业员工，个体工商户，农民工，灵活就业人员和快递业、外卖业、代办服务等新业态从业人员等参保率较低。社会保障体系在增强公平性、适应流动性、保证可持续性方面有待进一步加强。

（三）企业对降低社保费率仍有更大期待

尽管新一轮降费率政策将南宁市企业承担的社会保险总费率降至24.175%，与上一阶段费率政策相比，降低了3.5个百分点，但在当前经济下行形势下，民营企业资金流紧张，在自治区统一规定的费率政策下，与区外部分省市相比，社保税费负担仍过重，直接影响了企业扩大经营的能力，加重了企业转型升级的负担。企业期待能获得更大力度的社保降费率政策福利，以降低企业生产经营成本，缓解资金周转压力。

四 2020年南宁市社会保险事业展望

深入贯彻落实党的十九大及十九届二中、三中、四中全会精神，坚持以人民为中心的发展思想，不断保障和改善民生，完善覆盖全民的社会保障制度，稳步提高保障水平，增进人民福祉。面对当前疫情，进一步加强防控形势研判和应急处置，全面落实各项政策，保障社会保险待遇，大力发展不见面经办模式，为推进国家治理体系和治理能力现代化做出贡献。

（一）进一步推动社保政策落地，完善多层次社会保障体系

推动建立全民参保长效机制，将符合条件的法定人群纳入参保范围，继

续探索在全区率先将快递业、外卖业等新业态从业人员、退休返聘人员和实习生纳入工伤保险参保范围;完善领取企业职工养老保险待遇人员的资格认证工作,探索以大数据比对的方式进行"静默认证",实现退休人员"零操作"续领养老金;探索将机关事业单位退休人员同步纳入退休人员社会化管理服务范围;继续落实好阶段性降低社会保险费率政策,全力减轻企业社会保险缴费负担。

(二)进一步强化社保信息化建设,全力提升社保便民服务水平

以人社"一门式"经办服务改革为抓手,进一步整合社保线上线下服务资源和分散在县区的资源,不断优化全市统一的社会保险公共服务平台,扩大全市社保"一张网"张力;进一步升级优化微信、网厅、App等移动终端的社保服务功能,推进更多社保服务事项实现"秒办免办",推动实现更多社保业务"不进门,网上办;进一门,一窗办;简便事,自助办"。

(三)进一步完善智慧风控体系,有效防范社保基金"跑冒滴漏"

依托"智慧人社"项目建设和新构建的社会保险公共服务平台,通过规则互斥和信息共享等方式,全面升级社保经办风险防控体系,有效防止多领、冒领各项社会保险待遇等行为的发生,从源头上防范社保基金"跑冒滴漏"。重点做好企业职工基本养老金风险防控工作,推进建立社保基金监督、举报、投诉、奖励机制和快速处置机制。配合做好南宁市社会信用体系建设工作,对违法违规的用人单位形成"一方失信,多方受限"的有效制约。

(四)进一步推动社保扶贫工作,着力筑牢贫困人口社保安全底线

落实好代缴政策并做好参保信息标注,确保符合参保条件的建档立卡贫困人口100%参加城乡居民养老保险;确保已参加城乡居民养老保险、60周岁以上(含)符合领取待遇条件的人员,100%享受养老保险待遇;落实失业保险支持贫困地区脱贫攻坚政策。

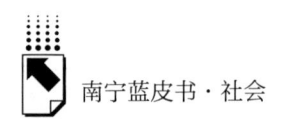

（五）严格落实"减免缓降"政策，支持企业保经营稳发展

全面贯彻落实国家和自治区应对新冠肺炎疫情有关文件的精神，通过减、免、缓、降等各项社保政策助力复工复产，全力支持企业发展。阶段性减免企业养老、失业、工伤保险单位缴费。2020年2~6月对中小微企业免征上述三项费用，2~4月对大型企业减半征收。受疫情影响，面临暂时性生产经营困难，确实无力足额缴纳社会保险费的中小企业，经主管部门批准，可缓缴养老、医疗、失业、工伤、生育等五项社会保险费，最长6个月，免收滞纳金。2020年5月1日至2021年4月30日，继续延长实施阶段性降低失业保险和工伤保险费率政策。加上国家出台的降低养老保险费率政策，南宁市参保企业继续享受原有的养老、失业、工伤降费率政策红利，包括：职工基本养老保险（包括企业和机关事业单位基本养老保险）单位缴费比例调整为16%，失业保险费率继续为0.5%，工伤保险费平均费率继续为0.375%。实施失业保险稳岗返还政策，对不裁员或少裁员的中小微参保企业，返还上年度企业及职工实际缴纳失业保险费的50%，全力支持企业打赢防疫攻坚战。

B.7
2019~2020年南宁市脱贫攻坚状况分析及展望

谭春兰*

摘　要： 打赢脱贫攻坚战是全面建成小康社会的底线任务。2019年，南宁市年度脱贫摘帽任务圆满完成，决战决胜脱贫攻坚成效显著。本报告分析了南宁市脱贫攻坚工作的亮点和主要举措，总结出"强基础、补短板，服务基层促攻坚""牵牢深度贫困脱贫'牛鼻子'""多措并举攻克大石山贫困群众饮水难题"等多条"南宁经验"，并在深入分析脱贫攻坚工作问题的基础上，从主要任务、重点工作、保障措施等三方面提出对策建议。

关键词： 小康社会　脱贫攻坚　脱贫摘帽

2019年以来，南宁市以习近平总书记新时代中国特色社会主义思想和有关扶贫开发重要论述为引领，深入贯彻落实中央和自治区扶贫决策部署，以决战决胜的精神状态和"不获全胜、决不收兵"的坚定决心，严格落实"两不愁三保障"[①]要求，坚持"核心是精准、关键在落实、确保可持续"，持续"跟上、盯住、办好"[②]。围绕年度脱贫摘帽目标任务，全市

---

* 谭春兰，南宁市扶贫开发办公室综合科四级主任科员。
① "两不愁"是指稳定实现农村贫困人口不愁吃、不愁穿；"三保障"是指保障其义务教育、基本医疗和住房安全。
② "跟上、盯住、办好"是指跟上中央的部署、跟上中央的步伐、跟上自治区的要求，切实把政策、标准掌握清楚，盯住短板、盯住任务、盯住要解决的问题，办好办实脱贫攻坚各项工作，确保如期实现脱贫摘帽。

上下"不忘初心、牢记使命",凝聚合力、集中攻坚,决战决胜脱贫攻坚成效显著。

一 2019年南宁市脱贫摘帽任务圆满完成

2019年南宁市有9.0735万名贫困人口脱贫、109个贫困村出列,贫困发生率从年初的2.57%下降至0.43%。隆安、马山、上林三县经市级核查,已达到摘帽标准,待自治区、中央核验后将实现摘帽的目标。截至2019年底,全市剩余1.8803万名贫困人口、3个贫困村。

二 南宁市脱贫攻坚工作亮点及主要举措

(一)工作亮点

2019年以来,全市各级各部门按照"跟上、盯住、办好"的要求,大胆创新、勇于实践,脱贫攻坚工作亮点纷呈。

1. 创新开展"强基础、补短板,服务基层促攻坚"

由市脱贫攻坚战前线指挥部牵头,深入上林县、马山县、隆安县开展"强基础、补短板"工作,探索创新"1+15动车组"[①] 组织模式和"一比二核三解决"[②] 工作模式,进一步盘点摘帽"家底",疏通堵点难点,扫除盲区误区。《半月谈》杂志(2019年第15期)以《广西南宁市:服务基层促攻坚》为题报道了南宁市有效打通"扶贫最后一公里"工作事迹,此文也被国务院扶贫办微信公众号转载。自治区党委书记鹿心社高度肯定了南宁

[①] "1+15动车组"组织模式中,"1"即由南宁市脱贫攻坚战前线指挥部负责组织领导和统筹协调;"15"即从15个行业部门抽调280余人组成12个行业扶贫工作组,由1个"火车头"带领15个"动车组"强力推进"强基础、补短板"工作。
[②] "一比二核三解决"中,"一比"即比对分析,"二核"即系统核查与实地核查,"三解决"即解决存在的问题。

市的经验做法，指示方春明副主席在南宁市隆安县召开全区2019年计划退出贫困县脱贫摘帽工作调度会，向全区总结推广"强基础、补短板，服务基层促攻坚"经验。

2. 牵牢深度贫困脱贫"牛鼻子"

坚持高位推动，市委、市政府主要领导分别挂点联系深度贫困县马山县和深度贫困乡都结乡，市委主要领导主动对接广西中烟公司和华润集团，促使其分别帮扶马山县和都结乡，38名厅级领导干部挂点联系56个深度贫困村。贯彻尽锐出战要求，由组织直接点将，选派63名优秀干部到3个贫困县和56个深度贫困村历练或担任第一书记，动员64家国有或国有控股企业、民营企业和59家工商联会员企业或商会，结对帮扶深度贫困县、深度贫困乡和深度贫困村。加大资金支持力度，2017年给予每个深度贫困村一次性补助100万～150万元，支持扶贫产业发展；市财政2018～2020年每年支持马山县脱贫攻坚资金8000万元。到2019年底，56个深度贫困村脱贫摘帽54个，深度贫困县马山县达到贫困县退出标准。

3. 以超常规措施保障三个贫困县摘帽

出台《南宁市2019年决战决胜脱贫攻坚六条强化措施》，以脱贫摘帽督战队为抓手，进一步压实县区主体责任和选派单位责任，强化事项报告和短板分析研究，强化数据信息共享运用和特殊困难群体帮扶；大力支持就业扶贫车间建设和非贫困县非贫困村发展；进一步健全激励机制，为一线扶贫干部购买人身意外险，并以扶贫成效为干部提拔任用的重要依据。2019年2月23日，自治区主席陈武到南宁市开展脱贫攻坚工作调研，对南宁市从人力、物力、财力等方面向马山县、上林县、隆安县三个计划脱贫摘帽县倾斜，设立专司扶贫副县长等有力举措给予了充分肯定。《广西精准脱贫攻坚简报》（2019年第7期）专门刊发南宁市经验做法，供各地学习借鉴。

4. 多措并举攻克大石山区贫困群众饮水难题

重点在3个贫困县实施跨区域集中连片供水和找水打井工程。截至2019年底，隆安县已完成9个集中连片供水项目，从根本上解决了全县18

个行政村32000多名群众"一瓢水三用"①的历史性困难。上林县塘红乡易地扶贫搬迁配套集中连片供水工程已解决该安置点1500名入住贫困户和塘红社区周边13764人饮水问题。扩网后，长期供水范围将覆盖塘红乡、乔贤镇16个村委会（社区），受益人口达7.18万人。马山县找水打井工程已成井29口，2019年新建或维修饮水项目499个，受益人口达9.67万人，全县饮水安全达标率达100%。

5. 在全区率先实现粤桂就业扶贫数据信息线上交换协作

南宁、茂名两市共同打造了首个粤桂扶贫协作人力资源市场线上直连平台，南宁市劳动者跨省求职实现"一网、一键、一秒投简历"。南宁市人社局网站人力资源（人才）服务大厅设置"粤桂劳务协作招聘求职信息（广东省茂名市）"专栏，茂名在线人力资源市场首页也设置了"南宁专区"，两地可通过专栏实现招聘信息、求职简历、劳务信息等实时交互共享。截至2019年底，南宁市通过粤桂扶贫协作在广东省稳定就业人数达23424人。

6. 为东盟国家提供扶贫减贫经验

按照国家、自治区的部署，南宁市协助自治区组织了"泰国孔敬府代表团赴广西扶贫工作访问"以及"第十三届中国—东盟社会发展与减贫论坛"等国际扶贫交流重大活动，东盟各国代表团深入隆安县等地考察学习，探讨深化减贫的战略思路和途径方法。活动充分展示了南宁市在扶贫工作方面的鲜活做法和显著成效，生动阐释了以习近平同志为核心的党中央坚持以人民为中心的发展理念，是一次宣传中国扶贫减贫经验和成就的创新实践，为东盟国家改进扶贫工作提供了中国经验。

（二）主要举措

回顾2019年，压力比预想的大、难题比预想的多，但应对的措施比预计的稳、取得的成效比预计的好。2019年，南宁市的脱贫攻坚工作主要采

---

① "一瓢水三用"是指，因以前农村饮水困难，为了节约用水，洗完菜的水洗脸，洗完脸的水喂牲口。

取了以下措施。

1. 以更加强烈的责任担当，强力统筹、强化协调，扛起牵头抓总重任

一是强力统筹。2019年市委常委会涉及脱贫攻坚议题21次，其中专题研究部署4次；市政府常务会涉及脱贫攻坚议题7次，其中专题研究部署6次。制定决战决胜脱贫攻坚战全力冲刺年度目标任务、实施方案，2019年10月至2020年1月，全面动员、全员奋战，以实实在在的脱贫成效检验"不忘初心、牢记使命"主题教育成果。结合机构改革，对全市定点帮扶单位进行调整，确保后盾单位帮扶工作落实。2019年全市共筹措各级财政扶贫资金33.78亿元（其中市本级资金6.81亿元）。

二是强化领导。由市委主要领导担任中央巡视反馈问题整改工作领导小组组长，市政府主要领导担任副组长，突出问题导向，推动问题整改与扶贫工作落实互为促进、协同发力。坚决贯彻落实习近平总书记在解决"两不愁三保障"突出问题座谈会上的讲话精神，成立"四大战役"① 总指挥部，由市委副书记担任总指挥长，增设脱贫攻坚"3+1"② 保障部门专责小组，确保南宁市"三保障"和饮水安全责任、政策、工作"三落实"。市委、市政府有关领导多次召开推进会，研究、讨论《南宁市2019年决战决胜脱贫攻坚六条强化措施》，有力推动3个贫困县脱贫摘帽工作。

三是强化协调。3个贫困县定期向市脱贫攻坚战前线指挥部报告脱贫摘帽任务完成情况，指挥部按需召开脱贫摘帽分析会，研究贫困县摘帽和行业部门扶贫难点，及时补齐短板。按照减负政策要求，加强沟通协调，科学分类整合。落实"督查、协调、通报"三项制度，全年开展督导暗访共计11次，约谈有关县区5次；2019年，市县共协调解决各类脱贫攻坚问题216项；印发脱贫攻坚简报（通报）40期（含红榜15期、黑榜2期等）、前线指挥部工作专报28期。

---

① "四大战役"是指义务教育保障、基本医疗保障、住房安全保障和饮水安全四大战役。
② 脱贫攻坚"3+1"是指义务教育有保障、基本医疗有保障、住房安全有保障以及有安全饮水。

2. 以更加坚定的必胜决心，集中发力、精准施策，攻克摘帽难题

一是由党政主要领导负责，高位协调破解难题。针对易地扶贫搬迁难题，自治区党委常委、市委书记王小东先后7次做出重要批示、在市委重要会议上9次研究部署，多次深入基层调研，到搬迁户家中访贫问苦；周红波市长先后8次做出批示，实地调研市、县有关部门工作成效，确保搬得出、稳得住、能脱贫。针对贫困地区扶贫产业发展难问题，市委书记王小东引进"阳光玫瑰"葡萄种植产业，助推深度贫困地区产业发展，不断深化科技兴农、智慧扶贫。针对饮水安全问题，周红波市长深入饮水安全任务最艰巨的马山县和隆安县，实地调研群众饮用水的量、质、费等情况，以及农村饮水安全管理责任和制度落实情况，大力推动马山县和隆安县农村饮水安全巩固提升工程提质提速，确保群众喝上放心水、健康水。

二是全力打好"四大战役"。第一，强化教育保障。联系"美丽中国"公益教育项目，选派62名青年优秀教师到上林、马山、隆安三县开展支教活动，充实和提升当地师资力量和教学水平。劝返辍学学生1297人，其中建档立卡贫困户子女249人；资助义务教育阶段家庭经济困难学生29.49万人次，发放生活补助费15758万元；新建和完善列入自治区贫困地区乡村义务教育薄弱学校基本办学条件项目的学校22所。第二，强化医疗保障。贫困人口参加城乡居民医保实现"应保尽保"。2019年南宁市共有611707名符合条件的农村建档立卡贫困人口（含2014年、2015年退出户，2016年、2017年、2018年脱贫户）参加2019年城乡居民基本医疗保险，参保率为100%。贫困人口医保待遇实现"应享尽享"、"一站式"结算。截至2019年12月31日，南宁市农村建档立卡贫困人口门诊特殊慢性病医疗费用平均报销比例为88.86%，住院医疗费用平均报销比例为93.15%，"一站式"直接结算医疗救助建档立卡贫困人口支出2148.66万元。第三，强化住房保障。住房、扶贫、民政、残联等部门共享数据，精准核实四类重点对象农村危房改造存量。提高补助标准，建档立卡贫困户户均补助4.65万元，需兜底解决的极端贫困户户均补助6.3万元。截至2019年12月底，自治区下达南宁市农村危房改造4421户，其中建档立卡户 2512 户，要求 2020 年 6 月底前全部竣工。至 2019 年 12 月底，已开工 4421 户，开工率为 100%；已竣工 4024 户（其中建档立卡贫困户 2512 户全部竣工）。第四，强化饮水安全保障。全面落实农村饮水安全管理"三个责任"①，2019 年共投入 4.57 亿元，建设农村饮水安全项目 1037 项，受益人口达 104.87 万人。截至 2019 年 12 月底，全市项目已开工 1037 项，开工率为 100%；已完工 1027 项，完工率为 99%；已完成投资 4.50 亿元，投资完成率为 98.5%。

三是力啃易地搬迁"硬骨头"。市财政 2018~2020 年每年支持隆安县 4000 万元专项资金，用于震东集中安置区可持续发展和新区学校建设。在住房竣工率和搬迁入住率均实现 100% 的基础上，将易地扶贫搬迁工作重心转向后续扶持、管理和拆旧复垦工作，全市 25 个易地扶贫搬迁集中安置点全部完成基层组织建设工作，并在隆安县震东集中安置区以"三留守"人员②为切入点，通过组织发展志愿服务团队，努力探索共建共治共享的社区发展模式，健全和完善社区治理体系，坚决完成"到 2020 年实现'搬得出、稳得住、能脱贫'，到 2025 年实现'能发展、可致富'"的目标。截至 2019 年 12 月 31 日，南宁市符合旧房拆除条件的有 8486 户，已拆除 1882 户，总体旧房拆除率为 22.18%，旧房符合应拆除条件且实际入住新房满两年的有 64 户，已拆除 57 户，满两年户旧房拆除率为 89.06%。

四是大力推进村级集体经济发展和产业扶贫。按每个非贫困村 15 万元、贫困村 100 万~150 万元的标准扶持村级集体经济发展，坚持把发展村级集体经济纳入各级党组织书记党建述职评议考核重要内容，促进工作落实。截至 2019 年 12 月 31 日，421 个贫困村有村级集体经济收入的为 421 个，占 100%；收入在 4 万元以上的有 421 个，占 100%；收入在 5 万元以上的有 382 个，占 90.74%；收入在 10 万元以上的有 182 个，占 43.23%。全市所

---

① 农村饮水安全管理"三个责任"是指地方人民政府主体责任、水行政主管部门行业监管责任、供水单位运行管理责任。
② "三留守"人员是指农村留守妇女、留守老人、留守儿童。

有县区"5+2"特色产业、当年脱贫村"3+1"特色产业覆盖率均超过90%。2019年建成贫困村扶贫产业示范园150个，新增就业扶贫车间158家（累计认定271家），全市共培育贫困村创业致富带头人2058名。实现所有贫困村均有新型农业经营主体或产业示范基地（园）覆盖，带动3.44万户贫困户参与产业发展。大力发展消费扶贫，2019年农村电子商务交易额达16亿元，在南宁农产品交易中心设立广西消费扶贫（南宁）农产品展销中心，并在2019年10月17日全国第六个扶贫日开业，同天举办2019年南宁扶贫农产品产销对接活动，产销签约会签约量达1412.5万斤，签约金额达6372万元。

五是全面落实粤桂扶贫协作。南宁、茂名两市党委、政府主要领导互访，召开扶贫协作联席会议，部署具体工作，推动扶贫协作工作落实。2019年，两市互派9名优秀干部到结对县挂职交流，医疗援助、支教或教育交流学习分别为102人次和353人次；2019年茂名市及高州市、电白区、化州市共向南宁市援助粤桂扶贫协作财政资金1.2137亿元，3个贫困县通过粤桂扶贫协作累计引进了12家企业落地投资。两市通过劳务用工信息共享和举办扶贫协作招聘会等多种方式，帮助3464名贫困家庭劳动力到广东省转移就业。

六是精准比对分析数据，点对点解决信息"不准不实"难题。指导县区完善指挥平台，建立"3+1"（脆弱人群、特殊人群、边缘户，以及"两不愁三保障"不达标五保户）数据库，持续关注，预防返贫。2019年，市扶贫办与供电、教育、民政、住建、公安、发展改革等21个相关行业部门通过签订《南宁市扶贫电子数据使用许可和保密协议》的形式，交换贫困人口信息数据29批次，打通行业数据壁垒，提高扶贫数据运用效率。落实国务院、自治区2019年扶贫对象动态管理工作要求，强化脱贫监测户和边缘户排查力度，截至2019年12月底，南宁市排查出边缘户3511户11656人，脱贫监测户3920户15787人。

七是加强扶贫小额信贷和项目库建设薄弱环节。成立扶贫小额信贷风险防范和处置领导小组以及扶贫小额信贷回收工作专班，实行"一月一监测、一月一调度、一月一分析"工作机制,每10天通报一次回收工作进度,确保扶贫小额贷款及时回收。截至2019年12月31日,南宁市扶贫小额信贷余额4.44亿元,逾期余额23万元,逾期率为0.05%。强化2019年扶贫项目检查,检查覆盖面达到50%,对发现的问题,督促指导县区立行立改,确保项目精准实施。严格按照自治区工作标准,加快完善脱贫攻坚项目库信息,截至2019年11月30日,全市各县区2016~2019年项目库信息完善工作全面完成。

3. 以更加真挚的为民情怀,坚守初心、履行使命,推动精准帮扶走深走实

一是市领导率先垂范,以上率下的精准帮扶格局持续发力。市委、市政府领导牵头,市委主要领导联系深度贫困县马山县,市政府主要领导联系深度贫困乡都结乡,同时协调、动员全市重点企业和后盾单位的帮扶工作;四大班子主要领导包抓4个扶贫开发工作重点县区,全市厅级以上领导包抓12个县区100个重点乡镇89个贫困村(含56个深度贫困村),精准选派3656名驻村干部和43130名"一帮一联"①干部入户帮扶,南宁市党群部门帮弱村、经济部门帮穷村、政法部门帮乱村、科技部门帮缺产业村的精准帮扶格局持续发力。市委主要领导协调联系深圳海王药业,在南宁市实施健康扶贫项目,截至2019年12月31日,爱心企业深圳海王集团共为523人次贫困癌症患者捐赠251.36万元的化疗药品,其中2019年共有281人接受捐赠,金额共计138.70万元。

二是成立脱贫摘帽督战队,进一步压实行业部门帮扶责任。2019年3月起,从涉及"两不愁三保障"指标的职能部门抽调业务骨干,与派驻上林、马山、隆安三个贫困县的工作组共同组成脱贫摘帽督战队,指挥员、联络员、督战队员坚持按照"每月驻县区工作不少于15天、每月走访贫困户不少于50户"的要求,长期深入脱贫攻坚问题最突出的地方倾听民意、了解实情、一线督战,确保行业扶贫工作"三落实"②。

---

① "一帮一联"是指为每户建档立卡贫困户安排一名干部,负责联系开展帮扶工作并联系该户子女(学生),帮助落实帮扶措施和扶贫政策。
② 行业扶贫工作"三落实"是指行业部门脱贫攻坚责任、政策、工作三落实。

三是强化干部培训，切实提高干部队伍综合素质和帮扶质量。市级举办区外培训班4期、区内培训班8期，培训人数为2600人，较好地完成了市本级对四大类扶贫干部的全员培训任务。通过专题会议、线上和线下交流等方式，积极指导各县（区）培训乡镇、村"两委"①干部，第一书记，驻村工作队员，村级扶贫信息员和市、县派出帮扶联系人等，共培训41057人次。

四是加强实地走访核查，推动企业帮扶取得实质性进展。企业帮扶推进组定期走访56个深度贫困村，实地核查64家企业帮扶成效，印发企业帮扶工作情况报告4份、红榜和黑榜各1期、重点项目进展报告10期。报告（通报）直接寄送给企业主要领导，对帮扶成效较好的企业进行表扬，对帮扶责任不落实、派驻干部履职不力的企业进行批评并督促整改。周红波市长先后3次对工作报告做出批示，大力推动企业帮扶工作落实。

4. 以更加严肃的务实作风，标准不降、力度不减，抓好问题整改

以抓好问题整改为契机，进一步查找南宁市脱贫攻坚工作存在的不足，主动对标对表、补齐短板。南宁市落实针对中央第二巡视组对广西开展脱贫攻坚专项巡视的反馈意见的整改措施98条，已完成整改销号98条，12个县（区）全部完成整改销号。对照中央脱贫攻坚专项巡视通报中的20个突出问题和共性问题，举一反三，梳理出整改措施67条，已完成整改销号67条，12个县（区）全部完成整改销号，全市巡视整改成效较好，实现了预期目标。

5. 以更加高度的政治自觉，强化督导、建强组织，提升党建促脱贫攻坚实效

市委书记王小东高度重视党建促脱贫攻坚工作，多次在市委常委会上听取工作汇报并做出具体部署，强调加强党对脱贫攻坚工作的全面领导，深入推进党建促脱贫攻坚工作。周红波市长在调研时强调，基层党组织和基层党员干部要充分发挥党联系群众"最后一公里"的作用，大开群众提意见、表诉求的方便之门，切实服务贫困群众。市委常委、组织部部长谭向光累计召开13次部务会部署党建促脱贫工作，结合谈心谈话活动遍访全市102个乡镇，

---

① 村"两委"是指村党支部（简称村支委）、村民委员会（简称村委）。

调研指导党建促脱贫攻坚、村集体经济发展、干部驻村扶贫等，推动党建促脱贫攻坚工作落实。强化激励机制，给予如期实现脱贫摘帽的贫困村"两委"干部及村级扶贫信息员每人一次性5000元的绩效奖励。全市联合审查村"两委"干部12041人，依法依规清理245名不符合条件的村"两委"干部，对情节轻微的164人进行相应处理，同步补齐配强170人，整体优化提升村党组织带头人队伍。对1556名村党组织书记、421名第一书记、69名大学生村官进行轮训，推荐800多名农村党员参加中组部、自治区党委组织部培训班，推荐20名村党组织书记、136名农村党员干部参加大中专学历教育，切实提高广大基层党员干部的扶贫能力。

6. 讲好南宁扶贫故事，不断提升扶贫宣传影响力

积极争取中央广播电视总台为隆安火龙果拍摄公益广告并进行为期1个月的展播。通过开展"总书记南宁调研两周年回访"活动、参加庆祝中华人民共和国成立70周年"时代新人说——我和祖国共成长"比赛等形式，不断拓展新媒体渠道，传播扶贫最新动态，讲好南宁扶贫故事，大幅提升南宁市扶贫宣传报道影响力。截至2019年12月底，南宁市脱贫攻坚宣传报道在中央级主流媒体、网站上累计发布593篇（次），自治区级主流媒体、网站上累计发布1152篇（次），市属主流媒体累计发布2280篇（次）。2019年8月10日第15期《半月谈》杂志登载了以南宁市脱贫攻坚战前线指挥部办公室为切入点，反映南宁市脱贫攻坚亮点的报道《广西南宁市：服务基层促攻坚》；2019年6月11日《光明日报》在第16版刊发《大石山区"活水"来——广西隆安县着力解决石漠化山区群众饮水难》一文，2019年7月21日《广西日报》在头版头条以《隆安县实施集中连片跨区域供水工程——变"民生痛点"为"发展支点"》为题报道隆安县通过跨区域供水，解决贫困地区群众饮水难题。

三 2020年南宁市脱贫攻坚工作展望

南宁市脱贫攻坚工作尚存在两个主要问题。一是易地扶贫搬迁后续扶持

发展和社会管理等方面仍需进一步加强。二是从长效机制上巩固脱贫成果，防止返贫，仍需坚持摘帽不摘责任、不摘政策、不摘帮扶、不摘监管"四个不摘"，强化后续持续帮扶。

2020年是脱贫攻坚决战决胜之年、收官之年，突如其来的新冠肺炎疫情给脱贫攻坚带来了新的困难和挑战。但是，到2020年现行标准下的农村贫困人口全部脱贫，是党中央向全国人民做出的郑重承诺，必须如期实现，没有任何退路和弹性。2020年南宁市将继续聚焦深度贫困地区、特殊贫困群体和影响"两不愁三保障"的突出问题，提高脱贫质量，巩固脱贫成果，强化责任落实、政策落实、工作落实，完成18803名贫困人口脱贫，实现3个贫困村出列，全面巩固脱贫成果，确保脱贫质量，确保如期全面打赢脱贫攻坚战。

（一）主要任务

2020年，南宁市将认真学习贯彻习近平总书记在决战决胜脱贫攻坚座谈会上的重要讲话精神，坚持精准扶贫、精准脱贫方略，坚持"两不愁三保障"标准，落实摘帽不摘责任、不摘政策、不摘帮扶、不摘监管"四个不摘"要求，确保脱贫攻坚成果经得起历史检验。严格落实"自治区负总责、市县落实、乡村实施"的脱贫攻坚工作机制，强化"四级书记抓扶贫"，充分发挥专责小组作用，进一步落实"组长负责制"，压实市县两级脱贫攻坚主体责任，压实行业部门责任。统筹抓好疫情防控期间的脱贫攻坚工作，以疫情防治为切入点，把打好"四大战役"、乡村振兴和农村人居环境整治、公共卫生体系建设等工作与疫情防控工作结合起来，统筹推进。

（二）重点工作

2020年，南宁市将全力打好"四大战役"，加强统筹调度，强化资金保障，确保全面完成"四大战役"各项目标。持续推进产业扶贫，精准落实产业奖补政策，推进县级"5+2"、村级"3+1"特色产业发展，因地制宜，着力打造"一乡一品""一村一品"特色产业。推动村级集体经济提质增效，确保 2020 年底所有行政村的集体经济年收入超过 5 万元。加大就业扶贫力度，加强对就业扶贫车间的扶持力度，鼓励贫困劳动力返程返岗和外出务工。加强易地扶贫搬迁后续扶持，进一步落实"八包"① 责任制，巩固搬迁成果。提高基础设施建设水平，改善农村地区交通条件，持续提升县域供电能力，加大宽带网络提速降费力度。大力推动消费扶贫，利用多种电商新模式拓展产销渠道。深化粤桂扶贫协作，切实完成粤桂扶贫协作和区域合作市级层面工作任务清单。统筹做好非贫困县、非贫困村脱贫攻坚工作。强化综合性保障兜底。

（三）保障措施

加强扶贫领域作风建设，持续开展扶贫领域腐败和作风问题专项治理。加强扶贫干部队伍建设，保持脱贫攻坚工作队伍稳定，对扶贫干部从严管理和真情关爱。加强定点帮扶和社会扶贫工作，深入开展"一帮一联"，压实帮扶联系人责任。加强扶贫资金项目管理，加大扶贫资金统筹和支付力度，支持贫困村集体经济发展和贫困户增收，严格落实脱贫攻坚工程项目"绿色通道"管理政策。加强返贫致贫风险防范及干预，建立健全防止返贫致贫监测和帮扶机制。开展脱贫攻坚普查，重点围绕脱贫结果的真实性和准确性，调查贫困人口"两不愁三保障"实现情况、获得帮扶情况、参与脱贫攻坚项目情况等。开展驻县（区）帮扶工作，按照"包县包村包户包到位"的工作要求，由市领导带队，全员下沉，一级带一级，加大对重点县（区）、村、户的帮扶力度，帮助县（区）、村、户解决脱贫攻坚收官之战的困难和问题。加强扶志、扶智工作，激励贫困群众通过劳动增收脱贫。加强督查暗访，继续实施红黑榜通报制度，压实工作责任。做好脱贫攻坚总结，加大扶贫宣传力度，研究接续推进减贫工作。

---

① "八包"是指包建设进度、包工程质量、包资金监管、包搬迁入住、包后续产业发展、包就业创业、包稳定脱贫、包考核验收。

B.8
2019~2020年南宁市社会治安综合治理分析及展望

胡飞飞*

摘　要： 2019年，南宁市坚持抓源头化矛盾、强基层、打基础，为全面落实"强首府"战略，推动南宁高质量发展创造安全稳定的社会环境。本报告总结梳理了南宁市社会治安综合治理工作情况和成效，深入分析了在社会治安综合治理工作中发现的问题。据此提出，以全面落实"强首府"战略为抓手，不断优化法治环境；以扫黑除恶专项斗争为引领，不断提升群众安全感、满意度；以市域社会治理现代化试点为基础，不断发展和创新"枫桥经验"；以社会治安防控体系为抓点，不断提升政法智能化水平；以贯彻落实政法工作条例为统领，不断夯实政法基层基础；以提升政法工作水平为关键，不断加强和深化政法队伍建设等发展思路。

关键词： 社会治安　社会稳定　扫黑除恶　综合治理

2019年，南宁市各级政法部门在市委的坚强领导下，坚持以习近平新时代中国特色社会主义思想为指导，紧扣为新中国成立70周年营造安全稳定的社会环境这条主线，突出防范化解重大安全稳定风险隐患，深入开展扫

---

* 胡飞飞，中共南宁市委政法委员会智能化与平安建设指导科科长。

黑除恶专项斗争，紧盯摘除传销、毒品、电信网络诈骗"三顶帽子"，坚持抓源头化矛盾、强基层、打基础，实现了"大事不出、中事不出、敏感时期小事也不出"的工作目标，为全面落实"强首府"战略、推动南宁高质量发展创造安全稳定的社会环境。

一 2019年南宁市社会治安综合治理工作情况及成效

（一）突出社会治安综合治理领导责任制落实，构建共建共治共享新格局

完善责任落实机制。市委、市政府与各县（区）和开发区党（工）委、政府（管委会），以及29个市直部门签订了《2019年南宁市平安建设工作目标责任书》，各县（区）、开发区与所辖乡镇（街道）签订平安建设工作目标责任书，形成了一级抓一级、层层抓落实的工作局面。市委、市政府成立平安南宁建设协调小组，调整和优化了40个市直部门，使其成为平安南宁建设协调小组成员单位，健全完善党委领导、政府负责、民主协商、社会协同、公众参与、法治保障、科技支撑的社会治理体系，构建共建共治共享的新格局。

完善责任查究制。根据《南宁市综治维稳责任查究办法》，将社会治安综合治理工作纳入责任查究体系，建立和完善社会治安综合治理干部实绩档案，将各级党政领导抓社会治安综合治理工作实绩作为干部考核评价和选拔任用的一项重要内容。2019年，市委政法委对社会治安综合治理工作落实不力、执行不严、造成严重影响的2个镇、4个基层派出所实行社会治安综合治理一票否决制。

完善重大节日活动期间领导包片督导责任制。落实重大节日活动期间市"四家班子"领导包片督导责任，压紧压实全市政法系统和各有关部门的责任，政法各部门主要领导靠前指挥，为新中国成立70周年大庆营造了和谐

稳定的社会环境。圆满完成第十六届中国—东盟"两会"、2019年环广西公路自行车世界巡回赛（南宁站）、第七届中国—中亚合作论坛、2019年"苏迪曼杯"世界羽毛球混合团体锦标赛等重大活动的安保维稳任务。

完善平安创建工作责任制。按照"谁主管、谁负责"和"条块结合、以块为主"的原则，市委政法委不断深化"平安校园""平安医院""平安铁路"等系列创建活动，各牵头单位认真组织、统筹协调，不断拓展平安创建的广度和深度，形成了平安创建人人参与、平安成果人人分享的良好格局。

（二）突出扫黑除恶督导反馈意见整改，推动专项斗争向纵深发展

在督导反馈意见整改上持续发力。市委、市政府坚持将针对中央督导组督导反馈意见和第二轮"回头看"反馈意见的整改工作摆在全局突出位置，切实履行党委、政府重大政治责任，立行立改、即知即改，坚决做到以整改推动工作、以工作落实整改。召开11次全市扫黑除恶专项斗争领导小组（扩大）会议，组织28次部门联席（协调）会议，明确任务清单、责任清单和时限清单，层层压紧压实责任，以最坚决态度推动整改任务落实。进一步加大整治力度，坚决"破网打伞"，精准"打财断血"，推动适用认罪认罚从宽制度，促使社会治安秩序明显改善，人民群众对扫黑除恶工作成效满意度达94.87%，排在全区第一位。

在打击、整治上持续发力。深入开展"亮剑·2019"系列专项行动，依法严打黑恶犯罪，2019年共打掉黑社会性质组织4个、恶势力犯罪集团8个、恶势力团伙36个，侦破涉黑涉恶案件360起，刑拘犯罪嫌疑人646人，查封、扣押、冻结涉黑涉恶团伙涉案资产16.59亿元。全市共起诉涉黑案件14件179人，涉恶案件46件207人；全市一审审结涉黑案件5件49人、涉恶案件29件114人，二审审结涉黑案件3件28人、涉恶案件17件130人；全市涉黑涉恶腐败问题立案141件141人，移送腐败案件线索192条。

在综合治理上持续发力。深入开展"暴风行动""零点行动"等系列专

项整治行动，整治黄赌治安乱点、区域19个，侦办黄赌刑事案件105起，打掉犯罪团伙17个，捣毁黄赌窝点32个，刑事拘留256人，逮捕181人；查处黄赌行政案件1018起，行政拘留1913人，罚款508人。持续打击娱乐场所营利性陪侍违法行为，依法查处打击娱乐场所16家，责令限期整改8家，停业整顿8家。全市黄赌警情群众举报量为3084条，同比下降41.98%，其中涉黄警情同比下降50.9%，涉赌警情同比下降37.9%。

在宣传上持续发力。制定出台涉黑涉恶线索举报奖励办法，组织发放扫黑除恶通告和黑恶线索征集表，发动广大群众举报涉黑涉恶线索，奖励举报群众92人，发放奖金84.2万元，73名涉黑涉恶犯罪分子慑于强大攻势投案自首。利用宣传手册、宣传条幅、微电影、微电视、公益广告牌、LED显示屏等媒介以及微博、微信、短信等进行广泛宣传，组织召开特大涉黑案件新闻发布会，及时宣传党委和政府扫黑除恶的决心和成效。

（三）突出毒品综合治理成效，推进禁毒工作可持续发展

强化组织领导。制定《南宁市禁毒重点整治责任考评实施细则》，形成党政一把手主抓、多部门齐抓共管的全民禁毒工作格局。市、县禁毒办均实体化，社区禁毒专职人员充实到816人，全部按实有吸毒人员30∶1的比例落实禁毒专职人员，所有乡镇、街道均建立社区戒毒社区康复工作站，市毒品预防教育基地病残吸毒人员收治场所建成并投入使用。

强化严打严控。组织开展了"除冰肃毒""净边""清隐""清库""清零""邕江1号"等专项行动，破获毒品刑事案件931起，千克以上案件24起，抓获毒品刑事犯罪嫌疑人1302名，逮捕1090名，已经移诉案件1265件，移送人数为1688人。联合全国各省区市兄弟单位破获公安部目标案件12起、公安厅目标案件19起，缴获各种毒品329.46千克，其中缴获海洛因193.08千克、合成毒品136.38千克。查处吸毒人员10818人，新发现吸毒人员1879人，强制隔离戒毒3557人。

强化宣传教育。毒品预防教育覆盖全市1360所大中小学校，"全国青少年毒品预防教育数字化平台"注册学生56万人，注册率为99%，建成毒品

预防教育基地（园地）417个，布建社区、村屯全方位无死角禁毒宣传阵地2165个。

（四）巩固打击传销成果，持续优化营商环境和治安环境

推动打击常态化。市委、市政府制定《南宁市2019年严厉打击传销违法犯罪活动攻坚战役工作方案》《南宁市2019年"烈焰行动"严厉打击和清查整治传销专项行动工作方案》等"1+19"个工作指导文件，进一步加强打击传销工作督查、工作考核。全市共建立30支打击传销专业队伍，坚持"市级每周一大打，城区每天一小打，重点区域节假日不停打"，组织开展23次打击传销系列"烈焰行动"和500多次日常清查整治行动，立传销案件409起，破案326起，查获涉嫌传销人员1.43万余人，刑事拘留涉嫌传销人员1081人，逮捕558人，移送起诉485人，打掉团伙59个，查扣冻结资金6268万元，查封房产505套，扣押车辆127辆。

推动链式治理。市六部门联合出台《关于对涉传出租屋开展专项治理行动的通知》，在全市扎实推进"无传销小区"创建工作，对涉传出租屋实施"一封三停"，对涉传出租屋主一律实行教育、告诫、处罚。共清理出租屋9600间，查封涉传出租屋3619间，立案查处涉传出租屋392间，罚款500多万元。

推动反传销宣传。通过主流媒介把市委、市政府打击传销、杜绝传销的态度和决心传向全国，向全市市民、机关、企事业单位发出《致全体市民的一封公开信》《致南宁市机关企事业单位的一封信》，颁布《南宁市举报传销奖励办法》，教育遣返上当受骗群众3万余人。

（五）打造社会治安防控体系升级版，持续提升政法智能化建设水平

以智能化推进治安防控立体化。"雪亮工程"共安装摄像探头38189个，覆盖了全市15个县（区）、开发区，128个乡镇（街道）及其下辖近1300个村（坡、屯、组、队），以及社区、居民小区及校园周边等，实现全

市联网互通。依托视频监控系统,结合街面巡防力量,实现了视频巡查不间断、街面巡逻防控全覆盖,最大限度挤压违法犯罪空间。加大屯警街面力度,提高见警率和管事率,建立了27个新型便民警务工作服务站,在37个重点场所安装了防撞隔离装置。

以综治中心规范化打造治安防控"共同体"。制定下发了《乡镇街道综治中心工作制度》《乡镇街道综治中心功能定位》《乡镇街道综治中心人员组成》等指导文件。市级中心建立"指挥调度平台",依托综治信息系统,强化信息资源共享、共联、共通、共融,有效实施指挥调度;县(区)级中心建立"枢纽平台",加强资源整合;乡镇(街道)级中心建立"实战平台",加强场所、队伍、制度建设;村(社区)级中心建立"基础平台",采集、汇聚基础信息。全市128个乡镇(街道)综治中心和1783个村(社区)综治中心正全面规范开展工作。

以网格化推动治安防控提质增效。将全市所有街道、社区、城中村及各乡镇、农村划分为7046个网格,配备网格员6000多人,打造了"综治中心+网格化"的复合式服务管理模式,不断拓展"网格化+专项治理"机制,明确23类巡查任务清单。2019年网格员采集上报各类社会治理事件3.97万件,办结3.87万件,办结率为97.48%;办理矛盾纠纷事件10381件,办结10115件,办结率为97.44%。

(六)解决好人民群众最恨、最怨、最烦的治安突出问题,持续提升人民群众安全感和满意度

加大刑事、治安案件查处力度。始终坚持以人民为中心,以人民群众最恨、最怨、最烦的治安突出问题为抓手,严厉打击各类违法犯罪行为,全年共立刑事案件64696起,同比上升1.28%,破案23141起,同比上升39.40%,逮捕8996人,同比上升5.62%,刑事拘留11419人,同比下降7.19%;受理治安案件79484起,同比下降1.28%,查处74445起,同比下降5.07%,查处23865人,同比下降14.93%;立命案53起,同比下降26.42%,破案53起,破案率为100%。通过加大刑事、治安案件查处力

度，全市群众安全感达96.9%，同比上升了1.19个百分点，再创历史新高；政法队伍执法满意度达92.29%，同比上升了0.77个百分点。

加大"两抢一盗"案件打击整治力度。始终把"两抢一盗"案件的打击整治作为提升群众安全感的重要抓手，坚持打防管控，取得了较好成效。全年立抢劫案件313起，同比下降17.41%，破案419起，同比上升147.93%；立抢夺案件270起，同比下降38.78%，破案88起，同比下降36.23%；立盗窃案件40323起，同比下降7.91%，破案15030起，同比上升39.50%，其中立盗窃电动自行车案件13934起，同比下降0.32%，破案7834起，同比上升86.79%。

强化"护校安园"行动。政法、教育、公安等部门制定《全市中小学、幼儿园巡防方案》，将学校特别是治安复杂重点管控学校纳入网格化重点巡逻巡查范围，按照"三见"巡防工作要求，在上学放学重点时段，落实"见警察、见警车、见警灯"的"三见"巡防工作机制。在重要节点、重大节日，通过综治中心的视频监控系统，对全市502所小学、216所中学、306所大专院校进行视频巡查，同时发动网格员对全市所有中小学、幼儿园及其周边进行安全隐患大排查。依托群防群治力量，开展校园及其周边治安防控工作，及时防范处置各类涉校安全问题，共排查整改校园内部安全隐患43处，排查整治校园周边治安乱点74处，排查化解涉校矛盾纠纷6起。

强化特殊人群管理。高效创建全区第一所由市委政法委管理的南宁市励志专门学校，成功矫治首期重点青少年40人。全市严重精神障碍患者监护管理小组成员坚持定期走访排查3级及以上严重精神障碍患者（含癫痫类、智障类），签订监护管理责任书，定期对社区矫正对象开展心理健康教育、法律法规教育和谈话教育。卫健部门对精神障碍患者提供日常生活、大病救治等方面的服务，民政部门对符合条件的按程序申请低保，杜绝肇事肇祸及危害社会事件的发生，全市6781名3级及以上严重精神障碍患者均在管控范围内。

强化治安重点地区挂牌整治。市委政法委对全市26个治安重点地区进行挂牌整治，要求各县（区）、开发区政法部门每月组织开展一次社会治安综合整治，组织协调公安、城管等部门，加大巡逻管控力度，定期不定期开展整治地区违法犯罪专项督查，推动治安突出问题得到有效解决。

强化交通安全整治。围绕隐患治理、路面管控、重点车辆管理、安全设施建设、主体责任落实等，完善交通设施，逐个路口、逐条路段、不留死角地进行安全隐患排查，逐个路口完善减速带、警示标志、信号灯、爆闪灯等设施。加大路面交通违法整治力度，全年立交通案件3357起，同比上升0.15%，死亡631人，同比下降4.10%，受伤3493人，同比下降4.22%，经济损失1664万元，同比上升14.88%。

（七）坚持和发展新时代"枫桥经验"，健全完善多元化解矛盾纠纷机制

抓好制度规范。市委出台《关于坚持发展新时代"枫桥经验"推进首府市域社会治理现代化的若干意见》，提出近期、中期、远期目标，明确13项"硬任务"，设立3条保障"硬措施"，以建设具有在线排查统计、分析研判、受理办案、纠纷流转等功能的矛盾纠纷信息化管理平台为支撑，加快构建职责明确、管理精细、信息共享、渠道畅通、化解有效的矛盾纠纷排查化解体系。组织法院、检察院、公安、司法等政法部门万名干警下基层，进万家门、访万户情、解万民忧，用实际行动践行以人民为中心的发展理念。

抓好多元化解矛盾纠纷。持续深化矛盾纠纷精准排查、精细化解工作，全市共开展矛盾纠纷排查28635次，预防矛盾纠纷12909件，调解各类矛盾纠纷18457件，成功调解17889件，成功化解了5起涉500人以上重大矛盾纠纷，调解率达100%，调解成功率为96.9%，涉及协议金额33797.19万元，办理人民调解协议司法确认490件。开展行业性、专业性人民解调工作，规范医疗纠纷、道路交通、劳动争议等领域人民调解组织建设，推动物业纠纷、旅游纠纷等的调解工作，全市共受理专业性、行业性人民调解纠纷2529件，调解成功2424件，调解成功率为95.8%，涉及当事人5522人，涉及金额超过10855万元。

抓好责任落实。不断深化多元化解工作机制，抓好矛盾纠纷精准排查，

各有关部门对矛盾纠纷坚持实行每天一排查、每周一统计、每月一汇总，敏感时期"一研判"和"零报告"制度，做到底数清、情况明，早发现、早控、早解决，牢牢掌握主动权。对排查梳理出来的重大矛盾纠纷、突出案件和重点稳控人员，逐案落实具体责任人，逐一制定化解方案，逐一落实解决期限或者稳控措施。

二 南宁市社会治安综合治理存在的主要问题

（一）扫黑除恶专项斗争还不够深入扎实

从整体上看，仍存在少数县区和部门政治站位不够高、县区之间工作不平衡、"打伞破网""打财断血"力度不够、办案效率不高、工作合力不够强、宣传不够深入、长效机制不够健全、监督执纪问责工作不够到位等诸多问题。

（二）一些突出问题没有得到根本整治

电信网络诈骗、传销、吸毒贩毒等治安问题依然比较突出，仍是困扰南宁市营商和治安环境的症结。

（三）群众安全感在全区的排名仍然靠后

刑事治安案件仍然较多，在全区占比仍然比较大，群众安全感和满意度在全区的排名与首府地位不相称。

（四）基层基础有待进一步夯实

基层政法组织力量仍然薄弱，各乡镇综治中心实体化建设力度还不够大，网格化管理与社会治理信息化手段整合与运用还不够。

（五）社会稳定风险聚集

新冠肺炎疫情形势仍然严峻，部分利益群体借新冠肺炎疫情"维权"、滋事的风险高。涉众型经济犯罪、房产和物业领域纠纷等各种社会问题不断出现，涉众性矛盾纠纷仍有部分积案没有解决，成为影响社会稳定的重要风险源。

（六）公共安全问题仍然严峻

重大政治、社会活动增多，安保压力大。地铁、公交等公共交通领域隐患多，高层建筑、"三合一"场所、电动车停放场所、城中村等火灾隐患多。

（七）政法领域改革面临较大考验

法院、检察院系统案多人少矛盾突出，"放管服"改革还不够深入，关系群众切身利益的各类问题仍需要加大力度解决。

（八）政法队伍建设还不够扎实

政法干警整体素质和能力有待提高，执法执纪规范性还不足，容易导致群众对政法部门的不认可。

三 2020年南宁市社会治安综合治理工作思路

2020年，南宁市各级政法部门坚持以习近平新时代中国特色社会主义思想为指导，深入贯彻中央、全区和市委政法工作会议精神，增强"四个意识"、坚定"四个自信"、做到"两个维护"，不断加强和改进党对政法工作的绝对领导，坚持以人民为中心的发展思想，坚持稳中求进工作总基调，持续深化抓源头化矛盾、强基层打基础，以提升群众安全感和满意度为抓手，持续深化扫黑除恶专项斗争，扎实推进市域社会治理现代化试点工作，全力冲刺摘除传销、毒品、电信网络诈骗"三顶帽子"，持续提升首府政法工作现代化水平，为全面落实"强首府"战略创造安全稳定的社会环境。

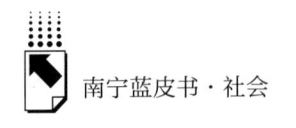

（一）以全面落实"强首府"战略为抓手，不断优化法治环境

坚持将政法工作融入全市工作大局，充分发挥司法保障作用，不断优化全市法治环境、营商环境，进一步提高服务经济高质量发展的能力。一是依法严厉打击利用新冠肺炎疫情实施违法犯罪的行为。加大依法惩处涉疫情违法犯罪行为的力度，对抗拒疫情防控、暴力伤医、制假售假、哄抬物价、牟利行骗、造谣传谣、煽动滋事等违法犯罪行为，依法严厉打击，形成有效震慑，努力实现政治效果、法律效果、社会效果相统一。二是为打赢三大攻坚战提供有力法治保障。依法从严从快打击妨碍防范化解重大风险、精准脱贫、污染防治三大攻坚战的违法犯罪行为，主动服务保障决胜全面建成小康社会，积极回应人民对美好生活的向往。三是为优化营商环境充分发挥执法司法保障作用。聚焦民营企业发展中的难题，健全落实执法司法平等保护机制。深入开展涉政府产权纠纷专项治理，依法保护民营企业家合法权益。全面完善产权保护机制，不断加大知识产权保护力度。四是持续推进政法领域全面深化改革。着眼于提高机构运转效率，优化政法单位内部机构设置，推行网上办案机制，着力形成协同高效的政法机构职能体系。牵牢司法责任制改革这个"牛鼻子"，加快构建权责一致的司法权运行新机制，进一步完善政法系统司法监督政策，加强政法单位内部监管和问责，最大限度压减权力设租寻租空间。加快推进司法体制综合配套改革，研究解决司法辅助人员待遇偏低问题。积极推进在市、县公安机关执法办案管理中心派驻检察机制改革，着力构建一站式、全要素、即时性的执法监督管理新模式。加快建设一站式多元化解纠纷机制、一站式诉讼服务中心，推进公安政务服务标准化建设，加快推进合作制公证机构改革，推进公共法律服务实体平台、热线平台、网络平台融合发展，为群众提供更优质的政法公共服务。

（二）以扫黑除恶专项斗争为引领，不断提升群众安全感、满意度

一是持续推进专项斗争向纵深发展。紧紧围绕人民群众的关注点，既在

深挖整治上见成效，又在长效常治上下功夫，坚持稳、准、狠不动摇，紧盯举报线索、涉黑涉恶大案要案不放，紧盯"打伞破网""打财断血"不放，持续发力，攻坚克难。加强小案团队建设，加快办案节奏，提高诉讼审判质效，确保每一起案件都经得起法律和历史的检验。督促相关行业领域主管部门研究制定长效常治机制，在社会治安、乡村治理、金融放贷、工程建设、交通运输、市场流通、资源环保、信息网络、文经旅游、教育卫生等十大重点行业领域，坚持以问题为导向建立长效管理制度。对整治不积极、效果不明显、行业乱象依然突出的，要依法依纪追究责任。善于总结提炼专项斗争成功经验，并转化为制度规范，形成打击、整治、管理、建设长效机制。二是加大打击传销力度。坚持问题导向，在责任压实、思想认识、工作协作机制、源头治理、推动司法实践等方面逐一完善并落到实处。重点坚持"以打开路"工作思路，进一步压实属地管理责任，牵牢出租屋治理这个"牛鼻子"，积极开展司法实践。不断优化工作机制，采取更科学的治理措施、最严厉的打击方式，全力铲除南宁市的传销问题，实现"脱榜摘帽"。三是加强对突出毒品问题的综合治理。强力推进禁毒机制建设，加快跨区域协作体系、禁毒核心数据库、禁毒情报队伍建设。采取市、县（区）、乡镇（街道）、村（社区）四级管控模式，最大限度减少吸毒人员漏管失控现象。强力推进重点地区整治，采取有力措施，加大对涉毒违法犯罪行为的打击力度，加强对吸毒人员的查处管控工作，最大限度发现隐性吸毒人员，毒情形势明显好转。强力推进禁毒严打行动，以整治突出毒品问题为重点，强化科技手段应用，加强跨区域协作，组织开展好堵源截流、打击制毒、打击外流贩毒三场禁毒严打整治攻坚战。强力推进对吸毒人员的管控。进一步推进社区戒毒社区康复"8·31"工程建设，落实基层社区戒毒社区康复工作站"五有"保障和戒毒出所衔接机制，加大对病残吸毒人员的收治力度。强力推进禁毒宣传教育工作，深入推进青少年毒品预防教育"6·27"工程。充分发挥禁毒教育基地作用，不断扩大社会化禁毒宣传队伍，推动禁毒宣传教育进学校、进社区、进农村、进家庭，打造全方位禁毒宣传工作体系，进一步扩大禁毒宣传覆盖面，形成全社会抵制毒品的浓厚氛围。

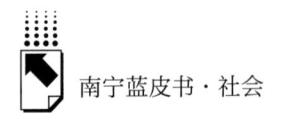

（三）以市域社会治理现代化试点为基础，不断发展和创新"枫桥经验"

一是扎实推进市域治理现代化试点工作。对标全国市域社会治理现代化试点工作指引，制定试点工作方案，在各城区扎实推进市域社会治理现代化试点工作，创造一批新经验、新亮点，力争把重大矛盾风险化解在市域。二是深入推进"五治"融合发展。构建共建共治共享的新格局，发挥政治、法治、德治、自治、智治作用，坚持和发展新时代"枫桥经验"，充实乡镇、村两级政法综治力量，推动工作重心下移、力量下沉、保障下倾，推动落实重大决策社会稳定风险评估、跟踪问效和终身责任追究机制，探索第三方社会稳定风险评估办法，努力把矛盾问题解决在基层、化解在萌芽状态。三是加强基层社会治理创新。以深入开展"枫桥式派出所"创建活动为契机，分层次、分类别、分地域推进基层治理创新，及时把基层实践中发现的问题、解决的办法、蕴含的规律上升为制度机制。四是探索创新对特殊群体的服务管理方式。加快推进南宁市励志专门学校二期工程项目建设，扩大办学规模，突出办学特色，提升学校管理科学化、专业化水平，努力将其打造成全区乃至全国的标杆性专门学校。进一步加强对严重精神障碍患者、社区服刑人员、刑满释放人员等特殊群体的服务管理工作，创新信息摸排和服务管理体制机制、方式方法，压实工作责任，落实工作措施，严防产生现实危害。

（四）以社会治安防控体系为抓点，不断提升政法智能化水平

一是继续推进"雪亮工程"和"智慧警务"建设。深化"数字平安南宁"建设和"雪亮工程"项目应用，坚持立体化、法治化、专业化、智能化、精细化方向，积极推进综治信息管理系统扩能升级和深度融合，抓好以基层治理、社会面防控和重点人员管控为主的智能化模块研发和应用，以联网建设、信息共享、资源整合为重点，推动综治考核系统的建设和完善。持续推进新一代公安信息网、云计算平台、网络大数据平台建设，不断提升"智慧警务"效能。二是加快推进公安立体化防控体系建设。统筹推进公安

检查站、派出所、社区警务室等硬件支点建设，加快推进公安信息化建设，打造社会治安防控体系建设标准化示范城市。三是深化网格化管理。针对新冠肺炎疫情防控这场"大考"中暴露出来的社会治理问题，坚持将网格作为基础单元，让最新科技、最强资源向网格延伸，在网格融合、打造、升级"综治中心+网格化管理"复合式服务管理模式，抓实"网格+资源整合"和"网格+专项治理"，推出智能化精细防控新举措，全面推行全科网格建设。

（五）以贯彻落实政法工作条例为统领，不断夯实政法基层基础

一是选优配强乡镇（街道）党组织专职政法委员。全面贯彻执行《中国共产党政法工作条例》和自治区党委颁发的《中共广西壮族自治区委员会贯彻〈中国共产党政法工作条例〉实施办法》，以更大力度推动县（区）、开发区配齐配强乡镇（街道）政法委员，不断加强党对政法工作的绝对领导。二是加快综治中心实体化建设。按照上级印发的《关于推进基层整合审批服务执法力量的实施方案》，进一步加强综治中心的基础建设，在人员、机构、场地等方面加大投入和保障力度，推动政法力量下沉基层、坚守一线，更好履行服务群众、定分止争、维护稳定的职责。三是统筹推进政法跨部门大数据办案平台建设。在各县（区）分批次推行政法跨部门大数据办案平台建设，打造一体化网上办案的高速通道，提高办案效率，进一步缓解政法机关"案多人少"的矛盾。四是强化协管协查。进一步健全完善政法委对党委及其组织部门、纪检监察机关协管协查的相关制度，推进政法队伍建设各项措施落到实处。五是加强政法舆论宣传。整合现有的政法宣传资源，加强宣传主阵地建设，充分利用中央、自治区主流媒体宣传平台，交流先进工作经验，讲好南宁法治故事，为南宁政法事业持续健康发展营造良好的舆论环境。

（六）以提升政法工作水平为关键，不断加强和深化政法队伍建设

一是把政治建设摆在首要位置。坚持把学习贯彻习近平新时代中国特色

社会主义思想作为首要任务，不断深化"不忘初心、牢记使命"主题教育，推动政治轮训，引导政法干警增强"四个意识"、坚定"四个自信"、做到"两个维护"。二是加强业务培训。主动适应政法工作现代化新要求，采取灵活多样、贴近实战的形式，加强对政法干警的业务培训，提升政法队伍整体业务水平。三是持续从严治警。加大"五查五整顿"和政治督察、执法监督、纪律作风督查巡查工作力度，依法依纪查处政治干警违法违纪行为，建立健全正向激励机制，落实领导干部交流制度，切实解决政法干警工作、生活中遇到的困难和问题，充分调动政法队伍干事创业的积极性。

B.9
2019~2020年南宁市文化事业发展状况分析及展望

邹仲卿*

摘　要： 2019年，南宁市坚定文化自信，讲好南宁故事，力推舞台精品，打造大型活动，强化演出阵地，提升文艺品牌，实现文化惠民，人民群众文化获得感和幸福感不断提升。2020年，南宁市将继续全面落实"强首府"战略，以高质量发展为目标，挖潜力、扬优势、补短板，大力提供优秀文化产品，不断提升城市文化品位，为全力开创首府文化繁荣发展新局面、推动首府经济社会高质量发展提供舆论支持和文化力量。

关键词： 文化事业　文化自信　文化惠民

2019年，南宁市文化事业发展始终坚持以习近平新时代中国特色社会主义思想为指导，全面贯彻党的十九大和十九届二中、三中、四中全会精神，不断解放思想、改革创新、扩大开放、担当实干，全面落实"强首府"战略。文化基础设施不断完善，群众文化活动丰富多彩，精品文化创作"百花齐放"，对外文化交流持续加强，公共文化服务体系不断完善，文化事业呈现多元化、多层次的发展格局，南宁市荣获全区文化系统、广电系统二等功各一次。

---

* 邹仲卿，南宁市文化广电和旅游局办公室四级主任科员。

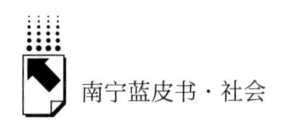

一 2019年南宁市文化事业发展状况

（一）围绕中心，开展重大主题活动

一是举办"全面建成小康社会、全面落实强首府战略"2020年南宁市新春音乐会，包括交响乐、独唱、男女对唱、合唱等形式的节目，以高规格、高水准的专业精神打造了一场余音绕梁的新年音乐会，奏响了全市上下团结一心、接续奋斗的新时代最强音。

二是圆满完成"我心中的歌"南宁市庆祝中华人民共和国成立70周年群众文化活动暨第二十一届南宁国际民歌艺术节"大地飞歌·2019"。

三是举办庆祝新中国成立70周年"百里秀美邕江"摄影大赛获奖作品展暨"一带一路"艺术行——俄罗斯油画名家南宁邀请展，受到国内外观众及广大市民的热烈欢迎和好评。该展览参观人数总计超过10万人次，创下了南宁市同时长展览参观人数最多的纪录。

四是出色完成广西壮族自治区庆祝中华人民共和国成立70周年大会群众文艺演出工作。活动以民族广场中央的宝鼎为中心，由5个不同颜色的表演方阵，组成两个不同的表演造型，以互动形式祝福祖国，充分展现了广西各族人民团结奋进的时代风貌。

五是开展"我和我的祖国"南宁市庆祝中华人民共和国成立70周年暨2019年南宁国际民歌艺术节"绿城歌台"群众文化活动，共举办演出18场，参演国家有12个，观众人数超过10万人次。有效提升了南宁市群众文化水平，丰富了群众业余文化生活，满足了首府群众的精神文化需求。

六是举办各类美术、书法作品展，专题讲座，系列阅读庆祝活动。举办庆祝新中国成立70周年广西期刊展、庆祝中华人民共和国成立70周年——东南亚民族文化交流艺术采风写生汇报展、"中华人民共和国70年的辉煌历程"专题讲座、"我和我的祖国·传承红色基因·诵读经典华章"大型广场阅读活动等，并推出庆祝中华人民共和国成立70周年"中华传统文化"推荐书目专架，向新中国成立70周年献礼。

（二）重视建设，不断完善文化基础设施

1. 突出全覆盖

圆满完成2019年82个村级公共服务中心项目建设。截至2019年底，全市共有14家公共图书馆、13个文化馆、102个乡镇综合文化站、1128个村级公共服务中心。2019年共新增7个图书馆分馆、6个图书流通站、1个图书小站。截至2019年底，全市共有馆外流通服务点204个，包括35个联合分馆、129个图书流通站、15个图书小站、12个村级中心、11个社区24小时自助图书馆服务站、1个经典书房和1个阅读换书中心，基本实现公共文化基础设施全覆盖。

2. 突出普惠性

百姓乐享便民化，全面统筹推进全市文化馆（站）、图书馆等公共文化场所免费开放，推出图书"一卡通"、24小时社区自助图书馆等便民服务，解决公共文化设施服务大众"最后一公里"的问题。

3. 突出服务性

指导图书馆、文化馆（站）按照自治区要求免费开放，按照数字化、智能化的建设方向推动免费开放服务高质量发展。一是加强城乡一体化联合图书馆建设管理工作，稳步推动总分馆体系建设，为广大读者构建方便、快捷的图书馆服务网络。二是建设馆外流通服务点。三是推进"北部湾区域图书馆服务联盟"项目建设，构建北部湾地区"大文化"的发展格局。南宁市图书馆通过对电子图书馆系统进行升级，实现了与北海市图书馆、北海市少年儿童图书馆、合浦县图书馆通借通还，联合检索。四是利用新媒体升级读者的阅读体验，推出通过微信和支付宝办理电子借书证服务，逐步取消实体借书证的办理，向广大公众推出微信版"朗读者"平台，助推全民阅读，提高读者关注度与参与度。2019年市级图书馆网络发文400余篇，阅读量共计30万人次。

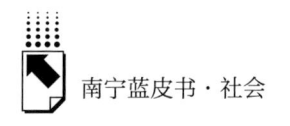

（三）塑造品牌，深入开展群众文化活动

1. 打造品牌活动

一是开展元旦春节系列活动。开展2019年南宁市新春团拜会文艺演出、2019年南宁市新春戏曲专场演出、2019年南宁市新年惠民演出、2019年南宁市第七届文化庙会、"非遗过大年　文艺进万家"慰问演出等活动，进一步丰富全市文化生活。二是提升群众文化活动质量。举办"壮族三月三·八桂嘉年华"广西新民谣演唱会、2019年中国—东盟国际少儿文化艺术节系列活动、"青春心向党　建功新时代"2019年第十五届南宁青春艺术节系列活动。开展"5·23"南宁市全民艺术普及活动，在南宁民歌湖大舞台举办"与明星同唱"南宁民歌湖百姓歌圩活动；邀请区内外的优秀演出团体在民歌湖开展"相约民歌湖畔·共眷天下民歌"大型民歌专场演出活动。开展"意写家山""群文画事"书法美术活动。2019年，民歌湖大舞台周周演活动累计演出105场次，惠及观众近27万人次。三是强化阅读品牌活动，营造绿城文化氛围，大力推广全民阅读。办好"4·23"世界阅读日活动，做好"绿城讲坛""绿城展廊""绿城舞台""绿城蒲公英讲坛""绿城蒲公英舞台"等阅读品牌活动。2019年共举办各类读者活动近935场次，参与者近24万人次。

2. 开展文艺培训

一是扶持团队，示范带动。继续将扶持乡村社区业余文艺队工作纳入南宁市为民办实事项目，扶持200支文艺团队，持续提升南宁市乡村社区业余文艺队的总体水平。2019年，扶持的文艺团队共计演出6284场，已完成全年演出任务的109%，超额完成演出524场，惠及观众305万人次。二是扎根阵地，培训民众。面向中老年人及未成年人开设春季、夏季、秋季公益性艺术培训班3期。培训项目包括舞蹈、声乐、钢琴、电子琴、二胡、吉他、非洲鼓、尤克里里、口琴、葫芦丝、曲艺、美术、书法等，共计195个班次，惠及群众3.8万余人次。三是建设基地，增加受众。建立5个未成年人艺术培训示范基地，联动全市各城区举办南宁市外来务工人员文化艺术活动月，极大丰富了外来务工人员的精神文化生活。关爱特殊群体，培育残疾人文化艺术爱好者、协助组建残疾人艺术团队，开展"全面建成小康社会，残疾人一个也不能少"南宁市第二十八次"全国助残日"暨南宁市南国之光残疾人艺术团建团10周年文艺演出活动。

（四）推陈出新，精品文化创演成果丰硕

积极创排、选送舞台艺术作品参加各级赛事，2019年共荣获各类奖项25个。舞剧《刘三姐》获广西第十五届精神文明建设"五个一工程"奖，入选广西当代文学艺术创作工程三年规划扶持项目；邕剧折子戏《魂断巴丘》作为广西唯一一个入选节目参加了2019年全国净行、丑行暨武戏展演；市艺研院邕剧《拦马过关》、广西平话帅公戏团师公戏《天姬送子》，参加了2019年戏曲百戏（昆山）盛典；邕剧《顶狮山人》获2019年广西优秀剧（节）目；"邕州神韵"新会书院地方戏曲周周演获广西特色旅游演艺项目。

1. 创新修改提升，精品剧目绽放光彩

一是舞剧《刘三姐》荣获广西第十五届精神文明建设"五个一工程"奖。5月22日，舞剧《刘三姐》在北京市天桥艺术中心大剧场拉开了全国巡演的大幕，满载壮乡首府人民的热情，向首都各界观众展现了一场富于民族之美、生态之美、人文之美的精彩演出。来自15个国家的47名驻华使馆外交官出席观看，近30家媒体约50名记者对演出活动进行了报道，累计发稿200多篇（幅）。赴江门、河源、中山、顺德、福清、宁波、兴业等地，历时半年跨越5省9市，顺利完成了10场巡演及系列艺术导赏沙龙活动，得到了各地观众及媒体的高度评价。12月18日，作为纪念南宁昆仑关大捷80周年活动的专场演出，舞剧《刘三姐》在南宁人民大会堂隆重上演。二是抓好话剧《大山壮歌》的创作排演。原创话剧《大山壮歌》聚焦广西少数民族地区脱贫攻坚主题，以龙古寨为缩影，展现南宁市上下凝聚脱贫攻坚合力、以决战决胜的姿态深入推进脱贫攻坚工作取得的成果。该剧于7月1日在广西文化艺术中心大剧院试演，获得了业界专家的充分肯定。三是抓好

地方戏曲传统经典剧目复排工作。遴选了南派粤剧《庵堂认母》《刁蛮公主憨驸马》《山乡风云》、大型邕剧《荷池双映美》等一批具有潜力的舞台艺术作品进行复排，推动对传统剧目的保护与传承。

2. 搭建演出平台，艺术展演形成亮点

一是以文化惠民工程"送戏下基层""送戏进校园"为载体，推动专业文艺院团组织——"红色文艺轻骑兵"深入基层、学校。2019年共完成送戏下基层演出300场，儿童剧、卡通剧、地方戏曲进校园演出129场，传统戏曲、精品剧目进高校演出20场，得到广大群众、师生的高度评价。二是以"邕州神韵"新会书院地方戏曲周周演驻场演出为契机，全力打造驻场演出品牌，提升本土戏曲艺术服务人民群众的能力，2019年共完成演出106场。三是扎实推进"邕州剧场地方戏曲月月演"活动，精选一批传统代表性剧目和原创特色剧目，进行挖掘、整理和排演。2019年共开展新春戏曲晚会、邕剧《荷池双映美》等13场优秀剧目演出，吸引了近8000名观众。

3. 创排小型作品，歌舞精品不断涌现

抓好现实题材、民族题材、红色题材创作，推出普通歌曲《湘江清清》《那山花开》《双手托起中国梦》、舞蹈《狱中谣》《湘江红》等；广西特色歌曲《山水情缘》、舞蹈《醉·美》《嘹歌声声》等；儿童声乐作品《妈妈的岛》《壮乡童谣》等。小型音乐、舞蹈精品不断涌现。

（五）保护传承，文化遗产弘扬工作迈上新台阶

1. 加大文物保护力度

一是抓好"三街两巷"改造一期陈列布展工程。组织完成了南宁城隍庙、邓颖超纪念馆、南宁建制馆陈列布展水平提升工作；积极推动"三街两巷"南宁市瓯骆汉风陶瓷博物馆、"壮锦山河·旧裳新尚"博物馆等非国有特色博物馆建设。二是积极做好邕江两岸文物保护工程文化提升工作。完成邕江两岸文物保护工程（一期）各文物保护单位的保护标志碑、标志说明牌等内容的起草工作，组织完成三岸园艺场明清窑址群宣传板方案编制、审核和安装工作。三是开展2019年度全市文物巡查工作，对106处各级文

保单位文物点进行了专项巡查。四是扎实推进周家坡文物修缮保护工作，完成周家坡古民居建筑群试验院落维修、北广场建设和周边围挡保护工作。五是加强对湘桂铁路南宁铁路桥的巡查，与市重点办、市政园林局对接，提出整体保护方案，积极做好关于湘桂铁路南宁铁路桥的保护工作。

2. 健全博物馆体系

2019年市博物馆接待游客92万人次，举办特展、临展共28个；邓颖超纪念馆接待游客82万人次；南宁孔庙博物馆接待游客22.2万人次，举办各类传统文化活动246场次；建制博物馆接待游客11万人次；顶蛳山遗址博物馆开馆第一年接待游客7.9万人次。南宁各大博物馆全年总计接待游客215.1万人次，接待人数及举办特展、临展、传统文化活动数量均创新高。2019年，南宁市辖区内各类综合性博物馆、专题性博物馆（陈列馆）共计37家，其中国有博物馆33家、非国有博物馆4家，初步构筑起了文化内涵丰富、壮乡首府特色浓郁、兼具地域民俗特点的特色博物馆文化体系。

3. 加强非遗保护传承

建立国家、自治区、市、县（区）四级非物质文化遗产名录体系，成效显著。截至2019年底，南宁市共有7个国家级、139个自治区级（全区排名第一）、211个市级非物质文化遗产代表性项目，有国家级代表性传承人5人、自治区级代表性传承人77人、市级代表性传承人181人。着眼活动载体创建，深挖民族特色，"壮族三月三·八桂嘉年华"南宁市主会场活动顺利开展。活动紧紧围绕庆祝新中国成立70周年这一主题，以"民俗展演、非遗展示、体验互动"为抓手，营造出首府各民族团结和睦、守望相助的良好氛围。2019年"文化和自然遗产日"南宁主场活动暨周家坡古建筑群修缮工作启动、南宁市非物质文化遗产展示中心揭牌仪式在周家坡举行，加强了南宁市的非遗传承保护工作。举办2019年度"南宁礼物"征集大赛和2019年"精彩广西·民族服饰创意大赛"等活动，进一步提升了"南宁礼物"品牌和民族服饰的知名度和影响力。

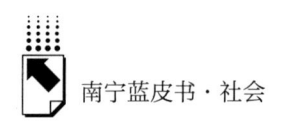

（六）拓展交流，提升南宁对外影响力

1. 架设戏剧纽带，文化深度交融

2019年9月，由市人民政府、自治区文化和旅游厅主办，文化和旅游部国际交流与合作局、中国—东盟中心指导，市文广旅局和市外事办共同承办的中国—东盟（南宁）戏剧周举行。本届戏剧周创新性设立了活动主题国——印度尼西亚，邀请东盟国家使领馆的代表出席开幕仪式，进一步增强主题国及相关国家的参与感。来自中国、新加坡、印度尼西亚、文莱、越南、泰国、柬埔寨、菲律宾、缅甸的19个优秀院团举办了26场精彩活动，其中优秀剧目展演23场、展览1场、非遗技艺工作坊1场、大联欢1场，多名东盟国家使领馆代表参加了活动，近3万名观众到场观摩，实现了文化的共享共融、深度交流。

2. 加强睦邻友好，做大文化走亲声势

2019年"文化走亲东盟行"充分依托南宁市丰富的非物质文化遗产资源，赴老挝、缅甸的华人社区、高校、剧场，开展戏剧展演、非遗展示、文化交流等活动，并与缅甸7家文化机构及相关企业代表签署了"中国—东盟非物质文化遗产交流合作机制"谅解备忘录，为进一步深化文化交流合作发挥了积极作用。通过文化交流互鉴，实现人文交流的以走促亲、以亲连心。

（七）强化监管，文化行业管理规范有序

1. 深化执法队伍改革

整合市、城区（开发区、新区）两级文化市场、旅游市场综合行政执法队伍，将两级执法调整为一个执法层级，组建市级文化市场综合行政执法队伍，实行"同城一支队伍、同城一个标准"，统一行使市辖区范围内的文化、文物、出版、广播电视、电影、旅游、体育市场行政执法职能，开创南宁市文化和旅游市场齐抓共管新局面。

2. 专项整治净化环境

一是7~8月在全市范围内组织开展文化市场"健康暑期"专项整治行动，切实加强全市暑期文化市场安全的监管，为中小学生营造健康的文化市场环境。二是开展2019年净化社会文化环境工作，6月30日至11月8日，共开展三次集中整治活动，加强对网吧等游艺娱乐场所的执法检查，开展校园周边文化市场综合治理，营造良好的社会文化氛围。

3. 常态检查确保稳定

2019年，全市共出动检查人员42097人次，检查各类经营单位16715家次，立案调查214件，警告106家次，责令停业13家次，吊销许可证2家，取缔33家，罚款1207502元，有力保障了文化和旅游市场的稳定繁荣。

4. 行业升级促进繁荣

贯彻新发展理念，努力优化市场营商环境，以"改变场所环境"和"鼓励多元化经营"为出发点，多措并举，全面推动上网服务行业、文化娱乐行业转型升级，激发市场内生动力，扩大文化消费规模。截至2019年底，已向自治区文化和旅游厅申报3家转型升级上网服务营业场所、1家转型升级娱乐场所，进一步促进南宁市文化市场健康发展。

5. 扫黑除恶成效显著

一是开展文化和旅游市场扫黑除恶专项斗争，在全市范围内对流动人员较为密集的文化、旅游经营场所逐一进行排查，起到强有力的管理和震慑作用。二是通过约谈零线索零报告单位、走访调研等方式，加强对各县（区）、开发区文化和旅游市场扫黑除恶工作的督促指导。三是加强对南宁市文化和旅游行业扫黑除恶专项斗争工作的舆论引导和宣传，广泛宣传与扫黑除恶专项斗争相关的应知应会知识和法律法规，共向群众发放扫黑除恶专项斗争宣传资料24648份。四是深挖彻查，加强线索摸排，2019年共发现涉乱线索167条，涉黑涉恶线索4条，其中3条涉恶线索按程序移送相关城区扫黑办，1条涉黑涉恶线索按程序报送市纪委监委驻市委宣传部纪检监察组。

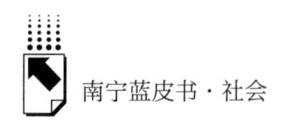

二 2020年南宁市文化事业工作展望

2020年,南宁市文化事业发展将继续坚持以习近平新时代中国特色社会主义思想为指导,深入贯彻落实党的十九大和十九届二中、三中、四中全会精神,全面实施"强首府"战略,以深化文化事业供给侧结构性改革为主线,惠民生、强品牌、抓传承、促交流、优环境、严作风,全力提升城市文化品位,奋力谱写首府文化事业高质量发展新篇章。

(一)抓服务、惠民生,推动公共文化建设

以推动公共文化服务标准化、均等化为着眼点,抓好村级公共服务中心扶持乡村社区业余文艺队,送戏下基层、进校园等为民办实事项目,进一步增强市民群众的文化获得感、幸福感。做好南宁民歌湖大舞台周周演群众文化活动,结合全面建成小康社会的契机,开展好南宁市群众文化活动,为全面建成小康社会献礼。持续开展公共文化设施场所免费开放工作,督促各县区做好项目资金的划拨和使用工作,做好对项目资金使用和管理的监督工作。

(二)抓品牌、彰特色,提升精品文化影响

深入挖掘南宁优秀特色文化,围绕壮民族文化、山水文化、历史文化、红色文化等,努力创作文艺精品。围绕"治水、建城、为民"城市工作主线,以"百里秀美邕江"为主题,创作歌曲、舞蹈、绘画等各类文艺作品;围绕全面建成小康社会、中国共产党成立99周年等重要时间节点,创作大型精品剧目、主题文艺晚会,以艺术的形式讴歌新时代、谱写新篇章;持续打磨话剧《大山壮歌》、邕剧《顶蛳山人》、小邕剧《老少村官》等剧目。抓好地方戏曲传统剧目复排和音乐、舞蹈小型作品编创工作。重点打造南宁国际民歌艺术节品牌,结合新时代、新要求,举办"大地飞歌·2020"及"绿城歌台"活动,讲好南宁故事,展现"一带一路"文化;做好南宁市新

春音乐会、南宁市春节团拜会文艺演出、2020年南宁市新年戏曲晚会、"我们的中国梦"——文化进万家等大型文化活动;积极引进国内外一流剧(节)目,巩固和提升精品文化品牌,繁荣首府文艺演出市场。

(三)抓传承、护文脉,弘扬传统文化精神

着眼创建国家历史文化名城,延续城市历史文脉,做好"三街两巷"、中山路片区、蒲庙老街等历史文化街区提升改造工作。做好周家坡古民居群文物维修工作,推进顶蛳山国家考古遗址公园建设。大力挖掘横县杨村、南宁缸瓦窑、邕江铁路桥的历史文化内涵,结合非遗展示,创建特色生态博物馆群。以"三街两巷"范围内文保单位董达庭商住楼、两湖会馆等为依托,积极推进南宁骑楼博物馆建设。推进津头村雷沛鸿故居、雷经天故居和中共广西一大旧址等的保护工作。抓好国家级非物质文化遗产代表性项目、自治区级非物质文化遗产代表性项目申报工作。推进市非物质文化遗产展示中心建设,积极推进壮族歌圩文化(南宁)生态保护区建设。策划开展2020年"壮族三月三·八桂嘉年华"、"文化和自然遗产日"、"'5·18'国际博物馆日"、"南宁孔庙·周周启礼"、南宁市第八届新春文化庙会等活动。

(四)抓载体、拓渠道,扩大对外文化交流

借助国家"一带一路"和"陆海新通道"、中国(广西)自由贸易试验区南宁片区建设等重大机遇,发挥"南宁渠道"及国际友城作用,加快建设中国—东盟文化交流协作平台,精心策划筹办首届南宁国际艺术双年展、中国—东盟(南宁)戏剧周、"文化走亲东盟行"、中国—东盟(南宁)孔子文化周等活动,加深与东盟的文化交流与旅游合作。

(五)抓整治、促转型,规范文化行业管理

加大日常监管力度,加强文旅市场联合执法检查及专项整治工作,从严从重打击"不合理低价游""强迫购物"等违规违法行为。全面推行文旅市场"双随机、一公开",组织开展社会文化环境集中整治行动、2020年"健

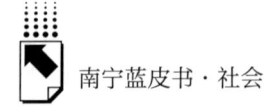

康暑期"专项整治行动、查处网吧接纳未成年人违法行为等专项行动，持续推进互联网上网服务营业场所和歌舞娱乐场所转型升级，同时强化文旅市场安全监管，全力维护文旅市场平稳有序。深入开展扫黑除恶专项斗争，完善双公示、红黑名单等诚信制度，加强行业指导服务和信用体系建设。

（六）抓作风、聚合力，提升文化队伍素质

全面落实新时代党的建设总要求，突出抓好政治建设，加强人才队伍建设，完善人才培养政策，积极选送艺术人才到中央戏曲学院、中国舞蹈学院等一流院校进修。积极借助国家艺术基金网上申报平台申报专业人才培养项目，有针对性地培养高端专业艺术人才。同时，充分利用自治区及南宁市相关人才引进培养政策，为南宁市艺术人才培养提供便利和实际支持，为吸引艺术人才来邕和培育本土艺术名家提供肥沃的土壤。

B.10
2019~2020年南宁市体育事业发展状况分析及展望

黄永铁*

摘　要： 近年来，南宁市通过举办各类全民健身活动，促进"体育+多业态"融合发展，通过实施"赛事兴旺"工程等方式，推动群众体育、竞技体育、体育产业三项主业齐头并进。当前，南宁市仍存在体育类社会组织发展不均衡、竞技体育与国内先进城市差距较大、体育产业发展质量不高等问题。2020年是推动"强首府"战略开好局、起好步的关键之年，南宁体育发展迎来历史性机遇，南宁市应致力于满足人民群众对美好体育生活的需求，实施全民健身公共体育服务提质行动、竞技体育提振行动、体育产业增效行动，推进体育事业各项工作协调发展。

关键词： 体育事业　群众体育　竞技体育　全民健身

2019年是新中国成立70周年，南宁市体育局坚持以习近平新时代中国特色社会主义思想为指导，认真贯彻落实党的十九大和十九届二中、三中、四中全会精神，全面落实"强首府"战略，解放思想，改革创新，扩大开放，担当实干，全力做好群众体育、竞技体育、体育产业各项工作，推动了

---

* 黄永铁，南宁市体育局办公室主任。

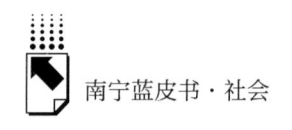

南宁市体育高质量发展,为"强首府"战略实施贡献了体育力量,也为新中国成立70周年献上了一份厚礼。

一 2019年南宁市体育事业发展状况

(一)以全民健身与全民健康深度融合为主线,助推健康南宁建设

认真落实全民健身国家战略,推进全民健身与全民健康深度融合试点建设,努力"建场地、办活动、提服务",推动全民健身广泛开展,提升市民健康水平。2019年3月,全国群众体育工作会议暨群众体育干部培训班在广西南宁召开,与会代表对南宁市全民健身工作予以了肯定。

1.构建城市社区"10分钟健身圈",全市体育设施不断完善

一是加大公共体育设施建设的投入力度,共投入资金2953万元,建设体育场地和设施项目250个。其中,国家安排中央集中彩票公益金600万元建设全民健身活动中心1个(即横县百合镇全民健身活动中心),自治区财政安排965万元建设村屯篮球场、多功能运动场、县级体校项目36个,南宁市财政和体彩公益金共投入约520万元在全市范围内建设了100套健身路径器材、投入868万元扶持各县区体育设施建设。全区重点统筹推进项目(南宁市体育运动学校新校区)处于一期主体装饰施工及二期基础工程阶段,累计完成投资36412万元,占总投资的34%。二是积极为群众健身提供场馆服务,共申请中央大型体育场馆免费低收费开放补助资金及奖励资金1986万元,惠及李宁体育园、广西体育中心、武鸣体育馆、横县体育馆、宾阳县体育馆及马山县体育馆等大型体育场馆;加快推进机关、企事业单位和学校体育设施向社会开放,共落实了58所中小学校体育设施向社会开放。三是组织编制了《南宁市辖区城乡体育设施专项规划》,各县也陆续开展辖区内城乡体育设施专项规划,全市人均体育场地面积增加到1.902平方米。

2. 举办各类全民健身活动，营造浓厚运动健康氛围

积极组织各类人群健身，大力倡导街道、乡镇、社区、行政村等基层组织，以及党政机关、企事业单位举办群众喜闻乐见的全民健身活动，激发群众运动健身的积极性。2019年举办的赛事活动主要有元旦冬泳邕江、南宁市第十届运动会、中国楼梯竞速联赛（广西·南宁站）暨第四届南宁楼梯竞速邀请赛、广西马术锦标赛、广西"拔群杯"篮球赛南宁赛区选拔赛、南宁市武术大赛、南宁青少年马术邀请赛、南宁市台球公开赛、南宁市乒乓球联赛、南宁市汽车摩托车场地障碍挑战赛、南宁市网球联赛、宾阳炮龙节·第二届南宁体育庙会（宾阳）活动、兴宁体育旅游休闲大会、中国壮乡·武鸣"壮族三月三"歌圩暨骆越文化旅游节等，全年县（区）级及以上赛事活动约500项，经常参加体育锻炼的人口占46%。

3. 提升全民健身服务水平，为市民科学健身提供保障

一是加强体育单项组织建设。共有市级单项体育协会41个、俱乐部135个。积极培养各级各类社会体育人才，培训二级社会体育指导员875人次，审批369人。组织社会体育指导员进10个社区开展八段锦、五禽戏、太极拳等项目指导44场次。二是推进"体医融合"。完善南宁市全民健身和全民健康指导中心的功能，聘请广西体育运动创伤专科医院、广西医师协会等的专家团队定期为市民提供运动健康指导服务，充分发挥其"治未病"的预防保健功能；以政府购买服务的方式，与8家社会性健身场馆合作设立社区全民健身活动中心；完成体质测试的总人数为3326人。三是完善"互联网+全民健身"服务平台——"运动绿城"App项目，增强市民对平台的黏性。

（二）以加强青少年训练为主线，提升竞技体育实力

围绕自治区第十四届运动会备战参赛工作，突出青少年体育业余训练工作重点，优化训练网点布局，补齐体校项目短板，发挥体育传统学校示范作用，引领社团组织参与青少年业训，夯实竞技体育发展基础，促进竞技体育

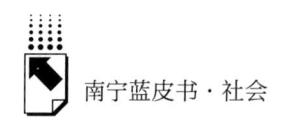

实力提升。

1. 抓好区运会备战参赛工作

科学保障，科学训练，切实提高训练水平，以最好状态迎接自治区第十四届运动会。南宁市代表团972名运动员参加了32个大项的比赛，在竞技体育项目中共获得金牌223.5枚（其中竞赛金牌有173.5枚，带入金牌有50枚），团体总分为10406分（其中竞赛总分为8306分，带入总分为2100分），在金牌榜、总奖牌榜、总分榜均排名第一，实现参赛预定目标；在群众体育项目中获得金牌13枚，团体总分为668分；同时，荣获竞技体育突出贡献奖和体育道德风尚奖。

2. 加强教练员、运动员队伍建设

选派跆拳道、游泳、水球、田径、举重等项目79人参加第二届全国青年运动会。其中，跆拳道、田径、水球、举重项目56人进入决赛阶段。举办南宁市第四届青少年阳光体育大会暨南宁市青少年夏令营活动，以增强青少年身体素质、培养青少年体育兴趣。加强南宁市体校教练员队伍建设，鼓励市、县（区）体校教练员参加培训，提升专业水平。完成自治区体育系统首次注册和年度确认运动员2966人、教练员282人。

3. 南宁市籍运动员在国际国内赛场取得优异成绩

2019年，南宁市籍运动员参加国际体育比赛，获金牌10枚、银牌3枚、铜牌1枚；参加全国体育比赛，获金牌42枚、银牌33枚、铜牌38枚。南宁市蹼泳运动员许艺川在蹼泳世界杯中夺得女子4×100米接力冠军，在第十七届亚洲锦标赛蹼泳比赛中夺得女子4×100米接力冠军、女子4×200米接力冠军、女子200米冠军，在全国蹼泳锦标赛中两次破全国纪录，取得了优异的成绩；运动员唐相琨在美国超级系列赛一站中夺得男子自由式障碍追逐冠军；运动员黄明淇在第八届亚洲体操锦标赛中夺得男子团体冠军、男子跳马冠军；举重运动员玉玲珑在全国举重比赛中七次破全国青年纪录。

（三）以推动体育产业项目提质增效为主线，加快体育产业发展

贯彻落实国务院《健康中国行动（2019—2030年）》《体育强国建设纲

要》等文件精神，优化体育产业营商环境，推动体育产业加快发展。全市新增入库体育企业3家，入统企业共有8家。体育行业固定资产投资额达到19.95亿元，体育服务业营业收入达1.4亿元。

1. 培育打造优质产业项目

提升西乡塘"美丽南方"、南宁李宁体育园等体育产业示范品牌的品质，开发园博园、大明山等景区的体育旅游资源，培育新的体育旅游品牌。开发打造"会展城·体育汇"项目，引进攀岩、轮滑、平衡车、跆拳道、篮球、电子竞技、空气蹦床、国民体质监测等15个项目，接待60余万人次。推进体育特色小镇建设，马山县于10月获得"全国攀岩进校园推广示范县"称号，进一步提升马山攀岩特色小镇影响力；江南"酷动小镇"建设工作有条不紊开展。

2. 促进"体育+"多业态融合发展

一是推动"体育+旅游"发展，支持西乡塘区美丽南方景区、和美航空美丽南方飞行基地、广西马术锦标赛、"飞跃大明山"山地运动大会、三甲攀岩小镇户外运动旅游线路等项目申报国家、自治区体育旅游精品品牌，以品牌引领推动体育旅游业发展。二是推动"体育+康养"发展，举办运动处方培训班，积极培养能够开具个性化运动、健康处方的"体医融合"人才。三是推动"体育+培训"发展，轮滑、击剑、射击（箭）、攀岩、徒步、皮划艇、平衡车、街舞、滑翔伞、电子竞技、潜水等新颖时尚的运动项目培训市场十分活跃。四是推动"体育+传媒"发展，"中国杯"国际足球锦标赛、"苏迪曼杯"世界羽毛球混合团体锦标赛等赛事进入央视直播，以重大体育赛事为平台，体育转播、体育广告等蓬勃兴起。五是推动"体育+会展"发展，成功举办2019年南宁体育产业博览会，设置10个特装及134个展位，吸引近10万名市民前来参观体验。

3. 做好体育产业其他工作

积极开展产业招商，组织赴福州、泉州、厦门、成都等地招商，达成意向企业5家，在谈项目6个。做好体育彩票销售和宣传工作，2019年体育彩票累计销量为8.4亿元。

（四）以实施"赛事兴旺"工程为主线，提升南宁市国际知名度和美誉度

成功举（承）办2019年"中国杯"国际足球锦标赛、2019年"苏迪曼杯"世界羽毛球混合团体锦标赛、2019年环广西公路自行车世界巡回赛（南宁站）等国际A级赛事3项，举办南宁国际马拉松、中国—东盟系列赛、姚基金慈善篮球赛、LYB全球业余羽毛球锦标赛（南宁站）、ITF国际女子网球巡回赛（南宁站）等重大赛事20余项。赛事的成功举（承）办，让市民群众在家门口观赏到了高水平的竞技体育比赛，助推了"体育运动、健康生活"理念的普及推广，掀起了全民健身新热潮，增强了市民群众的获得感、幸福感。

1.2019年"中国杯"国际足球锦标赛

该赛事于3月21日至25日在广西体育中心举行，是由中国足协、自治区体育局、南宁市人民政府和万达体育有限公司共同主办的国际A级赛事，是继2017年、2018年后在南宁市举办的第三届比赛。该赛事邀请了中国、泰国、乌兹别克斯坦、乌拉圭四个国家的队伍前来参赛。经过激烈角逐，乌拉圭、泰国、乌兹别克斯坦、中国分别夺得第一名至第四名。3月25日晚，该赛事在广西体育中心胜利闭幕。赛事的成功举办，使南宁赢得了国内外各方的高度赞誉，前来采访报道的不少记者感叹："找到了采访世界杯的感觉！"

2.2019年"苏迪曼杯"世界羽毛球混合团体锦标赛

该赛事于2019年5月19日至26日在广西体育中心举行，由世界羽联授权，中国羽毛球协会、自治区体育局、南宁市政府主办，共有来自31个国家和地区的377名运动员参加比赛。该赛事于5月26日胜利闭幕，中国队夺得冠军，第11次问鼎"苏迪曼杯"，日本队获得亚军，泰国队、印度尼西亚队并列第三名。世界羽联主席保罗·埃里克·霍耶评价南宁市"球馆专业，球迷热情，工作负责，完全有能力举办更高级别赛事"；荷兰队队员塔博林说"南宁把比赛办得很大气"；新华社评价道"羽球运动点亮南宁城市之光"。

3.2019年环广西公路自行车世界巡回赛（南宁站）

该赛事于10月19日至20日在南宁成功举办，本届比赛设两个赛段，赛程304.4公里，共有15支世巡赛车队、3支顶级洲际职业车队的126名车手前来参赛。其中，10月19日举行南宁市内绕圈赛，线路与2018年相比有了全面调整，起点由原来的民族广场调整到广西文化艺术中心，赛道主要在五象新区、邕江沿岸和青秀山风景区，赛程5圈共143公里，来自德国博拉－汉斯格雅车队的帕斯卡·阿克曼夺得该赛段的冠军。10月20日举行南宁—弄拉赛段比赛，赛事线路与2018年基本相同，起点由原来的青秀万达广场调整到广西文化艺术中心，终点向弄拉景区后方延伸1.4公里，海拔拐高了122米，总爬坡长度达到了4.6公里，赛程共161.4公里，来自比利时德科尼克－快步车队的恩内克·马斯夺得该赛段的冠军。

南宁市高质高效的组织工作、优美整洁的城乡环境、文明热情的社会风尚，赢得了各方由衷的称赞。国际自行车联盟官员、环广西公路自行车世界巡回赛总监奥利维尔·塞恩表示："调整路线后的南宁绕圈赛是整个赛段最有特色、最好的一个，有山、有城市风光，整个行进过程中市民的热情以及青秀山的景色都非常棒。"

4.2019年第十四届南宁国际马拉松比赛暨第三十七届南宁解放日长跑活动

该赛事于12月1日在南宁成功举办，由中国田径协会、自治区体育局、南宁市人民政府主办，南宁市体育局、南宁市体育总会承办，南宁市田径协会、广西万达体育发展有限公司协办。包括全程马拉松（42.195公里）、半程马拉松（21.0975公里）（分国际组、居民组）、10公里跑、4公里健康跑、健身走（2公里）五个比赛项目。报名选手来自美国、英国、爱尔兰、法国、肯尼亚、泰国等15个国家和地区及中国的各个省份，共38798名，抽签确定28000名运动员参赛，其中全程马拉松6000人，半程马拉松8000人，10公里跑6000人，4公里健康跑6000人，健身走2000人。来自肯尼亚的Kiura Denis Mugendi夺得男子全程马

拉松（国际组）冠军，来自肯尼亚的Flavious Teresa Kwamboka夺得女子全程马拉松（国际组）冠军，来自肯尼亚的Muriuki Charles Muhiuha夺得男子半程马拉松（国际组）冠军，来自中国的林缘夺得女子半程马拉松（国际组）冠军。

（五）以增强体育发展综合保障为主线，协调推进体育事业各项工作

1. 体育宣传力度进一步加大

成功举办2018年南宁体育风云榜年度盛典。盛典对南宁市体育发展历程进行了回顾，讲述了2018年南宁体育大事记，公布了国民体质监测数据，颁发了南宁市2018年度群众喜爱的体育赛事、优秀青少年体育人才输送培养单位、体育赛事金牌赞助商、十佳优秀社会体育组织、创办体育品牌赛事和承办重大体育赛事单位奖项，并发布2019年重要体育信息。2019年全市体育信息在各级各类媒体上的报道量超过1000篇（条）。

2. 体育扶贫扎实开展

一是安排129.84万元扶持各县区贫困村新建了体育设施项目70个，组建了乡村运动队13支、培养了乡村社会体育指导员22名等。二是筹措体彩公益金600万元支持乔老河片区建设，包括攀岩小镇登山健身步道项目、国家青少年攀岩集训队（广西马山）训练基地提升建设等，支持马山县国家少年攀岩集训队训练经费20万元；筹措体彩公益金138.8621万元，在隆安县易地扶贫搬迁震东集中安置区建设一批体育场地和设施。三是将第十四届南宁国际马拉松比赛暨第三十七届南宁解放日长跑活动参赛运动员报名费的40%（68.88万元）用于支持南宁市体育扶贫公益活动，其中，65万元用于支持上林县体校综合体育（手球）训练风雨棚建设，3.88万元用于帮扶马山县加方乡内金村和武鸣区锣圩镇济力村脱贫攻坚。

3. 体育对外交流有新进展

派出3人次参加2019年中国—东盟国际汽车拉力赛暨中国—东盟媒体

汽车拉力赛。共接待来自越南举重协会河内举重队、越南国家举重队、美国 Modem Weightlifting 公司举重队等的 70 余人次。

4. 体育行业安全生产管理责任全面落实

全面落实"党政同责""一岗双责"责任制，以及管行业必须管安全、管业务必须管安全、管生产经营必须管安全等责任制。针对赛事活动、体育训练、场馆设施、高危项目、工程项目等风险领域的安全特点，组织开展大排查、大整治。实现 2019 年体育行业无安全事故。

二 2019年南宁市体育事业主要存在的问题

（一）体育类社会组织发展不均衡

全市体育类社会组织总体数量偏少、发展质量不均衡，仅有武鸣区成立了体育总会，各县（区）均未成立社会体育指导员协会。体育类社会组织管理水平参差不齐、发展水平不高，缺乏承担政府转移职能、参与社会管理、提供公共服务的能力。社会体育指导员作为全民健身中坚力量的作用还未能完全发挥。

（二）学校体育设施向社会开放程度不够

在南宁市体育设施数量中，学校体育设施（中小学、高校）占到了42.74%，但仅有少数学校的体育设施向社会开放，开放程度不高，全市体育场地有效供给相对不足。

（三）竞技体育与国内先进城市相比差距依然较大

体育项目优势不优、特长不长、尖子不多，特别是在国际高级别比赛中，参赛的南宁籍运动员少，获奖次数更是屈指可数，全市尚未形成竞技项目优势群。

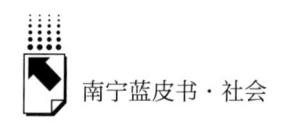

（四）体育产业发展的质量仍然不高

体育产业规模偏小，缺乏体育产业龙头企业，体育企业市场竞争力不强。受用地指标影响，项目落地难。缺乏针对体育产业的税费、土地、用水、用电等优惠政策。高素质复合型体育产业高级管理人才缺乏。

三 2020年南宁市体育事业发展形势

（一）国家、自治区高度重视体育发展，为南宁体育事业发展提供了强有力政策支持

2019年9月以来，国务院先后出台了《关于加快发展体育竞赛表演业的指导意见》《体育强国建设纲要》《关于促进全民健身和体育消费推动体育产业高质量发展的意见》等政策文件，自治区也相应颁布了《关于改革完善体育体制机制的若干意见》《关于加快发展体育竞赛表演产业的实施意见》《关于大力发展体育旅游的指导意见》等配套文件。体育强国、体育强区建设不断加快推进，为南宁体育事业发展提供了系列政策支持。我们要认真贯彻落实国家、自治区体育发展要求部署，整合资源、形成合力、顺势而为，进一步推动体育高质量发展，建设体育强市。

（二）社会资本投资体育事业热情高涨，有利于聚合体育发展内生动力

社会各方、各地企业均看好体育发展前景，也对投资体育表现出强烈热情和意愿，国内体育龙头企业安踏集团、特步集团、舒华集团等均有意向到南宁投资置业。同时，南宁市现有体育产业项目库项目109个，大项目有江南区"酷动小镇"、马山县攀岩特色小镇、世界智力运动之城等，为对接市场、招商引资打下了良好基础。下一步要完善体育产业发展体制机制，优化营商环境，打造体育产业洼地，吸引更多社会资本投入体育建设。

（三）人民群众对美好体育生活需求旺盛，南宁体育事业发展前景十分广阔

新时代人民美好生活需要日益广泛，对健康的关注和需求更多，体育在提升人民健康水平，满足人民获得感、幸福感、安全感方面具有无可替代的作用。根据国家体育总局、国家发展改革委发布的《进一步促进体育消费的行动计划（2019—2020年）》，到2020年全国体育消费总规模将达到1.5万亿元，人均体育消费支出占消费总支出的比重显著上升，体育事业发展前景广阔。要进一步解放思想、改革创新，采取非常措施、非常办法，完善公共体育设施，丰富群众赛事活动，优化全民健身服务，推动全民健身深入开展，为体育事业发展营造良好条件。

（四）"强首府"战略实施，南宁体育事业发展迎来历史性机遇

旅游、文化、体育、健康、养老是五大幸福产业，从国家、自治区到南宁市都将体育产业列入大健康产业范畴，新成立的中国（广西）自由贸易试验区南宁片区也将文体列为四大重点板块之一。当前，南宁具有实施"强首府"战略、中国（广西）自贸试验区南宁片区、面向东盟的金融开放门户南宁核心区、中国－东盟信息港南宁核心基地建设等多重机遇叠加的政策优惠，同时具有多种独特资源和优势条件，南宁体育发展迎来历史性机遇。我们要进一步抢抓机遇，发挥政策和资源优势，把各项体育工作做实做细，全力打造面向东盟的区域性体育中心城市，为"强首府"战略的实施贡献体育力量。

四 2020年南宁市体育事业展望

2020年是全面建成小康社会、实现第一个百年奋斗目标之年，是脱贫攻坚决战决胜之年，是推动"强首府"战略开好局、起好步的关键之年，也是完成"十三五"规划任务、谋划"十四五"发展的承上启下之年。南

宁市体育事业要坚持以习近平新时代中国特色社会主义思想为指导，认真贯彻落实党的十九大和十九届二中、三中、四中全会精神，按照国家建设体育强国、自治区"重振广西体育雄风，建设西部体育强区"的战略部署，全面落实"强首府"战略，按照"解放思想、改革创新、扩大开放、担当实干"的工作方针，守初心、担使命，真抓实干、善作善成、造福于民，全力抓好体育各项工作，谱写南宁体育发展新篇章。

（一）实施全民健身公共体育服务提质行动，助力健康南宁建设

以创建全国全民运动健身模范市为工作主线，坚持扩建场地、丰富活动、优化服务，提升全民健身工作水平，推进全民健身公共体育服务扩面提质。

1. 加快体育设施建设

依照《南宁市辖区城乡体育设施专项规划》，加强城市绿道、健身步道、自行车道、体育场、体育馆、全民健身中心、体育公园以及足球场等场地设施建设，构建城市社区"十分钟健身圈"。继续完善邕江两岸体育设施，增加智能化健身器材。完成自治区、南宁市为民办实事项目建设。进一步推动机关、企事业单位和有条件学校的体育设施向社会开放。做好大型场馆免费低收费工作指导，扩展社区全民健身活动中心阵地。

2. 大力实施赛事活动全域化工程

组织丰富多彩的赛事活动，让人民群众有更多获得感、幸福感。举办冬泳、龙舟赛、马拉松赛、体育黄金联赛、社区全民健身运动会、"酷动先锋"南宁城市运动系列挑战赛、老年人健身养生嘉年华等精品赛事活动。各县区举办县级以上（含）全民健身赛事活动不少于25项，各开发区举办开发区级以上（含）全民健身赛事活动不少于5项，每个行政村举办体育健身活动不少于2项，做到月月有比赛、周周有活动、人人能参与。

3. 加快完善基本公共体育服务体系

加强"体育+互联网"融合，完善"运动绿城"App功能，推动全民

健身智能化发展。开展国民体质监测，国家体育锻炼达标测验，科学健身知识进社区、进乡村、进课堂、进家庭、进机关企事业单位等活动，推进体医融合、康养融合。推广"大健康"观念，实施"国民体质改善计划"，开展功能性姿势不良评估和训练纠正培训，提供运动医学康复服务，促进运动处方的推广使用。加强社会体育指导员队伍建设，健全体育健身组织。保证经常参加体育锻炼人数的占比保持在46%以上，国民体质测定合格人数超过90%。

（二）实施竞技体育提振行动，增强首府体育综合实力

聚焦"强首府"战略，突出抓好金牌计划、项目优化、人才培养、科技保障，提高大赛规格，赋能城市发展。

1. 推进重大赛事常办常新

赋予"中国杯"国际足球锦标赛、环广西公路自行车世界巡回赛（南宁站）、南宁国际马拉松比赛等重大体育赛事新的内涵，提高赛事组织策划、赛场赛道设计和执裁水平，注重融入中国—东盟、"一带一路"、壮民族文化和生态宜居等元素，不断扩大南宁国际影响力，提高城市知名度、美誉度。

2. 深化与东盟的体育交流合作

办好中国—东盟国际龙舟、山地马拉松、山地自行车、卡丁车、电子竞技、城市足球和羽毛球邀请赛等赛事，提高规格，扩大规模，讲好赛事故事，宣传赛事人物。积极参与中国—东盟国际汽车拉力赛活动，以体育为媒，促进中国与东盟国际文化交融、民心相通。

3. 抓好抓实自治区第十五届运动会备战工作

围绕"金牌总数和团体总分第一"目标，统筹推进备战工作。优化竞技体育项目结构，巩固优势项目，提升潜优项目，强化短板项目。实施运动员"尖子工程"和"冠军培养计划"，输送优秀苗子到自治区各项目中心、区体校及区外优秀运动队参加培训，着力培养一批冠军运动员、运动队。加强教练员队伍建设，实施总（主）教练员工作责任制和教练

员选拔聘用制，引入激励和竞争机制，实行区运会年度目标考核、绩效考评。

（三）实施青少年体育强基行动，多渠道培养体育后备人才

抓好基层体校建设、青少年训练和竞赛活动，聚焦青少年体育人才培养和广西主办2023年第三届全国青年运动会，实施青少年体育强基行动。

1. 加强基层体校建设

根据"国家体育重点高水平后备人才基地"的相关标准，按照"全区领先、辐射东盟"的理念，加快南宁市体校新校区建设进度，将市体校打造为广西一流的业余体校、辐射东盟的青少年体育训练基地。继续落实"基层体校强基工程体教结合双百计划"，抓好县区业余体校建设，推动基层体校与当地优质的中小学联办共建，推动"体教融合"，培养优秀体育后备人才。

2. 抓好青少年训练

支持和发动社会力量共同开展青少年体育训练，推进"把运动队办进学校，让优秀运动员走出校园"体教结合模式。抓好体育传统项目学校建设，发挥体育传统项目学校的引领示范作用。引导青少年体育俱乐部等社团组织参与青少年体育培训工作。完善青少年训练网点布局，补齐市级体校项目短板，强化优势项目，扩大青少年体育人才培养的覆盖面，筑牢青少年体育人才培养的基础。

3. 开展青少年竞赛活动

大力推动开展足球、篮球和排球等集体项目赛事，积极推广田径、游泳、乒乓球、羽毛球、武术、跆拳道、体操等基础项目活动。以发现和培养优秀竞技体育后备人才为宗旨，组织参加国家青少年U系列赛事，举办自治区运动会南宁市代表队选材赛、青少年俱乐部联赛、青少年阳光体育大会等青少年体育赛事。深化青少年体育与群众体育、社会体育、竞技体育融合发展，在市级体育赛事活动中侧重设置青少年组别。

（四）实施体育产业增效行动，培育经济发展新动能

服务全市产业转型升级，扶持体育企业做大做强，持续培育体育产业示范品牌，建设体育服务综合体，推进"体育+""+体育"融合发展，促进全民健身和体育消费，推动体育产业高质量发展。

1. 扶持体育企业做大做强

跟踪服务入统体育企业，加强政策指导，细化产业引导资金使用管理办法，支持帮助企业和项目享受优惠政策和资金扶持，促进企业健康发展。开展体育精准招商，争取安踏、乔丹、舒华、咕咚、启迪冰雪等体育龙头企业落户南宁。

2. 持续培育国家体育产业示范品牌

围绕"一核聚集，一带展开，五区支撑，多维辐射"的体育产业发展布局，进一步打造西乡塘区美丽南方、环青秀山、环大明山、昆仑大道体育旅游带、马山攀岩小镇等运动集聚区，结合实际发展户外水上、航空、健身休闲、都市时尚运动项目，不断丰富体育产业内容，促进体育产业多元发展，积极申报国家体育产业示范基地。

3. 进一步培育打造运动特色小镇和体育综合体

不断完善和提升马山攀岩小镇、美丽南方骑行小镇建设，赋予横县茉莉花小镇体育元素；完善李宁体育园、跑马场运动文化街区、会展城·体育汇、万达茂、吾悦广场、五月汇运动街区、邕宁樱花极速小镇等体育综合体，积极培育园博园景区、南宁体育休闲公园、广西体育中心等新兴体育综合体。

4. 推进"体育+""+体育"融合发展

创新体育与旅游、康养、文化、农业、会展等行业融合发展机制，重点发展体育旅游，打造美丽南方体育旅游区、大明山户外运动基地、马山弄拉户外运动基地、昆仑大道体育旅游路线、园博园景区、百里秀美邕江等体育旅游精品品牌。进一步发展体育会展业，打造南宁体育产业博览会升级版，力争将南宁体育产业博览会纳入中国—东盟博览会系列展会活动。推进体教

融合发展，探索与教育部门合作，在青少年中开展游学、研学、亲子活动，丰富体育培训内容。

（五）实施体育发展保障提升行动，统筹推进各项体育工作协调发展

按照市委、市政府要求，启动体育"十四五"规划编制。贯彻落实国家、自治区体育政策精神，扎实做好体育宣传、对外交流、教育培训、人才、文化、安全生产、党建和党风廉政等各方面的工作，营造有助于体育事业发展的良好环境，推动体育事业全面进步。

基层社会治理篇

Grassroots Social Governance

B.11
发展新时代"枫桥经验"推进首府市域治理现代化

胡飞飞[*]

摘　要： 近年来，南宁市以市域治理为切入点和突破口，坚持和发展"枫桥经验"，初步构筑了共建共治共享新格局。本报告总结了南宁市发展新时代"枫桥经验"、推进市域治理现代化的实践及成效，并在深入分析新形势新问题的基础上，提出具有针对性的对策建议。坚持和发展新时代"枫桥经验"，推进市域社会治理现代化，积极构建富有南宁特色、时代特征、市域特点的社会治理新模式，为全面落实"强首府"战略、建设壮美广西营造了和谐稳定的社会环境。

---

[*] 胡飞飞，中共南宁市委政法委员会智能化与平安建设指导科科长。

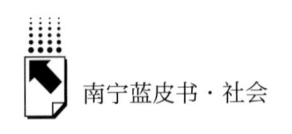

关键词： "枫桥经验"　市域治理　社会治理现代化

习近平总书记对"枫桥经验"作出重要批示，强调各级党委和政府要充分认识"枫桥经验"的重大意义，发扬优良作风，适应时代要求，创新群众工作方法，善于运用法治思维和法治方式解决涉及群众切身利益的矛盾和问题，把"枫桥经验"坚持好、发展好，把党的群众路线坚持好、贯彻好。南宁市始终秉承"枫桥经验"的基本精神，坚持把新时代"枫桥经验"运用于市域社会治理实践，积极构建富有南宁特色、时代特征、市域特点的社会治理新模式，不断提升首府市域治理社会化、法治化、智能化、专业化水平，为全面落实"强首府"战略、建设壮美广西营造了和谐稳定的社会环境。

一　南宁市发展新时代"枫桥经验"推进市域治理现代化的实践及成效

近年来，南宁市以市域治理为切入点和突破口，坚持和发展"枫桥经验"，初步构筑了共建共治共享新格局。

（一）坚持以政治强引领，不断增强市域治理的凝聚力

政治引领在市域治理中起着决定性、根本性作用。南宁始终把政治引领作为加强和创新社会治理的关键点，充分发挥党委总揽全局、协调各方的核心作用。

1. 建立健全党委领导体制

党委坚持将社会治理、平安南宁建设列入重要议事日程，坚持定期研究解决工作中的重大问题。市、县两级成立平安建设协调小组，充分调动平安建设协调小组各成员单位参与平安建设的积极性，全面构筑党委领导、政府负责、政法牵头、部门联动、群众参与的共建共治共享格局。全面建立市、

县、乡党委书记抓社会治理问题清单、责任清单制度，坚持定期分析、研究、解决问题，着力强化"一把手"抓社会治理的主体责任。市委出台《关于坚持发展新时代"枫桥经验"推进首府市域社会治理现代化的若干意见》，对坚持发展"枫桥经验"的总体要求、主要任务、组织保障作出部署，通过将"枫桥经验"运用于市域治理实践，在全市范围内积极构建矛盾纠纷多元化解新机制，促进首府市域社会治理向纵深发展。

2. 创新完善工作协调机制

依据《中国共产党政法工作条例》，推动乡镇（街道）党组织配备政法委员和综治中心实体化建设，推行社区（驻村）民警担任社区（村）党支部副书记工作模式，健全基层治理组织体系。推进"基层党建+"工作模式，初步构建起区域统筹、条块协同、共建共享的基层党建工作格局，推动社会治理措施落地。将党组织建在网格上，确保每个网格有1名党员作为网格员或网格辅助力量参与社会治理工作。建立健全以基层党组织为核心、以群团组织为纽带、以各类社会组织为依托的基层群众工作体系，推动党员联系群众、挂牌亮身份、志愿服务等工作，创新党员参与社会治理、服务广大群众的工作载体。促进党群服务中心、综治中心、网格管理中心实行组织体系、机构设置、硬件设施、运行机制、档案台账"五统一"，有力推动组织载体发挥效能。强化政治功能与为民服务并举，开展村（社区）党建"爱心超市""四点半课堂"等接地气、有内涵的服务项目。

3. 全面落实平安建设领导责任制

健全社会治安综合治理（平安建设）考评体系。市委出台《南宁市社会治安综合治理考核评比办法》，将考评指标、考评标准、考评程序、考评结果运用具体化，对社会治理成效进行百分制量化验收作出规定，为市委全面准确评价社会治理成效提供了依据，进一步压实了基层党组织社会治理主体责任。出台《南宁市综治维稳责任查究办法》，将综治维稳工作成效纳入责任查究体系，建立和完善社会治安综合治理及维护社会稳定实绩档案，将各级党政领导抓维护稳定、抓综治工作的实绩作为干部考核评价和选拔任用的一项重要指标。制定《关于在全市推进社区网格化管理工作的实施意见》，明确网格化管理工作目标、工作任务、工作保障，确保网格化管理有章可循。落实通报、约谈、挂牌督办、一票否决等制度，坚持每年对社会治安综合治理落实不力、责任不到位、造成严重后果的单位和个人进行责任追究。

（二）坚持以"三治融合"强活力，不断增强市域治理的实践性

坚持将自治、法治、德治深度融合，以"三治融合"模式推动形成人人参与、人人尽责、人人享有的社会治理工作局面。

1. 夯实自治基础

全面加强基层党组织对其他各类组织的领导，重视村委会标准化、规范化建设，持续推进星级评定工作，完善村级民主制度，全面落实村级重大事项和重要问题"四议两公开"工作机制和村民会议、村民代表会议等制度，推动形成群众问题由群众解决的新机制。不断发展壮大群防群治力量，积极引导人民群众参与社会治理，特别是在中国—东盟博览会、环广西公路自行车巡回赛等重大敏感时期发动15万名志愿者参加治安大巡防，打造了首府"红袖章"群防群治这一闪亮名片，连续3年实现了"大事不出、中事不出、敏感时期小事也不出"的工作目标。持续推动社会力量参与社会治理，通过与律师事务所、市管企业、民营企业工会等社会组织合作，全市所有村（社区）基本实现了至少有1家社会组织参与治理。

2. 强化法治保障

深入推进户籍、居住证、出入境、道路交通管理等方面的"放管服"改革，让人民群众有实实在在的获得感。扎实推进以审判为中心的司法体制改革，进一步促进庭审实质化。积极创新改革警务制度，推动更多法治力量下沉到一线，全市基本实现"一村一警务助理"。着力推进依法治市，狠抓法治政府示范创建工作，南宁市成功入围56个综合候选地区。严格执行防止领导干部干预司法案件等"三个规定"，从执行制度上筑起保障公正司法的"防火墙"，确保人民群众在每一个司法案件中都感受到公平正义。

3.注重德治教化

健全德治体系，构建社会、学校、家庭"三位一体"的德育网络，不断加强社会公德、职业道德、家庭美德和个人品德建设。坚持以全国文明城市创建为抓手，开展机动车"礼让斑马线"、送文化下乡等各类活动，做到以文化人、以文治人。大力开展见义勇为奖励工作，每年用专项资金重奖一批见义勇为人员，让社会正气充盈。强化道德约束，指导各地修订完善乡规民约，依靠群众，因地制宜，加强村规民约、居民公约建设，树立良好的社会风尚。以开展"和美乡村"专项行动为抓手，推进农村人居环境整治和乡村风貌提升三年行动，助推实施乡村振兴战略。

（二）坚持抓源头化矛盾，不断健全市域社会风险防范新机制

着力构建党委领导、政府主导、政法协调、多元共治、社会协同的矛盾纠纷多元化解工作格局，积极构建矛盾纠纷多元化解新机制。近年来，全市各类矛盾纠纷化解成功率保持在96%以上。

1.部门联动强合力

市委、市政府相关部门联合出台《矛盾纠纷多元化解实施意见》《持续开展矛盾纠纷精准排查和精细化解常态化工作制度》《进一步健全完善矛盾纠纷多元化解机制指导意见》《完善人民调解、行政调解、司法调解三调联动工作体系的意见》《医疗纠纷人民调解工作实施办法》等一系列文件，按照清单式管理、项目化推进的思路，着力构建多主体参与、多渠道解决、多方法运用的矛盾纠纷化解体系。成立市、县、乡三级矛盾纠纷排查化解领导小组，以领导小组为龙头，形成各类社会矛盾纠纷统一由领导小组受理、分流、调处、督办、报结、回访的机制，使组织网络纵向到底、横向到边，一级抓一级，一级对一级负责。

2.健全制度促长效

一是建立工作责任制度。按照市干部包县区、县区干部包乡镇、乡镇干部包村社、村社干部包组、组干部和党员包户的模式，建立防控网络。二是健全矛盾纠纷月排查分析例会制。全面落实矛盾纠纷排查调处周报和

月报制度，重大矛盾纠纷实时逐级报告，对1000人以上、500人以上，以及其他类型的重大复杂矛盾纠纷实行常态化督查督办，每季度不少于一次，各级每月召开分析例会，听取情况报告，分析新情况、新特点、新动向，交流纠纷调解经验，安排下一步工作。三是实行包案调处制度。将每起纠纷具体落实到每个具体负责人身上，做到"四定""三包"，即定牵头领导、定责任单位、定责任人、定办结时限，包调处、包跟踪、包反馈。四是建立责任追究制度。将矛盾纠纷化解工作纳入综治考核和干部政绩考核内容，奖优罚劣。

3. 多元共治抓化解

按照"属地管理、分级负责"和"谁主管，谁负责"的原则，严格落实矛盾纠纷调处化解属地责任和部门责任，落实领导包案责任制，建立风险评估机制，及时就地化解矛盾纠纷。分地区、分行业、分单位，依托单位、社区、基层组织，坚持"一事（人）一策一专班"，制定具体工作方案和调处措施，逐一跟踪化解，对于跨地区、跨行业、跨部门的复杂矛盾纠纷，按程序上报市委政法委协调相关部门开展调处工作。引导律师、公证员、基层法律服务工作者、法律援助工作者等社会各方面力量积极参与矛盾纠纷化解工作，建立健全相关的奖励补助机制，努力实现"小矛盾不出村（社区）、大矛盾不出乡镇（街道）、疑难矛盾不出县（区）、矛盾不上交"。健全调解、行政裁决和复议、仲裁、诉讼等机制，完善人民调解、行政调解、司法调解三位一体矛盾化解机制，拓展律师、心理咨询师等第三方参与矛盾化解的制度化渠道，畅通群众诉求表达和解决的法定途径。

（四）坚持"改革创新"，不断夯实市域治理的基层基础

把强基层打基础作为长远之计和固本之举，推动全方位、多角度、宽领域的改革创新。

1. 全面深化"政法云平台"建设

利用政法云平台建设覆盖市、县、乡、村四级和市直、县区部门的平安

建设大数据库，涵盖人、事、物、地、组织等精细化数据。截至2019年底，全市已采集录入人口、房屋、重点场所等各个领域的数据上亿条，记录、受理、流转处理各类社会治理问题350余万件。社会治安综合治理视联网布局到全市、县、乡、村四级，公共安全视频监控覆盖90%以上的小、远、散单位及"三无"小区。全面推进政法云平台、社会治安综合治理视联网、公共视频监控网与网格化管理深度融合，实现了各种社会治理问题一冒头，就有人上报信息，综治中心就能够立即发出数据指令，就有人第一时间赴现场处置。制定出台全市信息平台运营、维护与应用规范，逐步实现基层社会治理信息系统互联互补和数据共享，提高基层治理实战化成效。

2. 打造特色品牌

坚持将街道一级作为市域治理主体，明确赋予治理机构改革权力，激发基层社会治理活力。试点街道整合各类工作人员，建立联合执法、矛盾纠纷调解、服务民生三支社会治理组团式队伍，实现了对社会治理问题的统一规范处置。发挥独特优势，高标准开展"枫桥式"系列创建，打造基层平安建设品牌，中山派出所被公安部评为首批"枫桥式公安派出所"。各乡镇、街道结合实际，大胆探索实践，有效集聚优质资源，涌现出万秀村、北湖街道、那桐镇等一批有特色、创品牌的基层单位，为市域治理现代化建设发挥好引领、示范作用。

3. 深入推进全科网格建设

以人、地、事、物、组织为基本要素，将社区工作人员、各类协管员和热心人士整合为网格员，将全市所有街道、社区、城中村划分为网格并配备网格员，形成"上面千条线、中间一中心、下面一张网"的全科网络。网格员每日更新各类数据，将社会治理信息全部入格，形成"横到边、纵到底、全覆盖、无缝隙"的数据化服务管理网络。全面推动网格化管理向纵深发展，重点推进了"网格化+消防管理""网格化+打击传销""网格化+严重精神障碍患者管理""网格化+预防青少年违法犯罪"，实现了精细化管理、精准化服务。

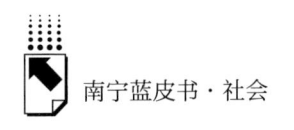

（五）坚持以智治强支撑，不断提升市域治理的信息化水平

以打造"科技枫桥经验"为目标，积极推动传统治理模式向智能化治理模式转型升级。

1. 高标准推进"雪亮工程"集成化联网应用

全市建成各类视频监控探头12万余个，联网社会探头3万多个，运用大数据技术实现核心区域人像识别、车辆识别、智能抓拍。在自治区和市两级重点部门及周边区域内，进行"圈、块、格、线、点"纵深布控，实现重要场所全领域覆盖。建设高空瞭望网，在高层建筑物等设点建设、改建全景式摄像监控，与路面监控探头形成互补；构建移动处置网，为全市数千名公安民警配备移动视频警务终端等设备，提高了社会治理和应急处变能力。对于"雪亮工程"难以顾及的背街小巷、楼栋过道，在沿街店铺、单元楼栋，通过云端部署安装智能抓拍视频监控，实现智能抓拍、智能比对、智能预警、智能检索等功能，并与公安监控平台连为一体，打通了监控连接百姓家门口的最后一百米。

2. 多领域深化"互联网+"管控体系建设

坚持以解决重点难点问题为引领，建设以"互联网+"为核心的多领域管控体系。针对传销屡禁不止、屡打不绝的情况，南宁市运用大数据技术，实时关联、分析传销人员的行为轨迹，对疑似传销人员实行"标签化"，从而实施精准打击，全市传销案件侦破率两年内提升了80%。电动车充电引发火灾事故一度成为社会治理的"头号问题"，每年火灾发生数为4500起左右。南宁市推动智能充电桩应用，对充电端电动车进行网上有效监测和管理，及时监管车辆的改装和充电的负荷情况，即时断电保护车辆的安全，实现了连续3年无电动车充电引发火灾致人死亡事件发生。定期利用数据流检查每位重点管控人员的服务管理情况，运用人脸识别功能掌控重点人员的行为轨迹，做到未动先知、提前预防。

3. 全方位构建网络化为民便民体系

结合"互联网+政务服务"建设，逐步把所有可拓展上线的窗口服务延伸到网上，形成建设集约、服务集聚、数据集中、管理集成的智能化公共服务平台，推动服务事项跨区域远程办理、跨层级联动办理、跨部门协同办理，处处彰显以人民为中心的服务理念。依托微博、微信等新媒体平台，加强"微警务""微法院""微检务""微法律顾问"集群建设，构建快捷便利的移动服务体系，让群众在掌心里、指尖上就能办成事、办好事。针对道路交通事故损害赔偿、机动车违章扣分罚款、流动人口居住证办理、身份证办理、立案审案、律师援助等业务量大面广、耗时费力的突出问题，积极探索"网上数据一体化处理"改革试点，使群众"不跑腿"成为常态。推动家庭智能安防设施与社区服务系统、综治信息平台、报警平台互联互通，实现报警、求助自动化和自然灾害、突发事件等预警信息精准推送。在居民住宅小区大力推行智能门禁系统和智慧云眼系统，采取政府补贴、物业出资、群众分担的方式加大推进力度，形成有效的安全防护。

二 南宁市发展新时代"枫桥经验"推进市域治理现代化面临的新形势新问题

（一）市域治理现代化的体制还不够健全

各级党委总揽全局、协调各方的领导核心作用发挥得还不够明显，平安建设工作协调机制运行得还不够规范；政府负责、群团组织助推、社会力量协同、人民群众参与等体制还需要完善；政法机构改革进程滞后，各级政法组织机构还不健全；基层各政法组织尤其是乡镇（街道）、村（社区）一级工作人员短缺，难以承担繁重的工作任务；乡镇（街道）、村（社区）一级的政法力量分散，缺乏有效整合，工作合力不强。

（二）市域治理现代化的工作布局还不够完善

社会治安防控、防范化解社会矛盾、公共安全管控等体系还不够健

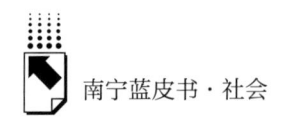

全，社会面治安防控、重点行业和重点人员管控、社会稳定风险评估、矛盾纠纷多元化解、社会心理服务、公共安全防控等方面机制还不够完善，市域治理现代化的工作布局还不够科学，县区之间、部门之间工作进展和成效不平衡，各类治安重点问题仍然是影响南宁市营商环境和治安环境的突出问题。

（三）市域治理的现代化方式亟待优化

政治引领、法治保障、德治教化、自治基础、智治支撑"五治融合"治理方式还不够紧密，政治建设融入社会治理各领域还不够明显，市域法治规范体系、实施体系、监督体系还不够完善，基层群众自治机制还不够健全，智能治理基础建设和深度应用还需加大力度。

（四）市域治理现代化的基层基础不够扎实

从全市范围来看，政法工作重心下移、资源下沉、人员下放、经费下划到基层还不够，没有形成人往基层走、钱往基层投、劲往基层使的工作局面；矛盾纠纷排查化解的网络体系还不健全，特别是对新形势下的机制联动不够重视，各有关部门之间缺乏有效的沟通协调，工作合力不强；各级综治中心作用发挥不明显，人员、经费比较短缺，机制不够健全；基层发生的刑事和治安案件侦破率低，警力不足仍是影响社会治安成效的突出问题。

（五）区域性社会治理问题凸显

新建小区物业纠纷、房屋产权纠纷突出，涉及人员多，容易引发群体性事件；老旧小区、"三无"小区治安防控水平低、黄赌毒问题多，群众安全感不高；城中村作为人员密集地，同时是流动人口聚集地、黄赌毒问题集中区、消防安全隐患区、矛盾纠纷多发区，特别是对流动人口的服务管理跟不上，引发了带有普遍性的城中村乱象，成为市域社会治理现代化进程的隐患。

（六）就地化解矛盾难度日益加大

全市各类矛盾纠纷数量总体呈下降趋势，但总量依然较大，尤其是涉500人以上的多起案件时间跨度大、情况复杂、化解难度大，极易激化、诱发恶性事件。社会治理各领域新问题、新矛盾层出不穷，各类重大的矛盾纠纷积案、农村"三大纠纷"、涉众矛盾纠纷化解难度大。

三 对南宁市发展新时代"枫桥经验"推进市域治理现代化的思考

坚持和发展新时代"枫桥经验"推进市域社会治理现代化，必须坚持以习近平新时代中国特色社会主义思想为指导，认真贯彻落实习近平总书记关于社会治理现代化的新理念新思想新战略，以解决影响国家安全、社会安定、人民安宁的风险隐患为着力点，以改革创新为动力，立足市域承上启下的中观地位，发挥市域层面解决重大问题的行政司法权能、资源调配能力和统筹协调能力，不断优化政治引领、法治保障、德治教化、自治基础、智治支撑"五治融合"治理方式，促进市域社会治理体制机制、工作布局、方式方法现代化，探索具有南宁特色、时代特征、市域特点的社会治理新模式，为全面落实"强首府"战略、推动南宁高质量发展作出更大贡献。

（一）坚持把党的领导贯穿于市域社会治理全过程和各方面

一是发挥党委总揽全局、协调各方的领导核心作用。各级党委要健全完善党委领导、政府负责、民主协商、社会协同、公众参与、科技支撑的社会治理格局，将推进社会治理现代化、深化平安建设作为各级党组织的"一把手"工程，定期研究解决工作中的重难点问题，树牢全市"一盘棋"、织密"一张网"、打好"一张牌"理念，切实把党的领导优势、社会主义制度优势转化为社会治理的工作优势。健全落实整治督查、巡视巡查、执法监督、纪律作风督查等工作机制，把党的领导优势转化为社会治理效能。二是创新完善平安建设工作协调机制。市、县、乡要健全平安建设协调机制，落实好社会治安综合治理领导责任制，充分发挥政法系统和各级平安建设协调小组成员单位的积极性，形成全面抓、抓全面的良好格局。深入学习贯彻《中国共产党政法工作条例》，各级党委政法委加强社会治理领域调查研究，全面建立社会治安稳定形势研判分析制度。乡镇（街道）党组织选优配强政法委员，政法委员要加强对基层政法组织和政法力量的工作统筹。三是落实好平安建设领导责任制。明确各级党委和政府主要领导、分管领导、班子成员在推进社会治理现代化、深化平安建设工作中的职责任务，健全平安建设考评体系，把相关工作成效纳入党政领导班子和领导干部政绩考核指标体系、责任查究体系。四是健全完善"基层党建+"工作模式。主动破除城乡分割、系统管辖、区域界限等体制机制壁垒，推动单位党建、行业党建、区域党建互联互动。

（二）坚持把政府负责作为市域社会治理的重要内容

一是发挥政府主导作用，强化政府社会治理职能。将社会治理和平安建设纳入经济社会发展规划，从人力、物力、财力上有效保障社会治理和平安建设工作的顺利开展。制定市域社会治理规划，明确可量化、可评价的阶段性目标。二是优化政府机构设置、职能设置、人员编制，提高社会治理能力和水平。提高市、县、乡政府运行效率，深入推进"放管服"改革，推进"互联网+政务服务"建设，制定和完善适应基层实际的办事指南和工作规程。

（三）坚持把民本思想作为市域社会治理的根本立场

一是完善人民群众参与体制。贯彻好党的群众路线，创新组织群众、发动群众的机制，最大限度调动广大群众参与社会治理的能动性、创造性。二是全力提升群众安全感和满意度。着力解决好人民群众最烦、最怨、最恨的盗抢骗、黄赌毒等突出治安问题，全面、彻底整治社会治安乱点、乱象。

（四）坚持把防范化解重大风险作为推进市域社会治理的基本任务

一是健全完善国家政治安全工作体系。坚持底线思维，完善思路策略，以高度的政治自觉和强烈的政治担当打造坚强有力的国家安全工作体系。二是健全完善社会治安防控体系。深入推进扫黑除恶专项斗争，深化对突出违法犯罪行为的打击整治。持续加大对传销、贩毒、电信网络诈骗等突出治安问题的打击力度。坚持地面、空中、网上防线相衔接，人防、物防、技防相配套，构建立体化、智能化、网格化社会治安防控体系。加强对重点物品、重点场所、重点行业，新业态、新技术、新领域等的安全监管，推动城乡公共安全监管和基层综合治理一体化。提高网络综合治理能力，形成综合治网格局。三是健全完善防范化解社会矛盾和风险体系。完善重大决策社会稳定风险评估机制、矛盾排查预警机制，建设具有在线排查统计、分析研判、受理办案、纠纷流转等功能的矛盾纠纷信息化管理平台，加快构建职责明确、管理精细、信息共享、渠道畅通、化解有效的矛盾纠纷排查、化解体系。健全社会心理服务和危机干预机制，依托专业队伍开展社会心理服务，健全公共安全保障体系。四是健全完善公共安全管控体系。把好公共安全风险源头关，落实好公共安全属地责任、部门责任。把好公共安全风险监测关，完善公共安全风险监测预警体系，提高对重点领域、部位、环节、人群的动态监测、实时预警能力。把好公共安全风险管控关，健全市、县、乡三级应急综合指挥平台，完善突发案（事）件应急处置机制。

（五）坚持把发挥"五治"作用作为实现市域社会治理的重要途径

坚持将"五治"作为一个相辅相成、相互促进的有机整体一体化推进，从全局高度和整体角度创新社会治理方式，以政治强引领、以法治强保障、以德治强教化、以自治强活力、以智治强支撑，增强社会治理系统性、整体性、协同性。一是坚持"政治"为本守平安。坚持不懈用习近平新时代中国特色社会主义思想武装头脑，夯实市域社会治理共同思想基础，教育引导广大党员增强"四个意识"、坚定"四个自信"、做到"两个维护"。广泛生动开展理念信念教育和中国梦宣传教育，持续深化"五查五整顿"专项整治，加强政法机关党的建设，确保绝对忠诚、绝对纯洁、绝对可靠。二是坚持"法治"为要保平安。以市域社会治理地方法为突破口，建设科学完备的市域法律规范体系、法治实施体系、法治监督体系、法治保障体系，为市域社会治理现代化提供法律支撑。依托乡镇法庭、法律服务站和人民调解室等载体，持续加强公共法律服务体系和法治宣传教育体系建设，组织公、检、法、司等职能部门力量更多深入基层开展工作，推进社会（村）法律服务全覆盖。三是坚持"德治"为先筑平安。依托道德讲堂、文化站等场所，大力开展社会主义核心价值观宣传、道德宣讲和礼序教育，进一步加强社会公德、职业道德、家庭美德和个人品德建设。广泛开展"道德模范""最美系列""文明家庭"等评树活动，引导城乡群众崇德向善，筑牢平安建设的道德根基。四是坚持"自治"为基创平安。以发挥基层党组织核心作用为抓手，进一步理顺基层群众自治机制，把村（居）委会、业委会、物业公司、群团组织等纳入工作范畴，以心理服务、矫治安帮、矛排调处和平安建设等为重点，充分发挥行业自治、协商、契约、信用和习俗等社会内生机制的重要作用，推动民事民议、民事民办、民事民管。五是坚持"智治"为擎强平安。以推动智能治理基础建设、智能治理深度应用、智能安全风险防控为主线，利用移动互联网、大数据、人工智能等技术对市域社会治理体系架构、运行机制、工作流程进行智能化再造，实现治理方式现代化。

（六）坚持把改革创新作为推动市域社会治理现代化的关键手段

一是深化制度创新。立足市域承上启下的中观定位，吃透中央和自治区决策部署，统筹经济发展与社会进步，统筹民族自治特点与属地特色，统筹当前工作与长远布局，建立健全市域社会治理各领域机制。二是深化实践创新。从市域实际出发，以基层治理为基础，着眼于社会治理重点难点问题，推深做实城中村治理，深度布局以社区资源整合为主体的片区治理，大力推广"综治中心＋网格化管理＋智能化建设＋三支队伍""政法服务＋专项治理""枫桥经验+多元化矛盾纠纷化解"等一体化基层社会治理模式，以"一县（区）一品牌、一街道（乡镇）一亮点"为目标，努力造就"盆景"、创建"片景"、联成"风景"。三是深化科技创新。立足市域整体，推动技术规范统一、信息资源融合，推行智能门禁系统、智慧安防系统、智慧云眼系统与大数据汇聚，全面深化"大数据""视频云""云网端""块数据+"建设，以智能化赋能市域社会治理现代化，不断提升治理效能。

B.12
南宁市社区治安综合治理体系建设对策分析

南宁市社会科学院课题组*

摘　要： 南宁市一直高度重视社区治安综合治理工作，致力于打造共建共治共享社会治理格局，"平安南宁""平安社区"建设成效卓著，人民群众安全感屡创新高。随着城市规模的快速扩容和社区人口的激增，社会治理领域的新情况、新问题不断出现，社区综合治理面临新的挑战。本文通过总结南宁市在社区治安综合治理体系建设方面采取的主要做法及其成效、深入剖析存在的问题和瓶颈，提出有效的对策建议，为建设更高水平的"平安南宁"提供参考。

关键词： 社区治安　社区网格　社区警务

2019年10月，十九届四中全会通过的《中共中央关于坚持和完善中国特色社会主义制度、推进国家治理体系和治理能力现代化若干重大问题的决定》，明确提出构建基层社会治理新格局，为发挥我国制度优势、推进基层社会治理现代化提供了科学指引和根本遵循。社区是国家治理体系中最基本

---

* 课题组组长：龚维玲，南宁市社会科学院城市发展研究所所长、副研究员。课题组成员：庞嘉宜，南宁市社会科学院城市发展研究所科研人员；张伟，南宁市社会科学院社会发展研究所科研人员；王许兵，南宁市社会科学院东盟研究所科研人员；陈代弟，南宁市社会科学院办公室。

的社会单元,城市社区治安综合治理对于建设和谐社会具有重要意义。习近平总书记指出:"社会治理的重心必须落到城乡社区,社区服务和管理能力强了,社会治理的基础就实了。"

南宁市委、市政府高度重视社区治安综合治理工作,大力构筑"民警辅警专职巡防、警企警民联动联防、村级义务巡逻自防"三级巡防体系,推进构建以"天网、地网、物联网"为主的防控感知体系,完善街道、单位、住户三级互补的"雪亮工程",不断织密社会防控网,构建全天候、全方位、立体化的社会治安防控体系,打造更高水平的"平安南宁""平安社区"。

一 南宁市社区治安综合治理体系建设的主要做法及其成效

(一)发挥基层党组织的堡垒作用

近年来,南宁市始终深入贯彻落实中央、自治区党委关于城市基层党建工作的部署要求,以加强党对基层治理的领导、提升党建引领基层治理水平为主线,大力实施"先锋引领·凝心聚力"大行动,推动城市基层党建与经济发展、社会治理深度融合,为全面落实"强首府"战略、推动高质量发展提供坚强组织保障。以"织密红色经纬 建强壮乡首府"为主题,南宁市建立贯穿市、城区(开发区)、街道、社区四级党组织的"红色经线"和贯穿街道社区党建、单位党建、行业党建的"红色纬线",成立街道"大工委"25个、社区"大党委"200多个,实现党的组织和党建工作网格全覆盖。

2019年5月,中共中央办公厅印发了《关于加强和改进城市基层党的建设工作的意见》,南宁市积极响应,迅速制定出台了城市基层党建"1+3"文件:《关于深化"先锋引领·凝心聚力"大行动 进一步推动首府城市基层党建工作改革创新的实施意见》,以及《南宁市健全城市基层党建四级联动体系实施方案》《南宁市四家班子党员领导干部联系城市社区实施方

案》《关于深化街道管理体制改革工作的实施意见》，推动城市基层党建工作和服务群众工作有机结合，以城市基层党建引领社会治理，发挥党组织的核心凝聚力，引导各方力量参与社会共治。

（二）用现代警务理念夯实公安基层工作

一是推行社区民警专职化。2019年6月，印发了《南宁市公安局社区和农村警务工作实施方案》，明确从警务室建设、社区警力专职化建设、平安社区建设、社区警务工作信息化建设、完善评价激励机制、提升支撑保障能力等六个方面，做实社区警务工作。专职社区民警不参与派出所值班，不承担刑事案件侦破、追逃和打击处理等任务指标，确保专职社区民警专司人口管理、信息采集、治安防范、服务群众、矛盾纠纷排查化解等社区警务工作。

二是积极推动警力下沉。2018年8月，印发了《南宁市公安局关于进一步鼓励机关警力到基层锻炼工作方案》，采取个人报名与组织推荐相结合的方式，先后推动140名民警下沉至各分局派出所等基层部门进行不少于两年的工作锻炼。同时，为从内部挖掘警力，优化警力资源配置，将全市66个派出所合署为33个派出所，统一对外办公。不断加大辅警扩招力度，实现辅警与派出所警力的标准比例1.5∶1。

三是坚持把满足人民需求作为工作目标。通过编制"三级"通办服务清单，依托车驾管业务站点、派出所、社区、企业、邮政等单位部门，布局辐射便民服务站点，初步建立就近服务网络；全国首创户口业务审批后置模式，对属派出所审批办结且审批时限为5个工作日的户口审批事项采取先当场受理办结再调查审批的模式；建成全区首批多功能智慧服务窗口，实现了广西籍人员可自助办理户籍、车驾、港澳通行证旅游签注"三合一"业务。

（三）深入推进社区综治网格建设管理

南宁市围绕"社会治理网格化、治安防控立体化、群防群治常态化、矛盾调处精细化、民生服务精准化"建设目标，大力推进网格化服务管理，以网格为基础单位，科学整合配备社会服务管理力量，实现了基层党政组织、政法综治组织、群众自治组织对各类"社会人"和"社会组织"的有效管理。2017年，兴宁区朝阳街道、江南区福建园街道、青秀区仙葫开发区、西乡塘区北湖街道等，纷纷进行了综治网格化管理工作示范建设，带动网格化管理向纵深发展。截至2019年上半年，全市7000多名网格员录入数据为实有人口730多万人、特殊人群1.6万人、重点场所10005个、大中小学3792所。网格员通过网格手机上传各类信息，办结率在98%以上，有效地把各类隐患和苗头控制在基层、化解在基层。

（四）扎实开展基层群防群治工作

一是坚持"三治融合"，创新社区自治模式。社区综合治理理事会就是南宁市推进社会治理的一项创新举措，理事会集合了公安、工商、食药、交警、城管等执法部门网格员，以及楼宇企业、小区群众等单位和个人，每月定期举行倾谈议事活动，向群众问需问计。街道办、社区充分听取民众诉求，及时予以解决，不能解决的逐级上报，并在规定时限内办理完结、反馈。社区综合治理理事会搭建了群众与政府交流的平台，有助于帮助社区掌握第一手资料，提高社区工作的便利性，还有利于社区加强对苗头性、倾向性风险的预警识别，起到适时预警、先期排解的作用。

二是充分动员群众参与平安创建工作。建立"微信警务室"，并运用"五微工作法"（即微宣传、微服务、微调解、微调度、微破案）把辖区社区干部、物业保安、治安积极分子和人民群众组织起来；组建了"警务助理""义务巡逻队"等力量，共同维护辖区和谐稳定，实现"线上"与"线下"的良性互动。近几年，中山派出所"微信警务室"共收集各类研判信息100多条，采集人口信息4000多条，救助群众30人，制止案件35起。此外，民警还坚持进社区、企业、学校召开警民恳谈会，向群众汇报工作等。2018年以来共走访50个单位和社区，举办各

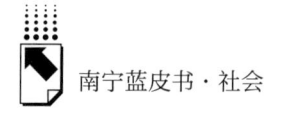

类法制宣传活动38次，发放安全防范宣传资料上万份，收集意见建议百余条。

（五）健全矛盾纠纷多元化解体系

一是建立领导干部包案的"五一五包"制度。对重大矛盾纠纷实行领导干部包案化解，实行"一个问题，一名领导，一套班子，一个方案，一包到底"的调处责任制，落实"包情况掌握、包解决困难、包教育转化、包稳控管理、包依法处置"责任。近年来，南宁市各级包案领导发扬"钉钉子"精神，逐人逐事进行调处攻坚，妥善解决了一大批不稳定问题。

二是全面建成以街道（乡镇）人民调解委员会为主导、以社区（村）人民调解委员会为基础、以行业性专业性人民调解委员会为触角，多层次、宽领域的大调解格局。截至2019年底，南宁市共建立街道（乡镇）、社区（村）各级人民调解委员会1887个，拥有调解员近1.2万人。在巩固和完善街道（乡镇）、社区（村）等传统人民调解组织的基础上，针对矛盾纠纷的新特点，全面拓宽专业性人民调解工作领域，在物业、婚姻家庭、医疗、交通事故、旅游、劳动人事等社会民生领域建立专业性人民调解委员会82个，形成"党委政府主导、政府职能部门参与、各行各业联动"的专业性、行业性调解平台，实现专业纠纷专业化解。

三是构建人民调解、行政调解、司法调解"三位一体"的大调解工作体系。深入贯彻落实《南宁市关于完善矛盾纠纷多元化解机制的实施意见》，努力把社会各种不稳定因素化解在基层、消灭在萌芽状态。按照"试点先行，全面铺开"的工作思路，在兴宁区腰塘、江南区福建园、青秀区向阳、西乡塘区北湖4个基层派出所试点建立"警民联调"委员会，将治安行政调解与人民调解有机结合，建立长效社会矛盾多元化解机制。2019年上半年，4个试点派出所"警民联调"工作成效显著，累计调解各类矛盾纠纷479件，调结453件，调解成功率达到94.57%，不仅将大量矛盾化解在基层，有效减少了"民转刑"案件，也大大减轻了派出所民警的工作负担。

(六)持续提升社区综治智能化水平

一是积极打造区域性立体化社会治安防控体系。投资6亿多元推进"雪亮工程"建设，由南宁市委政法委牵头，公安部门全力配合，调整视频监控布局。公安部门负责在主干道、重要路段、广场等人口密集区、重点防控区加大布设力度，市委政法委则主要负责对社区、城中村、小街小巷等人口流动频繁区域进行全覆盖。此外，部分街道，例如新竹街道，根据自身实际，打造了升级版的治安科技防控"三亮"工程：配合城区（青秀区）完善"雪亮工程"，对沿街摄像头进行系统完善，采用人脸识别技术进行抓拍；建立"闪亮工程"，为辖区各企事业单位和物业小区的小巷、案件高发地等相关敏感区域配备太阳能警示灯及肩灯，提高见警率，提升了群众的安全感；打造"响亮工程"，在辖区范围内安装平安音频播报系统，利用社区（村）广播平台，加大街道综治工作宣传力度。

二是在全国范围内率先实现综治视联网、公共安全视频监控联网、综治信息系统"三网融合"，建立综治信息系统"一网通"的大数据信息库。将端口统一安装到市、城区（县）、乡镇三级综治中心，实现"扁平化智慧、一键式调度"。一方面，可以通过综治信息系统将指令直接下达至网格员，实现综治工作可视化、智能化、扁平化；另一方面，网格员将邻里纠纷、安全隐患、城市治理等各类问题通过综治手机上传至综治信息网，"传统+科技""面对面+键对键"的方式极大增强了综治工作的主动性、超前性。

三是在"三网融合"的基础上着力打造南宁政法综治"云数据"应用平台，充分运用大数据技术和信息化手段提升综治的智能化水平。南宁市街道（乡镇）、社区（村）网格已经实现综治信息系统全覆盖。全市已基本建成集信息汇聚、智慧派单、可视指挥、数据研判、留痕管理等功能于一体的网络信息化运行系统，基本实现共建共联共享共用。

南宁市部分关于社区治理的政策文件如表1所示。

表1　南宁市部分关于社区治理的政策文件

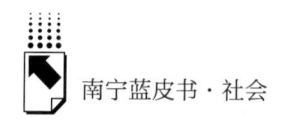

针对领域	政策名称
基层党组织建设	《关于深化"先锋引领·凝心聚力"大行动 进一步推动首府城市基层党建工作改革创新的实施意见》
	《南宁市健全城市基层党建四级联动体系实施方案》
	《南宁市四家班子党员领导干部联系城市社区实施方案》
	《关于深化街道管理体制改革工作的实施意见》
网格化管理体制	《关于在全市推进社区网格化管理工作的实施意见》
	《关于进一步完善县(区)、开发区社区网格化管理工作机构的指导意见》
	《南宁市推动基层综治(网格管理)中心建设的实施意见》
社区警务工作	《南宁市公安局社区和农村警务工作实施方案》
	《南宁市公安局关于进一步鼓励机关警力到基层锻炼工作方案》
矛盾纠纷多元化解	《南宁市关于完善矛盾纠纷多元化解机制的实施意见》
	《南宁市完善矛盾纠纷多元化解机制开展创新基层矛盾纠纷精准排查精细化解示范点工作的指导意见》
	《南宁市完善人民调解、行政调解、司法调解三调联动工作体系的意见》
	《南宁市关于持续开展矛盾纠纷精准排查和精细化解常态化工作的制度》

二　南宁市社区治安综合治理体系建设中存在的问题

(一)社区网格治理体系有待完善

一是社区承担的行政管理任务重。现有的部分综合网格员由社区书记、主任、社工、协管员组成,这些主体都有各自分管的工作。此外,基层社区工作人员、网格员还承担了大量突击性和临时性的检查工作。在此背景下,即便社区综合治理工作的触角已经延伸至每个网格,但是要实现综治工作无死角、无盲区的实际成效仍存在挑战,"一岗多责"不利于工作的有效开展。

二是专职网格员整体专业化、职业化程度不高。社区网格员薪资待遇低、激励机制不完善,难以吸引高素质的专业人员长期稳定地从事此项工作，网格员队伍变动频繁，"全要素"负责网格内部综合性业务仍有较大的现实难度。

三是平安社区信息共享度不高。综治信息平台与其他平台之间是相互独立的，各部门平台并未达到真正的互通互联，开放融合度不高，缺乏明确且行之有效的平安数据标准体系、数据共享机制和流程，数据信息无法有效地跨部门、跨地域、跨层级流动。由于信息平台共享壁垒尚未彻底打破，社区工作人员需要将相同的信息分别录入多个系统，增加了工作量，亟须综治平台与其他部门对接，以畅通渠道，减轻基层负担。

（二）社区警务工作仍有瓶颈

一是基层警力严重短缺。社区（驻村）民警仅占派出所警力的27.21%，远未达到上级公安机关规定的社区（驻村）民警占派出所警力40%以上的标准。基层警力不足、责任区过大、管辖人口过多、任务过重等问题突出。当前，在警力下沉的大背景下，许多社区实现"一区一警两辅警"，但是社区治理的复杂程度高，人少任务重往往令社区民警疲于应付，工作压力超负荷。

二是非警务警情"联动"处置模式尚未形成。治安形势的变化使社区治安工作趋于复杂化，派出所求助类警情量大面广。一些联动成员单位并没有真正形成"联动"，派出所"有限的"警力履行着"无限的"职能。另外，部分考核指标缺乏一定的科学性，容易打击基层民警工作的积极性。

（三）社会力量参与度不够

一是社会组织参与度低。社会组织作为重要的社区治安综合治理主体，在落实社区治安综合治理工作中扮演着不可或缺的角色。新时代的社区社会治安综合治理工作也要求治理理念与时俱进，政府、市场、社会实现跨界合作，通过购买服务、外包服务等方式形成多元共治的治理格局。当前，南宁

市社会组织发展还比较滞后，全市社会组织总数仅4000多家，它们对参与社区治安综合治理工作意识淡薄、积极性不高，服务能力薄弱，作用发挥不明显。

二是居民参与度有待提高。受传统观念影响，社区居民已习惯各类社会事务由政府统一管理，主观上认为社区规划和管理都是政府的事情，与自己关系不大，社区居民的自愿行为缺位。"要求的多、付出的少"，能够为社区平安建言献策的少，能够主动投身义务巡逻、安全防范宣传的更少。

三 加强南宁市社区治安综合治理体系建设的路径选择

（一）优化顶层设计，打造联动融合治理新模式

一是依法推进社区治安综合治理，做到有法可依、有章必循。在城市社区治安综合治理中，应当将法治思维贯穿于源头治理、风险防控、应急处置等各个环节，加快完善基于社区治安综合治理的相关地方性法律法规体系。

二是围绕"矛盾不上交、平安不出事、服务不缺位"目标，研究制定出台关于坚持发展新时代"枫桥经验"、提升南宁市基层社会治理现代化的实施方案等，明确具体工作任务和细则。建立党委领导的联席会议制度，理顺部门职能，破除部门利益梗阻，避免政出多门、多头管理。

三是加快推进社区治安综合治理试点改革，总结形成一批在全市可复制推广的好经验、好做法。统筹推进、系统推进社区治安综合治理试点改革，重点围绕权限下放、基层党建、社区服务、警民合作、文化建设、设施配套等方面展开，给予社区更多自主探索权和政策支持，推动在制度创新、手段创新等方面取得进展，做到成熟一批，复制推广一批。

（二）突出党建引领，提升社区自我管理、自我组织、自我调解能力

一是发挥社区党建引领作用。首先，从自治、德治、法治三个维度，加强社区党组织的制度建设，以严标准、严要求、严纪律规范党员队伍建设。其次，建立稳固的"大党支部"体系，在社区党支部机构的基础上，吸纳社区党员力量，拓展党员队伍，进而形成覆盖全社区的"大党支部"架构。最后，建立常态化的党群工作联系机制，充分维护社区居民的主人翁地位，做到全心全意为社区群众服务。

二是构建完善公平公正、规范透明、民主高效的社区议事协调与决策机制。社区议事协调与决策机制是社区实现自我管理、自我组织、自我调解的一项核心机制，即所谓的"有事商量着办"，尤其是关系社区居民切身利益的事情，这也是实现共建共治共享的一项重要机制。会议由社区居委会发起，邀请具有一定威望的居民代表参加，实现社区机构与居民间的高度互信，进而使决策议程得以顺利推进，体现社区群众的集体利益和意志。

三是构建完善党建引领、运转高效、服务到位、居民信赖的矛盾纠纷调解机制。首先，以党建为突破口、以走访为手段，密切与社区居民的关系，对于居民所呼要有所应，在权限范围内不能解决的，要作为信息纽带，将情况第一时间反映给上级部门，请求处理。其次，采取提早介入、包案化解、联合参与等多种方式，从源头上预防化解社区矛盾，完善社区主职干部兼任治保、调解主任制度，争取政府相关部门和社会力量的支持，培育发展志愿者调解协会，形成覆盖全域的人民调解、司法调解、行政调解"三调联动"网络。最后，打造社区品牌调解室，培育若干金牌调解员，搭建网络调解平台，依托微信、QQ等媒介随时随地调解，降低调解成本，提高调解效率。

（三）筑牢治安防线，推动网格化管理与社区警务深度融合

一是深入推进"警格＋网格"双网融合。按照职能融入、系统融接、

机制融优、力量融合、警民融洽"五融"要求，深入推进"警格+网格"双网融合，切实推动双网数据联动应用，形成社区两委大力支持、社区民警指导有力、网格员积极参与的良好局面。推行党员社区民警兼任社区党支部副书记做法。切实从社区党建工作的角度把公安力量融入基层社区，将信息采集、巡逻防范、人口管理、行业场所管理、阵地控制等日常社区警务工作融入社区日常开展的党建培训、文体活动、宣传教育等党群工作中，不断夯实社区警务工作的群众基础。

二是充实基层警力，健全保障机制。一方面，综合考虑辖区面积、常住人口、流动人员、治安状况等因素，加强辅警配备，改善基层民警年龄结构，新招录民警原则上安排到社区警务岗位锻炼。同时，切实解决社区民警职业发展面临的"天花板"问题，拓宽社区民警成长渠道，使社区警务吸引得了人才、留得住人才、发展得了人才，增强社区警务队伍的稳定性。另一方面，建立完善、科学、合理的基层社区警务考核测度标准，立足平时，突出过程，注重实效，符合实际，坚持结果与过程并重，聚焦群众安全感与满意度，倾听社区居民的意见。探索建立联动工作考核捆绑制度，推动联合考核常态化。

三是加强网格员队伍建设，发挥"警员+网格员"在社区治安综合治理中的合力。注重网格员队伍整体素质的提升，从筛选、聘用、工作职责、培训、责任要求等方面把好关，尤其要重视网格员的责任和道德建设。切实提高网格员的待遇，将工龄要素纳为网格员奖金发放依据，鼓励连续任用。建立网格员培训激励制度，对获得社会工作者职业水平证书的网格员给予津贴补助，提升社区网格员队伍专业化水平。此外，每年评选明星网格员，并给予精神、物质双重奖励，调动其工作积极性。

四是创建"警员+网格员+群众"的社区联合守护队。紧盯社区实际情况，采取治安大协作手段，整合力量，形成素质过硬、结构稳定的群防群治队伍。把社区干部、物业保安、社区退役军人和群众等主体组织起来，按"警员+网格员+群众""1+1+N"模式组建社区治安防控团队，为社区群众性防控队伍提供必要的设备辅助，定期组织开展联合巡逻行动。以集中会议、现场讲解、微信群推送等多种形式组织辅警、网格员、协管员、楼栋长、巡防队员、物业管理员、居民代表等进行学习，使其了解社区治安防控等方面的基本知识，发挥"警员+网格员+群众"在社区治安综合治理中的合力，筑牢社区治安防线。

（四）促进多方参与，打造多元主体共建共治共享新格局

一是不断深化社会组织管理体制改革。探索建立社会组织联席会议制度，完善社会组织监管机制，支持社区成立枢纽型社区社会组织和社区社会工作室，引导其健康有序发展。可以参考借鉴枫桥镇的做法，组建平安公益类社会组织——"红枫义警"，引导其积极参与治安巡防、矛盾调处、社区矫正、流动人口管理等平安公益活动。同时，还可将部分重点人群（例如精神病患者、吸毒人员、传销组织等）和重点区域（例如出租房屋、流动人口聚集区等）的排查、监管工作委托给"红枫义警"，有效破解当前社区特殊人群监管对象多、工作人员少、工作任务重的困境。

二是为更多社会主体提供参与渠道并予以激励。社区治安综合治理为社会主体的参与提供了价值场所，如何提供有效的渠道并予以激励，使得社会主体主动参与进来，需要政府和社区进行更有力的探索。对于积极参与社区治理的企事业单位、社会组织，并且能够产生较大社会效应、起到积极推动作用的，酌情考虑在税收政策上予以优惠；完善公共服务购买管理办法和实施细则，以及综合监管机制，将适合以市场化方式运行的公共服务交给社会组织承担，建立科学客观的评估体系和奖励制度，以适度激励推动社会主体参与治理工作长效运行。

（五）精准整合资源，加快构建高效一体的社区治安防控网络

一是进一步构建完善南宁政法综治"云数据"应用平台，加大对平安信息数据的整合力度。建议围绕平安数据的"聚通用"，进一步加大信息整合与共享的力度，形成数据池，编制共享责任清单，建立规范数据开放管理标准和权限，针对共享限制性数据资源，提出具有可行性的方案，分期分批推进各个系统"上一片云、进一张网"，推动相同信息"一次采集、一档管理"，实现平安数据"统筹存储、统筹规范、统筹共享、统筹安全"。

二是加大对治安防控设施建设的统筹力度，避免重复建设。现阶段，社区治安防控设施建设主要表现为监控摄像头的网点布局，主要按照各自负责的范围划分，由政法委、公安局及街道办、社区共同负责安装。多主体安装、信息沟通不畅，加之部分区域重叠，导致防控设施重复建设，造成了资源的浪费。所以，统筹治安防控设施建设至关重要。通过定期沟通磋商，了解各主体建设安排，进而明确安装的节点，同时联通各主体的安控网络，避免条块分割，进而实现信息共享，以更好应对突发事件。

三是以社区为基本单元，建立健全预防青少年违法犯罪工作体系。预防青少年违法犯罪，应作为社区治安防控工作的重要内容之一。青少年违法犯罪问题主要出在家庭、出在社区，社区在预防青少年违法犯罪方面应担起责任。一方面，要摸排底数，熟悉每一户家庭的具体情况，对问题家庭予以重点关注，并及时进行沟通，协助解决问题；另一方面，要建立社区预防青少年违法犯罪工作室，加大与社区学校的合作力度，通过实践与教育，使青少年树立正确的义利观、安全观。

（六）分层分类施策，强化对重点风险、重点社区的管控

一是按已产生或可能产生的危害程度，对全市社区面临的治安风险进行评估，以确定各个社区治安环境的优劣程度，并为制定针对性治理方案提供依据。首先，需要确定统一规范的治安环境评价指标，并赋予每个指标一定的权重，委托专业第三方进行评估，并依据评分结果确定等级。其次，依据评估结果对社区进行分类，可考虑分为 A、B、C 三类，A 类分为 A + 、A、A - 三个等级，B 类分为 B + 、B、B - 三个等级，C 类分为 C + 、C、C - 三个等级。依据等级，科学制定治理方案，分层分类施策，着重对重点风险、

重点社区进行管控，避免"一刀切"。将治安治理资源向风险隐患集中、治理难度较大的社区倾斜。同时，加大对重点人群的排查、信息收集、监控与管理力度，对精神病患者、吸毒人员、传销组织、无业游民等群体，要予以实时管控。

二是将扫黑除恶专项斗争与重点社区治安综合治理紧密结合起来。扫黑除恶专项斗争针对的是整个社会治安环境的治理与再造，涉及的点多、面广，结构更为复杂。正因为如此，将社区治安综合治理的部分环节嵌入扫黑除恶专项斗争体系中并予以协同推进成为可能。因此，将扫黑除恶专项斗争与重点社区治安综合治理紧密结合起来实为关键。一方面，顶层推动，将社区治安综合治理纳入扫黑除恶专项斗争中予以协同推进，使得扫黑除恶专项斗争的资源能够下沉到社区，进而减轻社区治理负担，同时能起到更大的威慑作用，甚至会根除部分治安事件发生的土壤。另一方面，精准识别重点社区，参考常住人口量、流动人口量、治安事件发生频率等，使得扫黑除恶专项斗争的靶向更为准确，进而帮助社区产生更为立竿见影的治理效果。

（七）融合前沿技术，以构建智慧社区来打造平安社区

一是推行"技术+治理"，不断创新社区治安综合治理方式。首先，完善社区"微警务"等基层信息交流媒介，实现公安力量与社区居民的无缝和全场景互动，抓取关键信息、把握舆论动向、数据"靶向"治理、精准发现问题，及时消除治安隐患、调解矛盾纠纷、查处违法犯罪，提升群众的安全感和满意度。其次，完善社区网格微信服务等平台，主要在定位追踪、信息存储、实时抓拍、网络优化、文件上传等方面进一步优化其功能，促进各大平台数据"聚通用"，减少基层网格员的工作量。最后，搭建完善社区心声互动平台，主要围绕政策宣传、活动发布、讨论专区、建言献策、舆情监测、投诉反馈等方面搭建应用场景，激发社区各主体参与的积极性，将其打造为一个互动窗口和观察窗口。

二是推行"技术+防控"，增强社区预防、响应、处置突发事件的能

力。一方面，打造由入侵报警系统、视频安防监控系统、出入口控制系统、防爆安全检查系统等构成的社区智能安防系统，实现图像监控功能、探测报警功能、控制功能以及自动化辅助功能等，全面提升社区治安防控的效率，进而有效预防风险突发，第一时间响应并处置紧急突发事件。另一方面，在小区门禁系统中，全面采用人脸识别技术，既可以通过人脸识别获取面部信息，并进行数据存储，管控人口的流动，又可以有效阻止危险人员的闯入，降低人为风险发生的可能性。此外，创新推行出租房屋"二维码"管理模式，做到"房码信息对应、房人信息关联"，确保出租房屋数据常采常新。

三是推行"技术＋服务"，线上线下相结合，高效回应居民多元利益诉求。坚持以人民为中心，从机制、科技手段等方面创新群众工作方法，完善公共服务和公共资源供给模式，满足新时代人民群众对社会治理的新需求。探索以网格化服务管理为基础，打造一公里就近入学、一公里就近休闲健身、一公里就近诊疗、一公里社区警务、一公里政务服务等"五个一公里"公共服务圈，真正打通服务群众的"最后一公里"。推动民生类便民服务向社区、警务工作站延伸，全面落实"社区一窗受理、部门联合审批、社区统一回复"的运行机制。

参考文献

［1］杜翔：《浅谈人工智能技术在智慧社区人员动态管控上的应用》，《智能城市》2019年第11期。

［2］段后壮：《大数据在社区治安管理中的应用》，《法制与社会》2019年第10期。

［3］李荣誉：《社会行动理论视角下的社区治安参与路径研究》，《福建警察学院学报》2019年第2期。

［4］刘希、刘征：《城镇化背景下城市社区治安管理问题研究》，《法制博览》2019年第10期。

［5］汪世荣、褚宸舸：《"枫桥经验"：基层社会治理体系和能力现代化实证研究》，法律出版社，2018。

[6] 王世卿、杨叶锋：《枫桥经验：历史、价值与警务模式创新实践》，《中国人民公安大学学报》（社会科学版）2018年第6期。

[7] 吴群刚、孙志祥：《中国式社区治理：基层社会服务管理创新的探索与实践》，中国社会出版社，2011。

[8] 徐环业、李世鹏：《"微警务"在社区治安防控中的应用探究》，《武汉公安干部学院学报》2019年第2期。

[9] 余道敏、肖伟明、张重齐：《智慧平安社区大数据云服务平台研究与设计》，《电子设计工程》2019年第6期。

B.13 南宁市老旧小区概况调查及管理对策分析

南宁市社会科学院课题组[*]

摘　要： 城市老旧小区的改造管理关乎人民群众生活质量，是提升基层社会治理水平、推动南宁加快实现高质量发展的重要动力。近年来，南宁市在老旧小区改造管理上出台了相关措施，取得了一定成效，但由于老旧小区改造工作涉及面广、利益复杂，改造管理工作仍面临较大挑战，如居民改造意愿沟通协调统一难、管理主体缺失、引入物业长效管理难等。结合南宁实际，提出了加强老旧小区改造管理的顶层设计、凝聚多方力量支持老旧小区改造整治工作、提升老旧小区物业管理水平等促进老旧小区改造和管理的相关建议。

关键词： 老旧小区　物业管理　社区治理

随着南宁城市建设步伐加快、城市生活品质不断提升，老旧小区在居住环境、物业管理、治安条件以及公共服务等方面的问题日益突出，由此引发的社会矛盾也不断增加，这不仅与生态宜居的南宁城市名片不

---

[*] 课题组组长：吴金艳，南宁市社会科学院经济发展研究所所长、副研究员。课题研究顾问：黄燕，南宁市社会科学院副调研员、高级讲师。课题组成员：梁瑜静，南宁市社会科学院科研管理所副所长、讲师；周博，南宁市社会科学院东盟研究所副所长、助理研究员；潘艺，南宁市城乡建设信息中心科员；苏静，南宁市社会科学院社会发展研究所副研究员；张伟，南宁市社会科学院社会发展研究所研究实习员；申鹏辉，南宁市社会科学院办公室中级工程师。

相映衬，更无法充分满足广大市民对美好城市生活的基本需求。在这一背景下，南宁市认真贯彻落实中央关于推进老旧小区改造管理工作的部署要求，全面调查摸底南宁市老旧小区的概况，积极破解老旧小区改造工作涉及面广、利益复杂，工作推进中居民的意愿诉求多样化等问题，高质量推进老旧小区改造，积极创新老旧小区治理方式，不断提升城市治理效能。

一　南宁市老旧小区基本情况

（一）老旧小区分布状况及特点

从老旧小区分布情况来看，南宁市的老旧小区主要集中于西乡塘区和青秀区，且20世纪80年代和90年代建成的老旧小区数量最多。据统计，截至2019年7月除自建房和城中村外，南宁市2000年以前共建成老旧小区1370个，涉及楼栋6573栋，户数22.444万户，建筑面积约1690.39万平方米。20世纪50年代建成小区9个，60年代建成28个，70年代建成98个，80年代建成340个，90年代建成895个（见图1）。其中，江南区有140个，兴宁区有235个，西乡塘区有479个，青秀区有344个，邕宁区有85个，良庆区有2个，武鸣区有68个，高新技术产业开发区有7个，经济技术开发区有5个，东盟经济开发区有5个（见图2）。按照小区性质分类，则有公房小区153个，房改房小区643个，经济房等保障房小区16个，普通商品房小区144个，其他类型小区414个。

老旧小区的建筑风格和布局具有较强的时代特点，主要表现为户均住房面积和建房标准的变化。20世纪60年代到70年代，30~40平方米小户型住宅占据主导地位。20世纪80年代开始，逐渐放宽住宅建设标准，以单位建筑面积50平方米左右、一梯两户的多层住宅楼为主。20世纪90年代以来，开始大量兴建安居工程和商品房，两室一厅或三室一厅的户型成为主流。结构上，南宁市的老旧小区绝大多数为砖混结构。

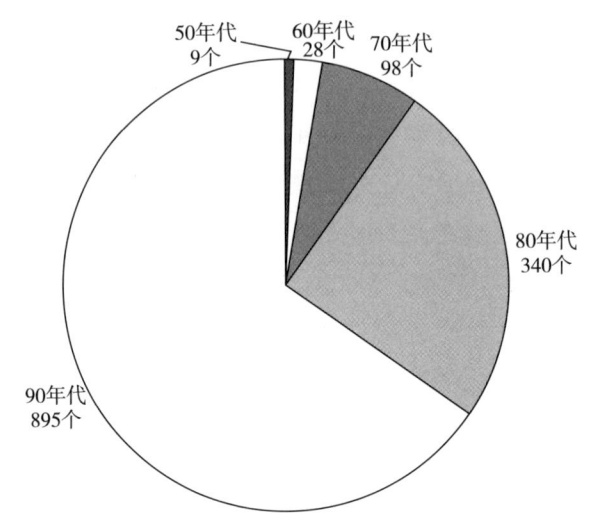

图1　南宁市老旧小区建成年代分布

资料来源：课题组调研整理。

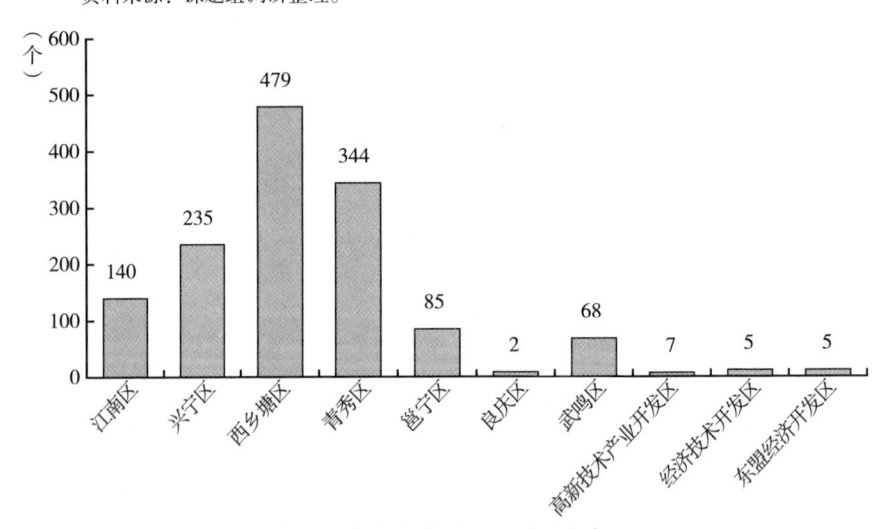

图2　南宁市老旧小区城区分布

注：数据截至2019年7月。
资料来源：课题组调研整理。

（二）老旧小区改造现状

从改造时间上看，以20世纪80年代到90年代建成的小区为重点。南宁市对老旧小区的改造仍以公益性方向为主。从2014年开始，南宁市将老旧小区的改造列入为民办实事项目，开展老旧小区环境综合整治改造。截至2018年底，共投入改造资金6638万元，改造老旧小区486个，平均每年改造超过100个老旧小区，每个小区投入约14万元。

2019年，南宁市上报老旧小区改造试点项目19个，其中江南区2个、西乡塘区2个、兴宁区4个、青秀区11个。编制了全市老旧小区改造内容，涉及楼栋设施、建筑修缮、服务设施、小区道路、市政设施、公共环境、房屋建筑质量、小区公共空间、公共设施等9个方面，涉及楼栋75栋、户数3110户，建筑面积约为18万平方米，投资预计超过1亿元。

（三）老旧小区管理现状

老旧小区多为原单位职工宿舍，其管理状况的好坏很大程度上取决于原主管单位的发展现状，单位的性质不同使老旧小区之间也有着显著的差别。南宁市老旧小区存在社区代管、居民自管、物业管理三种管理模式。社区代管模式是主要由社区居委会对所管辖的老旧小区进行管理。居民自管模式是由小区业主成立准物业小组，自发形成对小区的管理。社区代管模式及居民自管模式属于传统的老旧小区管理模式，管理较松散，未形成专业体系，在小区治理及公共空间的管理上存在盲区和管理难度。物业管理模式是引入物业管理公司对老旧小区进行社会化、专业化的管理。总体来看，物业管理模式在老旧小区引入程度较低，如兴宁区共有235个老旧小区，实行物业管理模式的仅有88个，约占全部老旧小区的37%。另外，在已引入物业管理公司的部分老旧小区中，出现了由无法正常收缴物业费导致物业管理公司退出，物业管理仅能提供垃圾清运、门口守卫等低水平服务项目的情况。

二 南宁市老旧小区改造和管理中存在的问题

南宁市老旧小区多是企事业单位为解决居民的住房困难问题而建设的，因此整体规划不足、建设标准不高、相关配套设施不全，且大多处于城市的

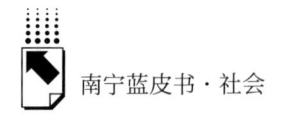

中心地带。随着南宁城市建设和发展速度的加快及居民对美好生活的需要日益增长，老旧小区的改造和管理凸显出不少问题。

（一）居民改造意愿沟通协调统一难

一是意愿不强。从调研走访情况来看，部分小区居民倾向于等待时机实施小区整体拆旧建新，对小区的改造意愿不强。

二是意见难统一。出于不同需求和自身利益的考虑，单位及居民往往对于改造目标持有不同意见。境况较好的单位和经济承受能力强的居民有能力承担相关改造、修缮和物业管理费用，倾向于改造且主动性较强。部分破产、改制或境况不好的单位，以及经济承受能力较差或房屋已出租的居民主动改造的意愿不强。同时，对于加装电梯、电动车充电桩、停车位等服务设施意见不一，难以统一。

三是手续复杂。由于老旧小区改造手续较为复杂，部分业主难以聚齐商议，难以协调统一时间签字；少数住户意愿变数很大，导致社区工作人员往往需要反复多次入户，协调难度大。

（二）居民"花钱买服务"观念尚未形成

由于老旧小区居民习惯于原产权单位直接管理小区的模式，对于"花钱买服务"的现代物业管理模式存在一定的抵触心理。调研发现，老旧小区的居民主要由大部分居住了几十年的老居民和流动性较大的租户组成，老居民还不能完全扭转过去"有事找单位"的观念和"单位包办"的习惯。对于流动租户来说，由于没有业主产权，他们更关注日常的租住成本，上缴物业费和相关维修基金无疑会增加他们的生活负担。因此，"花钱买服务"观念难以在老旧小区形成。

（三）管理主体缺失

一方面，大部分老旧小区先前由单位负责管理和提供服务，随着市场经济的发展和机构改革，很多事业单位撤并整合、企业单位改制甚至破产，单位无力承担对小区的日常管理，致使老旧小区管理主体缺失。

另一方面，南宁市部分"无物业管理"的老旧小区实行社区代管，但社区代管仍然存在一些问题。一是老旧小区缺少管理经费，利益难以协调，社区一般"不愿管"，但又不得不管。二是社区工作人员力量不足，社区已担负多项为民服务工作，对于代管老旧小区往往力不从心。三是"权责不对等"现象突出，例如老旧小区管理中消防火灾安全隐患检查排查和整改，本应是公安和消防部门的工作职责，现在按照"属地管理"原则全都落在社区，但社区人员非专业消防人员，仅能协调督促落实整改。

（四）引入物业长效管理难

一方面，产权不明晰，物业介入难。老旧小区产权形式及产权主体多样，各类产权形式处理方式不一，且存在产权形式及产权主体不明晰现象，这给物业管理介入造成很大困难。

另一方面，物业管理收费难。计划经济体制下形成的居民住房福利制度，使居民形成了无偿享受服务的传统观念，导致物业收费困难。以西乡塘区为例，从2016年开始实施"两毛钱"工程，初期抓好了辖区内177个"无物业管理"老旧小区的综合整治，但从具体情况来看，"两毛钱"的收缴情况仍然不是十分理想，长效管理难以维持。

（五）改造和管理资金筹措难

一是专项维修基金不足。南宁市很多老旧小区基本没有设置维修基金，因此小区在改造和完善公共设施上缺少专项维修基金支持，导致改造管理资金缺口大。政府的社区惠民资金较少，资金配比不明确、限制多，影响老旧小区改造工作的推进。

二是资金筹集难。一方面，居民自筹资金困难。老旧小区改造所需费用较多，一般需要政府投入与居民自筹共同承担。大部分老旧小区住户中的困难群众对改造项目存在顾虑且无力承担。与此同时，相关资金筹措机制的不健全也导致居民自筹部分收缴难现象不同程度的存在。另一方面，社会资本介入难。

由于尚未出台社会资本介入老旧小区改造项目的政策，过于依靠财政资金和相关补贴，对于引入社会资本的方式创新不够，影响了社会资金的介入。

（六）改造亟须统筹推进

老旧小区改造是一项整体性、系统性的综合工程。一方面，改造项目涉及的业务部门较多，在改造规划协调及项目资金投入上单靠个别部门难以推进；另一方面，各老旧小区问题差异大，改造措施不能"一刀切"。因此，需要一个统一协调机构来统筹分工，明确各部门职责，对各老旧小区的改造做到具体问题具体分析，才能确保老旧小区改造工作整体顺利推进。

（七）长效管理机制有待建立

一是小区业主委员会的成立具有一定难度。业主委员会的运转状况对小区管理成效有着重大影响，各老旧小区居民成立业主委员会的意愿强烈，但成立过程中仍有困难。如在一些老旧小区，由于开发商、物业管理企业不愿配合提供相关材料或是材料丢失，无法收集房屋相关证明材料，导致无法满足业主委员会筹建要求。此外，投票方式已不符合现实需要。《南宁市业主大会和业主委员会指导规则》规定"一般不得设立流动票箱上门收取选票或表决票"，而部分老旧小区业主将房屋出租，不在本地，现场投票意愿不强，这也阻碍了业主委员会成立。

二是老旧小区居民自治管理水平有待提升。一方面，部分业主委员会组织协调能力不足，管理账目不明，无法取得业主信任，不能更好地履行职责；另一方面，老旧小区年轻党员较少，基层党组织活动少，无法更好地发挥党员的模范带头作用，调动居民参与小区治理的积极性。

三 对南宁市老旧小区改造和管理的对策建议

老旧小区改造和管理是一项重要的系统性工作，必须秉持规划先行的理念，做好顶层设计，改造与管理同步推进，完善配套基础设施及社区服务项目,提升社区管理及居民自治水平。只有这样才更有利于加强和创新社会治理,打造共建共治共享的社会治理新格局。

(一)加强对老旧小区改造管理的顶层设计

1. 科学制定政策,规划改造工作路线图

深入学习贯彻党中央、国务院、住建部、自治区对老旧小区改造整治的决策部署和文件精神,从战略高度认识老旧小区改造整治的重要意义。在市级层面出台《南宁市老旧小区改造整治工作方案》,结合实际制定南宁市老旧小区改造整治的总体规划、各阶段的具体目标及工作路线图。制定《南宁市老旧小区改造整治工作绩效考评方案》,将改造工作分类,并分别纳入市"两重两问"办、市委督查室、市人民政府督查室和市绩效办考评督察范围。

2. 强化老旧小区改造组织保障

成立南宁市老旧小区改造治理领导小组,由市领导任组长、副组长,成员由住建局、发改委、财政局、工信局、民政局、文新广局等部门主要领导组成。办公室设在住建局,主要负责制定老旧小区认定标准,明确改造项目及流程,形成施工、监理、验收、协商和争议的处理办法;每月定期召开部门联席会,协调处理改造工作中遇到的问题。

各城区按照市级部门的指导,统一联动,根据实际制定本城区老旧小区改造整治的实施方案,明确各阶段的具体工作任务。建立城区主要领导挂点制和项目责任制,使工作下沉,得到扎实推进。通过试点小区的成功案例形成"头雁效应",示范带动、引领推进老旧小区改造整治工作的步伐。

(二)科学长远规划老旧小区改造

1. 建立改造工程周期持续评估机制

一是明确房屋类型。通过开展老旧小区的普查工作,摸清老旧小区的底数及小区房屋产权主体类型,从而确认改造责任主体。

二是区分小区特点。从小区改造更新的可行性和经济性基础角度对老旧

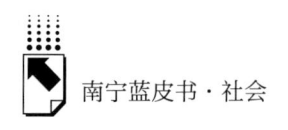

小区进行评估分类。对改造成本过高，甚至超过重建成本的，建议纳入棚户区改造范畴；对适合改造更新的老旧小区，针对不同需求确定改造更新内容；对涉及历史文化保护建筑的老旧小区，在改造规划中应更加注重保护历史风貌，做到修旧如旧。

三是确定具体改造步骤。聘请专业技术服务机构对老旧小区居民的基础民生、居住安全、生活需求等问题进行梳理排查，将问题按迫切程度、实用程度等标准分类，按照"先民生再提升"的工作标准分阶段分步骤解决居民的各类需求。

四是建立完善的评估体系，形成老旧小区改造前—中—后科学、完备的指导方案和评价体系。改造前，需要科学系统评估老旧小区的类别、客观状况，充分调研小区居民的意见和需求；改造中，用发展的眼光制定技术指标，形成指导标准，采用先进合适的技术进行房屋安全及居民生活需求方面的改造；改造后，除了将房屋功能性纳入评价考核标准外，还需要增加居民的满意度评价，为下一阶段的改造总结方法、积累经验。

2. 创新老旧小区改造审批流程

针对老旧小区的改造需要，由市住建局牵头，负责协调城镇老旧小区改造项目实施中相关部门的审批材料，将需要审批的材料交由各部门审定并给出审批件，在此基础上整合形成《南宁市老旧小区改造项目申报范本》，报相关部门备案。再按照属地原则，由城区受理所管辖区域内所有的老旧小区改造项目申请材料，并负责审批、施工、监督、与居民代表共同验收等工作。

（三）凝聚各方力量支持老旧小区改造整治工作

1. 发挥居民参与改造工作的主观能动性

在改造前，利用电视、报纸、公众号等媒体宣传老旧小区改造的目的、理念、意义，让居民真正转变思想，积极主动参与到老旧小区改造整治工作中来。在编制和公示待改造小区的改造实施方案时，通过街道办及社区入户走访，充分听取待改造小区居民的意见建议，不断优化方案；做好信息公开工作，依托相应的管理信息平台，向社会公布工程项目的各类信息。在改造实施过程中及完工后，应自觉接受老旧小区居民的监督，重视居民的评估验收意见。

2. 联合各部门助力改造整治工作

老旧小区的改造整治并不是一个孤立的工程，既涉及老旧小区改造，又与抗震加固、建筑节能改造、海绵城市建设、居家和社区养老服务改革等工作有重叠。通过市级层面统筹安排，整合项目内容，优化施工方案，集聚资金，避免部门间出现多头管理的现象，最终实现"最多改一次"的效果。

3. 调动社会资源支持改造整治工作

对于在老旧小区改造整治过程中新增的房屋产权面积和可经营性的新建基础设施，如机动车停车位、快递件存放箱、便利店等，可依照互利共赢的原则，考虑将部分设施明晰产权归属、合理分配收益，从而给予参与改造或后期管理的企业合理的利润回报，激发企业积极性。

（四）探索资金多元筹措方式

1. 明晰产权，理顺出资关系

明晰产权是确认出资比例所要遵循的根本原则。老旧小区改造，应当根据权益人各自权属关系，承担相应比例的改造资金。对于基础类配套设施的改造更新，将改造部分按照"表前表后"原则确定产权，最终由责任主体出资；新增公益性基础类设施由政府出资；经营性基础类设施则应由最终受益人出资。在明晰产权的过程中，可以向居民传递一个观念，即权利与义务是对等的，为物业管理打下思想基础。

2. 整合中央、自治区、市级专项资金渠道

一是以中央预算资金支持为契机，利用中央、自治区财政补助，将南宁市老旧小区改造纳入城市建设投资计划，参照棚户区改造的做法，提供贴息贷款或奖补资金支持以及银行低息贷款、国债等资助。二是组织城区住建局认真研究国家、自治区等的文件精神，指导城区积极开展老旧小区改造项目摸底、编制计划、前期推进、跟踪申报等工作，并主动向自治区住建厅汇报

请示，以期成功争取到国家、自治区老旧小区改造配套基础设施专项资金，为南宁市加快完善城市功能、推进城市发展提供有力的资金保障。三是整合统筹中央、自治区针对社区的各项资金，拓宽资金来源渠道，统一调度与使用资金，用足用好中央、自治区、市级财政资金，助力老旧小区改造整治工作。中央财政住宅小区"海绵化"项目改造资金、中央财政居家和社区养老服务改革试点补助资金、建筑节能改造资金、抗震加固资金等分散专项资金都可成为老旧小区改造整治资金的一部分。

3. 盘活专项维修资金及居民个人住房公积金

根据《住宅专项维修资金管理办法》及《住房公积金管理条例》相关规定，可直接利用的改造资金主要是住宅专项维修资金及个人住房公积金。盘活现有资金存量，使居住者甚至受益人可以使用已有资金，承担改造中个人应承担的部分，减轻居民特别是老旧小区低收入弱势群体的费用负担。同时，对于低收入人群或困难户，参与改造的企业还应根据政策给予安装费用减免优惠。

4. 出台财政补贴激励政策

在老旧小区改造过程中，自治区、南宁市出台了《既有住宅加装电梯自治区本级财政补助资金拨付管理办法》《南宁市2019年既有住宅加装电梯试点工作实施方案（征求意见稿）》等相关措施，通过以奖代补的方式进行资金补助。后续政府层面应加大此类政策制定及资金投入力度，积极推动老旧小区改造进程。充分利用中央、自治区财政资金，及时出台《南宁市本级老旧小区改造项目资金以奖代补方案》，形成从中央到地方共同筹措资金的良性机制，以此吸引、鼓励更多社会资本参与南宁市老旧小区改造整治工作。

5. 拓宽投融资渠道

一是通过发行政府债券、公募基金、信托等金融手段募集改造资金；二是利用国家开发银行、世界银行提供的无息、贴息贷款；三是参考那考河流域治理PPP项目和沙江河流域治理PPP项目，通过建立PPP模式和设立政府引导基金，发挥财政资金的导向作用和乘数效应，引进社会资本参与南宁市老旧小区改造建设;四是鼓励老旧小区业主购买与房屋质量、安全、修缮相关的保险,政府为积极购买保险的业主提供一定比例的补贴,筹措老旧小区改造资金;五是对改造后可产生收益的项目,鼓励民间资本提前进入,扶持、推进、运营相关改造项目;六是将老旧小区改造的中央补助资金和地方资金注入市属国有企业资本金,提高融资能力。

6. 加强对专项资金的管理监督

出台《南宁市老旧小区改造整治专项补助资金管理暂行办法》,对专项资金的使用范围、分配、拨付、监督提出具体要求。成立由市财政局、发展改革委、住建局等部门组成的改造整治项目建设资金保障组,负责编制资金筹措方案,落实建设资金和规范资金使用。通过财政稽查、政府审计、社会监督等多种监管手段,对资金流向和使用全过程进行跟踪管理,确保财政资金专款专用。

(五)提升老旧小区物业管理水平

1. 在暂无引进物业管理基础的老旧小区推行"准物业"管理

考虑到南宁市老旧小区管理的实际困难,可尝试推行"准物业"管理模式,即将辖区内一些分散的、规模较小的老旧小区整合成一定的物业管理区域,由街道办、社区统筹组织实施"准物业"管理,为老旧小区的居民提供简单的物业服务。保安、保洁等基本服务可委托街道办、社区聘请小区居民提供有偿服务,维修等专业服务可实行外包,由小区附近的物业公司提供菜单式服务。基本的"两保"服务可按每户收取,维修等专业服务费用则不高于外面的维修公司,费用仅为材料费加少量服务费,做到低标准收费、高标准管理,逐步形成居民共识,进而向标准化物业管理过渡。

2. 加强对物业管理企业的监管,提升物业管理企业服务质量

监管部门应依据《南宁市住宅小区物业管理考核办法》,根据不同类型小区按星级标准采取动态巡查与季度检查相结合、专项检查与综合检查相结合的方式,由第三方监管单位采集物业管理服务相关数据,并进行评分排名,考核结果应用于物业管理奖惩工作,以此来倒逼物业管理企业提升服务

质量。

物业管理企业应加强自身主体责任意识。一是积极参加市物协"红色物业示范点"创建工作，进一步夯实物业管理企业的基层党建工作基础，发挥物业管理企业党员先锋模范作用。二是注重服务质量。借助大数据智能应用，用好"爱南宁"App、社区公众号等便民服务平台，打造小区物业服务信息大数据平台，通过"线上预约、后台派单、线下服务"方式，为居民提供精准化、智能化服务。三是创新服务模式。在征得业主同意的基础上，鼓励物业公司在老旧小区开展新业务，如小型果蔬交易市场、便利店、室内保洁、助餐、短时托管等，获得的收益用于补充老旧小区专项基金并定期公示收支明细，增强物业管理费及专项维修费的"造血"功能。四是关注业主生活需要，定期组织居家养老专项培训，提高员工居家养老服务意识和专业水平。有条件的小区物业管理公司可联合专业餐饮公司，开办小区食堂，解决小区业主的后顾之忧。

（六）加强社区治理体系建设，完善后续长效管理

1. 发挥党员模范带头作用，推动党建精细化管理入小区

一方面，街道办、社区基层党组织应坚持"党建引领，议事协商，共治共管"的原则，设立"老友议事会""邻里议事会"等群众议事组织时应注意倡导党员加入，充分利用离退休党员觉悟高、素质好、有时间、有精力的特点，积极发挥老旧小区退休党员的模范带头作用，不断探索基层党建工作与小区具体管理相结合的新方法。另一方面，利用"南宁微社区"网络平台，推选全市先进基层党建社区、基层社工党员典型，推广先进基层党建社区服务经验，创新基层党组织干部选用机制；通过建立物业联合党支部、业委会党支部、网格党支部等多种方式，整合街道、社区、小区各领域党建力量，组建各类党群服务队，建立"街道大工委—社区大党委—业委会党支部—楼栋党小组"四级架构，形成党员同管、活动联办、资源共享的小区共治工作格局，实现党的组织和工作在社区纵向到底、横向到边、动态延伸、全面覆盖，发挥好基层党组织在管理中的领导核心作用，为基层社会治

理打下坚实基础。

2. 引进专业工作机构，提升小区管理水平

在老旧小区治理过程中，可通过政府购买服务的方式引进具有专业水平的社会服务来提高小区治理水平。如2018年市民政局通过政府购买服务的方式，在嘉宾社区和新竹社区引进"南宁市乐益行社会工作服务中心"，开展社工服务项目。通过鼓励倡导群众参与公共事务、互助服务和志愿服务，成功帮助辖区内的金源CBD现代城、地王国际商会中心等物业公司进行有效管理。

3. 培育发展社区自组织，协助开展小区管理工作

对小区的管理，归根到底是对人的管理。街道、社区基层党组织要注重培育和规范小区社会组织，发现和培养居民骨干和志愿者，搭建居民参与的平台，畅通居民参与的渠道。可遵循自愿的原则，先将有相同兴趣爱好、精神需求、专业特长、利益需求的居民组织起来，如"爱狗小组""摄影之家""晨练站"等，通过小区居民组织，发现、培养骨干力量，聚拢小区居民，用"同伴劝同伴"的方式形成辐射效应，最终实现引导民众参与小区公共服务和治理的目的。

4. 多渠道提升居民权责意识

一是加强宣传。一方面，在全市范围内普及宣传。联动住建局、民政局、新闻媒体、街道办、社区等各方力量，加大对物业管理知识、产权知识、权责知识等的解释和宣传力度，向全市市民普及基本的产权与物业管理知识，增强业主购买服务的意识。通过全范围多角度宣传，扩大受众范围，更新全市市民消费观念、树立正确的权责意识。另一方面，加强对老旧小区重点人群的宣传。老旧小区居民中，退休职工及独居老人的产权、权责知识欠缺，购买意识淡薄，应重点对其进行普及宣传。通过社工宣传、街坊闲谈、儿女动员等多种形式，逐渐提高其对物业管理和产权的认识水平，为下一步开展物业管理工作打通法理、情理的思想通道。

二是加强信用体系建设。结合国家社会信用体系建设工作，由市发改委联合相关部门出台政策法规，利用"信用中国（广西南宁）"网、"信用南

宁"微信公众号、"爱南宁"App 等市社会信用平台，将缴纳物业管理费用的行为纳入市公共信用信息共享平台监管。将恶意拖欠物业管理费的人员纳入失信人员联合惩戒名单，限制或取消其乘坐公共交通工具、停车、租房、医疗排号等权利。

参考文献

［1］《我国大力推动城镇老旧小区改造》，《城市开发》2019 年第 7 期。

［2］胡巧亚、唐炯燕、贾春玉、朱锡明、刘雪莲：《破解宁波老小区停车难问题的对策与建议》，《宁波工程学院学报》2014 年第 2 期。

［3］胡雅琼：《牵引共治：强国家下的城市社会发育——以思明区"美丽厦门共同缔造"行动为案例》，博士学位论文，华中师范大学，2016。

［4］李德智、张勉、关念念、张路、谷甜甜：《老旧小区改造中居民参与度影响因素研究——以南京市为例》，《建筑经济》2019 年第 3 期。

［5］李子扬：《北京市老旧小区综合整治路径探索》，《城乡建设》2019 年第 9 期。

［6］廖岳骏：《广州老旧小区微改造中的文化挖掘与表达——以青葵社区为例》，《中外建筑》2019 年第 5 期。

［7］林洪、董超、周甜：《探索"共建共享"模式下老旧住宅小区改造》，《住宅与房地产》2019 年第 12 期。

［8］王彬同：《郑州市老旧小区推行物业管理的困境及对策研究》，《现代商贸工业》2019 年第 10 期。

［9］王瑞红：《老旧小区改造利民生、促发展》，《城市开发》2019 年第 14 期。

［10］燕妮、高红：《国内老旧小区治理研究现状与热点主题分析——基于 CiteSpace 知识图谱的可视化分析》，《哈尔滨市委党校学报》2019 年第 3 期。

［11］余阳：《老旧小区改造的痛点与难点》，《城市开发》2019 年第 14 期。

［12］张惠：《老旧小区物业管理的问题及发展路径》，《建材与装饰》2019 年第 9 期。

［13］浙江省住房和城乡建设厅等主编《城镇化：城市迈向更新时代》，中国建筑工业出版社，2019。

［14］住建部、国家发展改革委、财政部：《关于做好 2019 年老旧小区改造工作的通知》，2019。

B.14 南宁市各民族相互嵌入式社区建设情况分析

南宁市社会科学院课题组[*]

摘　要： 各民族相互嵌入式社区建设是促进民族团结进步和创新治理城市社区的重要方式。多年来，南宁市通过打造覆盖全市的社区民族工作网络，不断升级少数民族流动人口服务，着力做好民族团结工作，但仍然面临各民族心理上相互认同不足、社区工作机制联动配合不够、经济上融合发展有待进一步加强等问题。在新时代，南宁市应当以走在前、作表率的担当，持续加强各民族相互嵌入式社区建设，促进南宁市民族团结进步，提升基层社区治理水平。

关键词： 嵌入式社区　民族团结　社区治理

加快民族相互嵌入式社区的发展，推动建立各民族相互嵌入的社会结构和社区环境，促进各民族交往交流交融，巩固平等、团结、互助、和谐的社会主义民族关系，是当下多民族社区治理和民族关系研究的重要问题。近年来，南宁市坚持以习近平新时代中国特色社会主义思想为指导，深入学习贯

---

[*] 课题组组长：覃洁贞，南宁市社会科学院副院长、研究员。课题组副组长：吴金艳，南宁市社会科学院经济发展研究所所长、副研究员。课题组成员：张伟，南宁市社会科学院社会发展研究所科研人员；谢强强，南宁市社会科学院科研管理所科研人员；王瑶，南宁市社会科学院社会发展研究所副所长、助理研究员；梁瑜静，南宁市社会科学院科研管理所副所长、讲师；黄浩邦，南宁市人大常委会调研室副主任；王佳赫，广西民族大学在读博士。

彻习近平总书记在2014年9月中央民族工作会议上提出的"建立相互嵌入式的社会结构和社区环境"要求，全面贯彻落实《国家民委民政部关于加强新形势下社区民族工作的意见》，以创建民族团结进步示范市为总抓手，以空间互嵌、经济互嵌、文化互嵌、工作机制互嵌和扩大社区治理参与等为着力点，扎实开展各民族相互嵌入式社区建设，培育和树立了西乡塘区中华中路社区、青秀区凤岭北社区、良庆区银海社区等一批全国民族团结进步工作的典型。

一 南宁市各民族相互嵌入式社区建设现状分析

（一）推动空间互嵌，形成各民族大杂居、小聚居的社区格局

南宁市早就形成了以壮、汉族为主的多民族杂居的生活格局，汉族、壮族、瑶族、侗族等各民族在日常生产生活中有密切的交流互动。改革开放之后，随着城镇化加速推进，人口加快向城区集聚，各民族之间交往交流越来越频繁，在各级各部门的积极引导下，各民族相互嵌入式社区的空间格局和居住环境加快优化。全市现有社区399个，其中城市社区225个，所有城市社区均有3个以上民族交错居住。如良庆区的银海社区，少数民族人口占社区总人口的80%，社区多民族聚居，常住民族有壮族、汉族、瑶族、苗族等21个民族。西乡塘区北湖街道万秀村是南宁市少数民族流动人口最密集的城中村，有壮、瑶、仫佬、毛南等24个少数民族，少数民族流动人口21374人，占社区流动人口的42%。这种互嵌式的社区，不仅为在南宁市生活、创业的少数民族群众提供了安居乐业的条件，更营造了各民族交往交流交融的互嵌式空间，为建立平等、团结、互助、和谐的民族关系奠定了基础。

（二）推动心理互嵌，铸牢中华民族共同体意识

1. 组织开展民族团结宣传活动

南宁市把民族团结进步宣传月集中宣传和日常宣传紧密结合，采取政策

宣讲、现场咨询、张贴标语、举行文艺演出等方式，利用每年的民族团结宣传月，组织开展各类丰富多彩、群众喜闻乐见的主题活动，推进民族团结全方位、立体式宣传，确保民族团结宣传全覆盖。据统计，2018年8月至9月民族团结进步宣传月期间，全市社区发放各类宣传品及宣传资料共18.3万份，举行文艺演出1224场，现场共接待群众2.08万人次，有效宣传普及了民族政策、民族知识、民族团结进步先进事迹，进一步提高了群众加强民族团结的意识，传递了民族团结正能量。

2. 组织开展民族团结宣传教育进课堂活动

组织开展民族团结宣传教育进课堂活动，将民族团结宣传教育纳入党校轮训干部、社区"两委"干部培训课程，在社区开展民族团结大讲堂活动，扎实开展民族团结"五讲"① 活动，全面贯彻落实党的民族政策和国家法律法规，以民族团结宣传和学习夯实民族团结进步的思想基础，使民族团结深入人心，营造良好的社会氛围。

3. 抓好对少数民族流动人员的宣传教育

举办民族团结联谊活动，丰富少数民族流动人员的业余生活，增进交流、沟通，使他们在娱乐活动中受到潜移默化的民族团结教育。如在"3·19"城市管理公众日中，通过邀请部分少数民族经商者参与体验城市管理，增强来邕经商少数民族同胞对市政管理工作的了解，提高其对共同治理城市的责任感与认同感，缓解城市综合治理的执法压力。

4. 充分发挥社区的阵地作用

南宁市以开展民族团结进步活动为抓手，扎实推进民族团结"八

---

① 讲清"一个道理"——团结稳定是福，分裂动乱是祸；讲清"两共同"——各民族共同团结奋斗，共同繁荣发展；讲清"三个离不开"——汉族离不开少数民族，少数民族离不开汉族，各少数民族之间也相互离不开；讲清"五个认同"——对伟大祖国的认同，对中华民族的认同，对中华文化的认同，对中国共产党的认同，对中国特色社会主义道路的认同；讲清"五观"——正确的国家观、民族观、宗教观、文化观、历史观。

进"①活动，以点带面，发挥好示范引领作用。在进社区方面，为少数民族流动人口提供便捷优质的服务，采取在社区公共场所设立少数民族文化宣传长廊、民族团结活动场所等形式，创建各具特色的全国、全区、全市民族团结示范社区，以新颖、活泼的形式开展民族团结宣传教育。

专栏一：南宁市社区各具特色的民族团结宣传

兴宁社区：兴宁社区打造民族文化特色元素装饰墙，在社区和清真寺分别成立民族之家和宗教人员活动室，建立少数民族宣传长廊，设置民族风情展示馆和少数民族流动人员服务站，在社区建成一批具有民族特色的标志性景观和活动场所，为信教群众和少数民族同胞提供活动场地。

中华中路社区：2009年，中华中路社区成立了少数民族之家管理服务站，建设了少数民族活动中心；2011年成立了少数民族汉语培训班；2012年社区新建了一条约30米长的具有特色的民族文化长廊；2013年建立了少数民族书屋，还成立了民族舞蹈队，社区的各族居民都乐于参加，同时感受到了民族大家庭的温暖。

---

5. 抓好互联网宣传

顺应互联网发展趋势，将民族团结进步教育融入网络，开发"壮族服装秀"小程序，通过娱乐的方式增强与全国网友的互动，访问次数突破200万。同时，开展民族政策法规微信有奖竞答活动，提高各族群众对民族政策法规的知晓率，共有1.02万人次参与答题，4074人次中奖。积极借助南宁市政务网、民宗委官方网站、绿城党旗红等网站平台，及

---

① "八进"指进机关、进企业、进社区、进乡镇、进学校、进家庭、进商业街区、进宗教场所。

时发布民族团结政策文件，开展民族知识有奖竞答等活动，推动民族团结政策宣传。

（三）推动经济互嵌，加大对少数民族流动人口的接纳力度

1. 多措并举助就业

一是强化少数民族就业培训。良庆区银海社区通过成立少数民族群众就业培训室和就业帮帮团，积极整合社区资源，提供社区场地，为各族群众提供就业上岗、求职培训等方面的服务。二是紧贴实际，以多种方式开展就业服务。朝阳社区依托朝阳商圈，联合街道有关部门合力开设了"民族创业街"，积极打造创业示范基地、创业示范街。青秀区新竹社区通过党员义工队积极为社区少数民族提供就业咨询、就业服务，被评为国家级充分就业社区。2017年以来，少数民族服务网络体系为全市少数民族群众提供各项服务，累计为10.88万人次提供就业创业服务，为6.25万多人次解决住（租）房问题，为20.92万人次提供技能培训，为2.29万多人次提供法律咨询。

2. 大力促进民贸民品企业发展

发展民族贸易和民族特需商品企业（简称"民贸民品企业"），有利于满足少数民族群众生产生活的特殊需要，带动民族地区就业，促进民族地区经济社会发展。2018年，南宁市共有民贸民品企业117家，其中，城区和开发区有民贸民品企业34家，五县有民贸民品企业83家。吸纳了大批少数民族就业人员，生产销售民族特需商品十大类，民族医药、民族食品、民族工艺品、民族服装等产业形成了一定的品牌和规模。

3. 职业结构互嵌

南宁市各民族人口广泛分布于各行各业中，各民族劳动者都享有平等就业和选择职业的权利，同工同酬，各民族之间在职业结构上所表现出的差异性较小。例如皇氏集团（上市公司），2017年共有员工2075人，其中少数民族员工528人，占全部员工的比例为25%。职业结构互嵌增进了不同民族人员在工作中的相互了解和尊重，在思想上消除了可能存在的

民族歧视，促进了社会和谐，也有利于少数民族人口提高适应市场经济的能力。

（四）推动文化互嵌，开展丰富多彩的活动促进各民族交往交流交融

1. 在城市建设中凸显民族文化元素

将民族元素融入南宁城市建设，在凸显壮乡首府民族风情的同时，也兼顾了其他少数民族的民族元素，比如，在市区重建了清真寺和清真饭店，市区东盟商务区的建筑有不少体现了东南亚的民族风情，等等。各社区也着力于推动形成环境美、建筑美、布局美和生活美，设置了民族学习室、民族图书屋、民族宣传长廊等功能区，有力推动各民族增进了解、提升情谊，营造各民族互相了解、团结共进的良好环境。

2. 加强民族语言、文字工作

南宁市在初中、小学阶段坚持开展壮汉双语教学工作。在武鸣区、上林县、横县、宾阳县、马山县、隆安县、青秀区、兴宁区、良庆区、邕宁区等的85所小学、8所民族中学开展壮汉双语实验教学工作。小学和初中均使用教育厅统一编制的教材进行教学，达到了"以壮为主，壮汉结合，以壮促汉，壮汉兼通"的目的。加强少数民族语言文字工作法治化建设，颁布施行《广西壮族自治区少数民族语言文字工作条例》。

3. 共庆少数民族传统佳节，促进各族大联欢

依托各民族传统节日，组织开展"壮族三月三·八桂嘉年华"系列活动，以及"民族团结一家亲·欢歌笑语民族情"、少数民族运动会等各式各样的特色主题活动。如中华中路社区精心策划、组织开展"古尔邦节"民族节庆百家宴，与维吾尔族群众共庆传统节日。近年来，南宁市通过共庆少数民族传统佳节活动，进一步促进民族交流融合，共举办各类民族交流联谊活动487场，使得民族团结理念深入人心。

4. 打造民族文化精品，弘扬民族文化

连续20年举办南宁国际民歌艺术节，使它成为国际节庆文化品牌。深入挖掘民族文化资源，相继推出了大型民族歌舞《美丽壮锦》《妈勒访天

边》《梦幻刘三姐》,以及水幕动漫电影《神话绿城》等一系列具有浓郁民族气息的精品艺术。同时,推进民族文化"三进"①活动,让人们多了解民族文化、熟悉民族文化,让优秀的民族文化得到弘扬发展。

(五)推动工作机制互嵌,营造良好的社区环境

1.建立健全部门间沟通协作机制

构建市、城区、社区三级民族工作服务网络体系。南宁成立了市级、城区级少数民族工作领导小组,有效整合调动资源,加强民族宗教、公安、卫健、教育、民政等部门的联动服务。在凤岭北、中华中路等少数民族群众较多的社区成立了民族之家,全市39个街道建立了民族工作服务中心,230个城市社区建立了民族工作服务站,民族工作服务站覆盖率为100%。

2.构建党建与服务群众、社区网格化管理相融合机制

推动社区网格化治理,按照便于联系群众、服务群众的原则,综合考虑地域分布、党组织和党员规模、驻社区单位数量以及城市管理网格等因素,灵活设置社区网格。在全市范围内,配备到位网格员6000人,划分网格8623个,完善网格基础设施建设,有效避免社区服务管理上的"盲区"。

专栏二:发放党代表"民情联系卡"服务各族群众

中华中路社区成立首个品牌社区党代表工作室"十八大党代表——谢华娟工作室",设置"接待处""谈心谈话角""网上工作室"等功能区,确定每周三下午为"党代表接待日"。同时,整合辖区各类党代表资源轮流驻室接待来访群众,公开党代表联系方式,发放党代表"民情联系卡",鼓励广大居民群众,尤其是少数民族同胞主动向党代表们反映问题,有效地推动党代表联系群众、了解群众、服务群众。

---

① "三进"指歌曲进酒店、民族风情进校园、民族传统体育健身项目进机关。

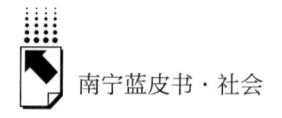

3. 健全社区协商议事机制

南宁市构建"13456"①"南宁模式"民族事务服务体系，以少数民族流动人员服务中心为载体，推进一站式服务群众。各社区充分发挥基层自治的优势，结合实际探索社区民族工作协商议事机制，帮助各民族解决一些热点难点问题，如江南区建立了城乡"逢四说事"协商工作机制，被认定为全国优秀社区工作法。

专栏三：党群议事"逢四说事"

"逢四说事"是江南区二桥西社区推行社区居民自治、协商共管的议事机制，成立于2015年11月2日。议事会以社区党组织为核心、以居委会为主题、以工作站为依托，按照"民主议事、民众议事、民主监事、民主决事"的原则，从政策宣传、收集民意、联系沟通、联系议事四个方面开展工作。议事会每月逢4、14、24日召开，议事员主体由社区党员、片区民警、物业管理代表、群众代表等构成。大家在会议上对民族政策、支援帮扶、邻里纠纷等关乎社区群众利益的身边事进行商议和决策。

---

① "1"是成立全国首家地市级少数民族流动人口服务中心，统筹推进1个市级技能培训基地、2个清真食品供应点、3条少数民族创业街、29个创业孵化站、20个示范社区服务站、53个服务点的服务工作。"3"是构建市、城区、社区三级民族工作服务网络体系。成立市级、城区级城市少数民族工作领导小组，实现民族宗教、公安、市政、民政、司法、流动办、人力资源和社会保障、共青团等部门的联动服务。在全市39个街道（乡镇）建立了服务中心，在332个社区（村）建立了民族工作服务站，组建1100人的协管员队。"4"是建立完善工作准则、队伍建设、结对帮扶、法律援助四项基本服务制度。"5"是成立民族工作干部骨干、少数民族联谊会会员、社区"民族之家"成员、志愿者、民族工作信息员、民族关系协调员、民族工作专家顾问等5支共800多人的服务队伍。"6"是整合推进外来经商就业、住房租赁、子女入学、法律援助、困难补助、清真食品供应等六大服务。

二 南宁市推动各民族相互嵌入式社区建设存在的问题

(一)各民族心理上的相互认同仍需进一步加强

当前各民族互嵌的空间形式较容易实现,形成居住格局上的互嵌只是一种形式,居民之间的心理情感认同才是构建各民族相互嵌入式社区的目的所在,是各民族互嵌后交往、交流和交融的根本内容。社区居民心理上的认同是需要一段相对长的时间来实现的,在社区交往中,各民族群众在建立平等、团结的民族关系的同时,能够交融各民族的文化。只有在这样的个体意识基础上,才能真正形成心理互嵌和良好的民族关系。如果在建设方面只注重形式,忽略心理互嵌的实质内容,多民族互嵌式社区发展模式就有可能成为一般意义上的民族混合居住式社区。南宁市在各民族嵌入式社区建设方面,还需要加强各民族的相互认同,加深心理嵌入。

(二)社区工作机制的联动配合还不够高效精准

各民族相互嵌入式社区民族工作涉及面广,但当前南宁市社区民族工作大部分依托其他职能部门共同开展,各个职能部门根据自身的职能对社区居民(包括少数民族居民)进行具有针对性的服务和管理。民族部门和其他部门之间缺乏高效的沟通与合作,缺乏信息协调与共享。2018年调查问卷的数据显示,当问及"您认为新时代社区民族工作需要加强哪些方面的管理服务"时(可多选),69.5%的人选择"提供满足各族群众需求的便捷服务",63.6%的人选择"加强对少数民族流动人口的服务与管理",55.4%的人选择"创新民族交往交流交融载体形式",60.8%的人选择"促进社区各民族交流交往、互助合作",49.1%的人选择"对少数民族困难家庭的帮扶工作",40.1%的人选择"加强民族矛盾纠纷的调处"(见图1)。选择率最高的是"提供满足各族群众需求的便捷服务",可见各部门沟通协调,形成联动的服务管理机制，为各族群众提供便捷服务，是新时代各民族相互嵌入式社区工作的重点。

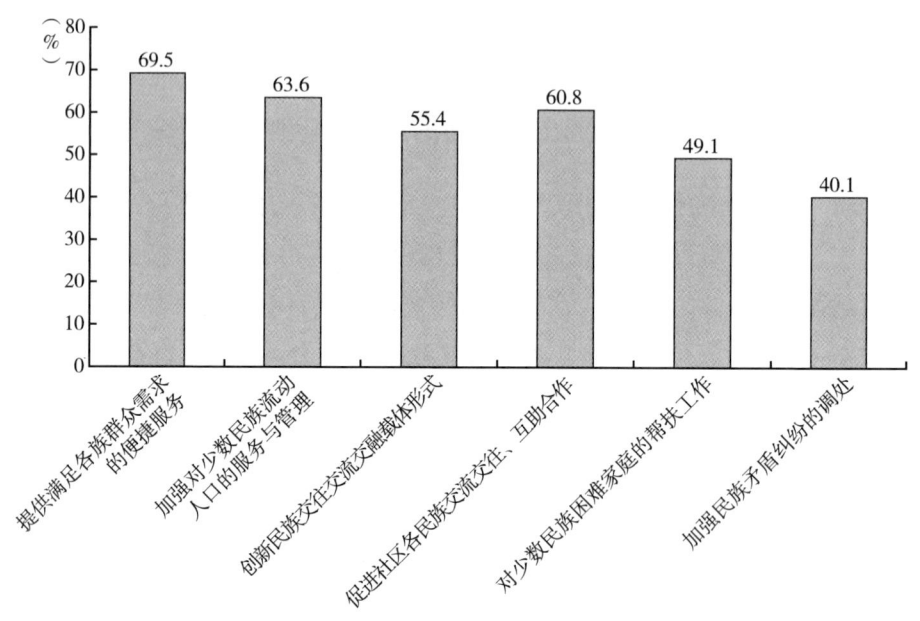

图1　各民族相互嵌入式社区需要加强的管理和服务

资料来源：根据2018年南宁市民族关系监测调查问卷数据整理。

（三）经济上的融合发展有待进一步加强

经济互嵌是促进民族交往交流交融的最有效方式之一，多民族互嵌式经济活动或经营活动能够促进民族间的交往与互动。这样的环境促进了社区民族间的交往与互动、经济文化的交流和相互影响，从而真正实现了各民族相互嵌入式社区的健康有序发展。目前，南宁市民族社区经济互嵌的形式较少，不同民族间经济合作的规模较小，有知名度的民族合作企业或品牌较少，因此加大经济互嵌力度应该成为南宁市各民族相互嵌入式社区建设的重要着力点。

（四）各民族相互嵌入式社区治理水平有待提升

南宁市城市社区民族工作的相关法律法规和政策文件还不够健全，有的政策文件出台很早，已不适合当前的经济社会发展形势。在调查中，南宁市部分城市社区少数民族群众遇到民族方面的问题、困难，或者发生矛盾纠纷后，仍有14.2%的人选择找本民族的亲友或其他亲友来解决问题，说明各民族相互嵌入式社区治理水平尚有待提升。在民族关系多元化、民族问题复杂化的背景下，社区治理也应遵循其具有的多样性、包容性、开放性等特点进行精准治理，运用法治方式和互联网思维等提升社区治理水平。

三 深入推进南宁市各民族相互嵌入式社区建设的对策建议

在党的民族政策指引下，南宁各民族发展速度和水平大为提升，成为我国和谐民族关系的城市典范。在新时代，更要不断巩固基础，全面贯彻落实新要求，以铸牢中华民族共同体意识为引领，不断深化各民族在社区的空间互嵌、经济互嵌、文化互嵌等，推动新时代南宁市社区各民族更加深入、有机互嵌，为加快构建和谐社区、全面落实"强首府"战略、谱写新时代南宁发展新篇章提供有力支撑。

（一）以铸牢中华民族共同体意识为引领，强化各民族的心理认同

1. 优先抓好抓实中华民族共同体意识教育

要在近年来南宁市将民族团结宣传教育纳入党校干部轮训、社区"两委"干部培训课程，组织开展民族团结宣传月活动，举办民族团结大讲堂活动等的基础上，进一步增强对开展中华民族共同体意识教育，铸牢中华民族共同体意识重要性、紧迫性的认识，各社区要将开展中华民族共同体意识教育放在重要议程，优先安排、重点推进、抓好抓实、抓出成效。各社区可结合各自的民族结构、社区文化建设等实际情况，创新教育方式方法，扎实有效开展民族团结"五讲"活动，使"一个道理""两共同""三个离不开""五个认同""五观"往社区各民族群众心里走、往深里走、往实里走。

2. 深入开展民族团结进步创建活动

南宁市要在社区民族团结进步创建活动扎实有效开展的基础上，做好"扩面、拓深、用好"三篇文章，扩大创建覆盖面，拓展创建深度，运用好创建成果，发挥好先进典型的示范引领作用。"扩面"即扩大创建覆盖面，在南宁市之前开展创建活动"八进"和"五比五争"的基础上，结合各民族相互嵌入式社区建设特点，组织开展各民族互嵌模范社区、模范机关、模范校园、模范企业、模范志愿者等评比表彰活动，进一步分类细化评比表彰标准、数量等内容，并通过建立动态管理机制，更好地宣传社区民族团结进步创建典型，让更多的社区居民关注、参与、配合创建工作，让先进典型有效地引领民族团结进步。

（二）引导各民族相互杂居，强化空间互嵌

1. 善于引导各民族杂居

可以依托商品房买卖监管平台、户籍管理平台等的大数据，及时分析各民族社区居住分布动态和趋势。对于不利于民族团结和交往交流的单一民族过度聚居化倾向，借鉴新疆乌鲁木齐市的好做法好经验，及时采取政策引导、经济支持、服务完善等有效手段加以引导，不断巩固和完善南宁市社区民族杂居分布格局。

2. 升级社区交往平台建设

解决当前城市小区建设因过于注重商业化、公共空间不足而制约居民日常交流交往的问题。在具体操作中，可由民族工作部门牵头，会同自然资源、住房和城乡建设等部门，争取专项经费支持，选择数个小区开展试点建设，在土地供应、规划审批、开发建设、营销、后期配套等环节给予具体指导，把小区公共交流平台、楼栋交流平台建设成便于交往、氛围温馨、深受居民喜欢的交流平台。

（三）努力为各民族群众提供便捷服务，强化经济互嵌

1. 开展精准微服务

一是构筑创业就业平台。通过建立少数民族流动人口流出地与流入地的

双向沟通机制、开辟网上就业超市、举办专场招聘会、发放民族创业贷款等，为少数民族群体在就业创业、生产经营方面提供支持。二是搭建服务平台。在少数民族群众较为集中的街道、社区设立少数民族绿色服务窗口，为少数民族居民提供法律咨询、就业咨询、子女教育、民政救助、扶贫帮困、社会保障等全方位服务，满足各民族群众的基本公共服务需求。

2. 精准扶持发展社区民族经济

一是扶持民贸民品创品牌。针对南宁市民贸民品缺少叫得响品牌的问题，有针对性地实施民贸民品品牌化战略，将各项民贸民品生产的优惠扶持政策集中用于引导和支持民贸民品品牌创建，促进少数民族人员就业。二是推动民贸民品精准融入社区生活。在优先满足少数民族特殊需要的基础上，对一些社会认同度高、发展前景好的民贸民品，比如民族餐饮、民族工艺品、民族医药、民族服饰等，加大挖掘力度，着力发掘其融入社区经济的切入点，采取更有针对性的政策措施，如社区公益铺面优先租赁、协助品牌推广等，加以引导扶持，为社区各民族群众提供更为精准的生活服务，活跃发展社区民族经济。

（四）促进优秀民族文化传承发展，强化文化互嵌

1. 力求民族文化入学校有新突破

要贯彻落实好我国民族文化进入学校的相关要求，扎实推进优秀民族文化进入南宁市各类学校，特别是幼儿园和中小学校，切实做到民族文化教育从娃娃抓起。组织开发精品教材、录制精品课程、组建一支业余教师队伍，传播各民族优秀传统文化，为学生讲解民族文化。结合各民族传统节日，如壮族三月三、瑶族盘王节等，专题策划一系列民族文化体验活动，比如唱山歌、动手做民族美食、参观民族文化展览等，让学生在参与中体验鲜活的民族文化，认知丰富的民族文化。

2. 力求民族文化入小区有新发展

要在整体性、系统性思维的指导下，积极引导各民族优秀传统文化全方位进入小区，全方位融入市民群众的日常生活之中。一是不断将民族元素植

入社区公共设施。在小区广场、园林绿化、休闲楼亭、路灯、垃圾桶等设施中，融入各民族优秀建筑、技艺、工艺等民族文化元素。二是全面促进民族节日进入小区。结合小区民族分布特点，在各民族传统节日到来之际，重点在部分小区组织开展相应的欢度民族节日活动，传承民族传统文化，体验民族风情，推介民族优秀文化。三是精心推动民族服饰走入日常生活。着力扭转民族服饰"盛装化""节日化"倾向，将传统服饰最有代表性的元素融入通俗服装之中。

3. 力求民族文化入新媒体有新路径

网络时代的民族文化传播与传承，要善于运用或借助新媒体，不断提高传播效率和效果。推动民族文化进入主流新媒体及其他媒体平台，积极与社区商业新媒体、小区微信群、QQ群，便民服务客户端开展合作，引导这些新媒体充分利用其紧密联系社区居民的特点，开展民族文化宣传活动。

（五）推动各民族参与社区治理，强化共治格局

1. 依法落实好社区居委会成员民族成分构成要求

依照《城市民族工作条例》等法律条例，合理配置少数民族聚居的街道办事处、服务少数民族生产生活的部门或单位的少数民族干部。组织开展专题调研活动，对全市各街道、各社区民族干部的配备情况进行一次全面检查，发现问题及时整改，确保法律法规有效实施。

2. 推动社区各民族人员参与社区治理

民族工作队伍是社区民族工作的主力军，要加强培训，使之成为政治过硬、业务精通的社区民族工作专职队伍。加强民族工作队伍和其他工作队伍培训，在此基础上做好志愿者队伍的整合工作，推动民族工作专业化、组织化、技术化，不断提升民族工作队伍的服务水平，帮助各民族群众解决难题。

（六）坚持共建共享，有效整合工作机制

1. 加强工作机制整合

一是与党建工作机制整合。坚持党的领导，强化街道社区党组织在各民

族相互嵌入式社区建设工作中的领导核心地位，有机联结社区内单位及各行业领域的党组织，构建区域统筹、条块协同、上下联动、共建共享的城市基层党建工作新格局。二是与群众工作机制整合。社区民族工作机制要与其他群众工作机制实现深度整合，做到凡是其他群众工作机制接收到的民族方面的情况或问题，都及时转到社区民族工作机制受理办理；社区民族工作机制接收的非民族方面问题，也能及时有效地转送给其他群众工作机制受理办理。

2. 加强信息资源整合

积极借鉴深圳、贵阳等市社区民族工作信息化建设经验，本着共建共享的原则，大力推进城市社区各类数据信息资源的共享，消除人口管理、卫生健康、社会保障、信访维稳、民族关系监测等信息系统的数字壁垒。统一技术标准，统一系统管理，形成分别建设、分别维护、相关数据共享、相关信息畅通的平台体系。在各民族相互嵌入式社区建设方面，做到其他系统监测到有关动态，及时汇总到民族关系监测系统，进行分析研判；民族工作系统需要其他系统协助配合的，能得到及时响应和有效支持。

3. 建立健全相关政策

当前和今后一段时期，在各民族相互嵌入式社区建设方面，南宁市应当着重建立健全如下政策。一是建立健全财政支持政策。研究制定出台市、城区两级财政支持各民族相互嵌入式社区建设的政策文件，规范资金来源渠道、使用管理。二是建立健全政府购买服务政策。应当出台相关政策，鼓励支持通过政府购买服务的形式，吸引社会专业力量承担各民族相互嵌入式社区建设的相关工作和项目，让专业人做专业事，提高服务水平。三是建立健全工作协同政策。出台相关政策，明确各级各部门在各民族相互嵌入式社区建设工作中的职责分工和协调联动机制，规范部门间的协作，促进信息共享、工作联动。

B.15
南宁市少数民族流动人口融入城市问题分析

联合课题组*

摘　要： 少数民族流动人口为城市发展注入了活力，有效地丰富了城市文化、促进了民族融合。近年来，南宁市持续开展民族团结宣传教育，构建"13456"立体服务平台，通过提供全方位服务让少数民族群众进得来、留得住、有发展，提升他们的归属感，但由于经济基础、政策制度、社会治理、文化差异等方面的问题，少数民族流动人口对城市的融入度有限。应当通过夯实经济基础、完善体制机制、保障合法权益、营造包容氛围等措施，有效促进少数民族流动人口融入城市生活。

关键词： 少数民族　流动人口　社会治理

随着改革开放的深入和城市化进程的加快，我国进入了各民族跨区域大流动的活跃期。尤其是近20年来，随着我国交通的高速发展，地处边远地区的众多少数民族群众也加入了城市流动人口大军之中。2014年召开的中

---

* 课题组组长：覃洁贞，南宁市社会科学院副院长、研究员。课题组成员：王瑶，南宁市社会科学院社会发展研究所副所长、助理研究员；梁瑜静，南宁市社会科学院科研管理所副所长、讲师；谢强强，南宁市社会科学院科研管理所研究实习员；班正杰，南宁市法学会办公室主任；韦云高，南宁市法学会办公室副主任。

央民族工作会议通过分析我国经济社会发展形势，做出了"我国已进入各民族跨区域大流动的活跃期"这一基本判断。① 少数民族流动人口为城市发展注入了活力，有效地丰富了城市文化、促进了民族融合，但各民族经济、文化、习俗存在差异，加之城乡分治的二元社会结构，导致其融入城市时往往存在不同程度的障碍，由此引发了一些社会矛盾和社会管理问题，也为城市社会治理带来了新的挑战。

一 南宁市少数民族流动人口概况

南宁是一个以壮族为主体、多民族聚居的首府城市，居住着壮族、汉族、瑶族、苗族、仫佬族、侗族、回族等52个民族的群众，其中人口总数超过1000人的由多到少依次为壮族、汉族、瑶族、苗族、仫佬族、侗族、回族、满族、毛南族、土家族、布依族、水族等12个民族。② 截至2018年12月，全市户籍总人口773.8万人，其中少数民族人口448.7万人，占全市总人口的58%。③

（一）数量多，民族成分复杂

从图1可知，南宁市少数民族流动人口所占比重较大，2015年南宁市少数民族流动人口为36.70万人，2019年末南宁市少数民族流动人口为81.40万人，占登记在册流动人口总数（121.42万人）的67.04%。同时，从近五年的数据也可以看出，南宁市流动人口和少数民族流动人口数量都呈递增的趋势，2019年与2015年相比，少数民族流动人口增加了44.70万人，其中2019年少数民族流动人口增加了10多万人。少数民族流动人口来自傣族、朝鲜族、藏族、裕固族、保安族、柯尔克孜族、赫哲族、怒族、撒

---

① 乔国存、郑信哲：《城市少数民族流动人口的"三个不适应"及其治理路径》，《西南民族大学学报》（人文社科版）2019年第7期。
② 参见南宁市政府网，http://www.nanning.gov.cn/zjnn/lcjj/t681821.html。
③ 参见南宁市民宗委网，http://mw.nanning.gov.cn/zwgk/zwdtxx/gzyw/t2837156.html。

拉族、鄂伦春族、德昂族、塔吉克族、独龙族等40多个少数民族,有省际流动,也有区内流动。可见,少数民族流动人口数量多、民族成分多是南宁市少数民族流动人口的特点。

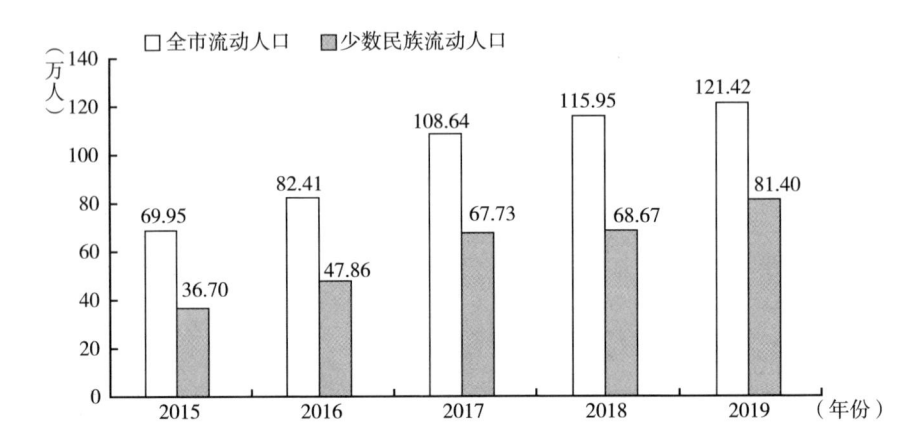

图1　2015~2019年南宁市少数民族流动人口情况

资料来源:根据南宁市委政法委人口流动科提供的资料整理。

(二)分布范围广,居住分散

南宁市作为少数民族人口数量多、民族成分复杂的首府城市,长期以来其少数民族人口分布呈现交错杂居的状况。南宁市少数民族流动人口在南宁市的五个县和七个区均有分布(见表1),其中超过10万人的县(区)有西乡塘区、青秀区、良庆区。少数民族流动人口主要分散在南宁市的各街道社区,形成大杂居、小聚居的格局,其中衡阳街道中华中路社区以回族、维吾尔族流动人口为主,北湖街道万秀村有少数民族流动人口2万多人,涵盖壮族、瑶族、侗族、苗族、仫佬族、毛南族等24个少数民族,是南宁市少数民族流动人口最密集的城中村。南宁市少数民族流动人口服务中心下设的少数民族流动人口服务站主要依据少数民族流动人群的聚居地区和活动集中区域来选址,分布在全市的各个区域,服务站的分布范围反映了南宁市少数民族流动人口居住分散的特点。

表1 2015~2019年南宁市少数民族流动人口分布情况

单位：人

县区	2015年	2016年	2017年	2018年	2019年
横县	151	1648	1749	1864	1636
宾阳县	2005	2069	2238	2333	2321
上林县	115	163	219	223	199
马山县	—	1401	1934	1898	1481
隆安县	3660	4256	4257	4264	34792
小计	5931	9537	10397	10582	40429
兴宁区	28672	29037	79068	86845	84423
江南区	89478	79949	78021	82895	92342
青秀区	130230	123760	114813	112652	98819
西乡塘区	213075	215075	216420	218620	257400
邕宁区	5766	5794	5800	6379	6403
良庆区	26824	36741	117590	126725	125439
武鸣区	956	960	1433	2917	3795
小计	495001	491316	613145	637033	668621
合计	500932	500853	623542	647615	709050

资料来源：根据南宁市委政法委人口流动科提供的资料整理。

（三）以青壮年为主，受教育程度不均衡

根据表2数据分析，从性别来看，少数民族流动人口中男性所占比例大于女性。以2019年末统计数据为例，男性少数民族流动人口约占少数民族流动总人口的55.84%，并且近几年均为男性人数多于女性人数。其主要原因为，少数民族流动人口流入城市，主要从事务工和经营本民族特色饮食、手工艺品等，而从事这类工作的以男性为主。从年龄结构来看，涉及各个年龄段，其中以21岁至50岁为主，属于青壮劳动力，年少的以及年迈的大多为少数民族流动人口的随迁子女和父母，值得一提的是，近年来50岁以上的少数民族流动人口增长较快。从受教育程度来看，大部分少数民族流动人口受教育程度偏低。以2019年数据为例，其

中受教育程度为大学本科及以上的只占少数民族流动总人口的1.4%左右[①]，其主要原因与从事的工作有关，即主要为经营本民族特色饮食、土特产等对受教育程度要求较低的行业。

表2 2015～2019年南宁市少数民族流动人口结构

单位：人

人口结构		2015年	2016年	2017年	2018年	2019年
性别	男	202457	264311	381328	387859	454517
	女	164534	214264	195977	298833	359489
年龄	20岁及以下	42206	34179	59883	65123	78744
	21～30岁	120088	145217	202192	155113	132517
	31～40岁	114884	172695	218732	253691	300914
	41～50岁	62272	86165	132965	139226	183212
	51～60岁	19976	28755	40450	52596	83306
	61岁及以上	7565	11564	18083	20943	35313
受教育程度	大学本科	12470	19424	26261	26313	10950
	研究生及以上	837	1215	1471	1477	471

资料来源：根据南宁市委政法委人口流动科提供的资料整理。

二 南宁市促进少数民族流动人口服务与管理的主要做法

（一）持续开展民族团结宣传教育

为使城市民族关系更加和谐融洽，南宁市通过开展一系列民族活动，引导教育少数民族流动人口树立"三个离不开"思想观念。以广西壮族自治区特色节日"壮族三月三"活动为例，通过开展唱山歌、歌舞表演、民族体育竞赛等主题活动，让少数民族群众深刻感受到民族团结理念。另外，还

---

① 因少数民族流动人口学历数据统计不全，此数据属于不完全统计，只做参考。

根据少数民族不同的特色节日开展联谊活动，把少数民族传统节日融入活动中，通过走访慰问、文艺演出、文化交流等形式，促进各民族之间的相互联系和情感沟通。南宁市还通过组织民族团结宣传教育小分队，深入少数民族群众聚集的社区、村等开展宣传教育活动，根据统计，每年惠及少数民族群众10多万人次。除此之外，南宁市还打造了一批民族团结进步示范单位，通过打造示范单位，推动各机关单位、学校、企业、社区等参与民族团结创建活动。

（二）构建"13456"立体服务平台

南宁市通过全方位服务让少数民族群众进得来、留得住、有发展，提升他们的归属感，构建了"13456"立体服务平台。

其中，"1"是指成立一个市级少数民族流动人口服务中心。"3"是指构建包含市、城区、社区三级民族工作服务网络体系，专门为少数民族群众提供服务。"4"是指建立完善工作准则、队伍建设、结对帮扶、法律援助四项基本服务制度。"5"是指成立民族工作干部骨干、社区"民族之家"成员、少数民族联谊会会员，以及民族工作信息员、民族关系协调员和民族工作专家顾问等五支服务队伍。"6"是指整合推进外来经商就业、住房租赁、子女入学、法律援助、困难补助、清真食品供应六大服务。

近年来，通过"13456"服务体系累计为10多万人次少数民族群众提供就业创业服务，为6万多人次解决住（租）房问题，为接近30万人次提供技能培训，为2万多人次提供法律咨询，解决近5万名随迁子女的入学难问题，让少数民族群众感受到实实在在的关怀。"13456"服务平台已成为全国民族事务服务体系建设的"五大模式"之一，其经验做法获得国家民委的充分肯定和推广。

（三）扎实推进"三心"工程

一是"暖人心"工程。主要是为少数民族流动人口解决实际困难，包括为其解决最基础的入学、就业等实际问题。例如，南宁市划出3条创业街，开设10个"跳蚤市场"，支持经商就业；良庆区大沙田街道银海社区专门成立就业培训和帮助团，每年为少数民族群众进行培训和推荐就业，受惠群众累计超过100人次；市级财政累计投入500多万元重建清真寺和清真饭店，在市区农贸市场设立清真肉类供应点等。

二是"心连心"工程。主要是与少数民族流动人口增进感情，通过尊重少数民族风俗习惯，鼓励支持各族群众开展传统节庆和联谊活动，如壮族的"三月三"、瑶族的达努节、侗族的"吃冬节"、回族的"开斋节"等。近年来累计举办各类交流联谊活动487场，参与群众超过10万人次。建立民族干部与少数民族流动人口结对联系制度，通过日常联系、节假日联欢等形式，密切与少数民族流动人口之间的联系。

三是"稳民心"工程。旨在提升少数民族群众尊严感。为使少数民族流动人口享有市民待遇，2012年起南宁市全面推行居住证制度，同时推动民族政策法律法规的普及和依法维权意识的提升。主要做法包括在全市开展普法教育和司法服务志愿活动，以及在流动人口集中区域设立少数民族流动人口法律援助站。完善民族关系协调机制，建立和完善少数民族流动人口流出地与流入地政府的联动机制。建立由民族工作信息员、民族关系协调员、民族工作专家顾问组成的南宁市民族工作"三支队伍"，协调处理涉及民族因素的矛盾纠纷。

（四）推动管理服务网格化

南宁市通过将社区民族工作与基层服务管理系统对接，借助城市治安天网工程，推动社区网格化治理。以万秀村等城中村为代表，通过积极创新社区网格化治理模式，铺就"上面千条线、下面一张网"的精细化管理网络，打通社会服务管理的"最后一公里"。截至2018年，全市主城区所有街道、社区和城中村完成网格基础建设，全市划分网格8000多个，已配备到位网格员6000余人，实现辖区管理"横向到边，纵向到底"，有效地避免了民族工作管理上的"真空"和"盲区"。

三 制约南宁市少数民族流动人口融入城市的问题

(一)经济基础问题

一是就业层次低,经济收入少。由于少数民族流动人口的学历水平一般都不高,多数选择零售业、餐饮业、建筑制造业等学历要求不高的行业。工资收入虽能保障基本生活,但难以充分享受文体娱乐、健康旅游等城市精神消费。在关于"对目前生活状况感到满意的选项"的问卷调查中,受访的少数民族流动人口对于经济收入、劳动就业、社会保障等满意度较低,选择比例均未超过25%。其中,经济收入的满意度最低。

二是创业选择少,维系较困难。少数民族流动人口在南宁市的自主创业主要集中在餐饮业、小食品零售等小本经营服务业等。通过对清真餐厅、兰州拉面馆、新疆特色餐饮店等的访谈发现,特色餐饮行业的收入较为可观,其特色产品在南宁有一定的消费市场,但小本经营的买卖容易受到季节、人口流动、消费认识和消费倾向等的影响。想要长久稳定地维系创业经济收益,对于缺少市场信息、技能单一的少数民族创业者来说仍存在一定困难。

三是就业流动性大,稳定性不强。由于少数民族流动人口在城市经济发展中处于相对边缘化的状态,流动性和不稳定性成为最大问题。据了解,大部分少数民族流动人口是合同制工人、项目制工人、临时工或经营小买卖的流动商贩。其就业和创业的层次普遍较低、技术含量不高、可取代性强,这就导致了少数民族流动人口就业流动性大、稳定性不强,在融入城市过程中,经济发展的基础不牢。

(二)制度政策问题

一是少数民族流动人口教育权益保障不到位。现行的九年制义务教育政策为少数民族流动人口提供了公平入学的权利。但是,这种政策的公平性在实际生活中较难实现。由于城市的优质教育资源多集中在经济社会发展情况相对好的核心城区地带,这些区域的房租等生活成本较高,少数民族流动人口多选择在城中村、城乡接合部等边缘地区租房安家,他们的子女所能享受到的也只能是城中村、城乡接合部等区域的教育配套资源。这种权益保障的不平衡在一定程度上减缓了少数民族流动人口融入城市的节奏。

二是少数民族流动人口养老、医疗等社保权益保障不到位。有的少数民族流动人口社会保障意识不强,不太愿意在打工时办理医疗、养老、失业、工伤等保险,有的经营者则仅给予职工很少的补偿。在医疗卫生方面,由于目前的医保制度尚未打通地域限制,少数民族流动人口在城市就医无法得到基本保障,由此影响了少数民族流动人口对城市的认同和融入。

三是少数民族流动人口临时救助权益保障不到位。目前,南宁市低保和临时救助政策的首要申请条件是有南宁市常住户籍,也就是说,少数民族流动人口不能与城市常住人口一样平等地享受最低生活保障、临时困难救助等社会保障政策。少数民族流动人口在城市中多以打零工、散工以及做个体小生意为主,基本没有社会劳动保障,一旦在就业过程中遭受意外伤害或遇到重大疾病,往往会对他们个人及家庭造成难以承受的打击。

(三)社会治理问题

一是对少数民族流动人口的服务管理能力有待提升。南宁市社区基层治理基本采取网格化管理的全覆盖模式,由于各城区的网格工作人员力量不均衡,个别城区人手不足,没有按照定期(一个月)走访小区家庭的要求开展流动人口核查,以至于社区无法及时掌握少数民族群众流动的信息,也无法及时了解少数民族流动人口在就业选择、社会交往等方面存在的困难和问题。此外,如图2所示,在关于"如果遇到民族方面的困难和问题时会通过什么方式求助?"的问卷调查中(可多选),"找本民族的亲友"和"找其他亲友"的占14.2%。如图3所示,在关于"新时代社区民族工作需要加强哪些方面的服务与管理?"的问卷调查中,69.5%的人选择"提供满足各族群众需求的便捷服务",63.6%的人选择"加强对少数民族流动人口的服务与管理"。由此可见,相关部门提供的少数民族工作服务的便捷度有待提升,社区服务管理少数民族流动人口的工作能力有待加强。

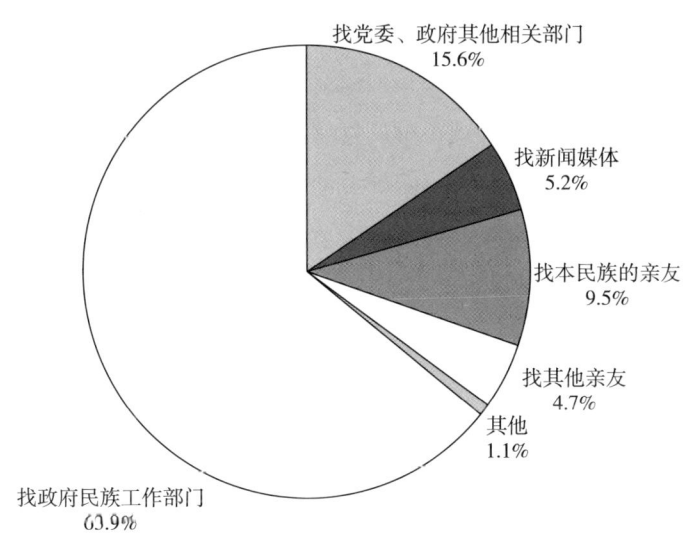

图 2　关于"遇到民族方面的困难和问题时会通过什么方式求助?"的问卷调查结果

资料来源：根据2018年南宁市民族关系监测调查问卷数据整理。

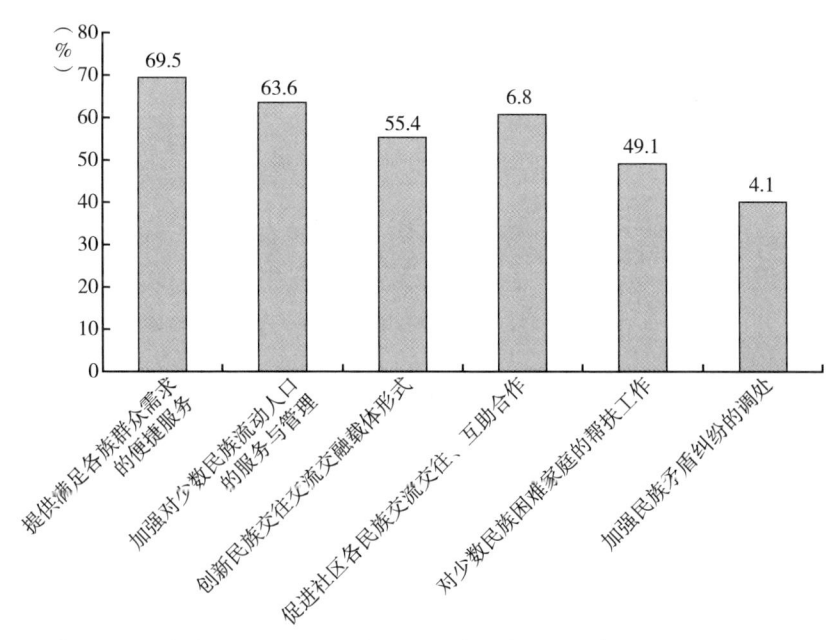

饼图数据：
- 找党委、政府其他相关部门 15.6%
- 找新闻媒体 5.2%
- 找本民族的亲友 9.5%
- 找其他亲友 4.7%
- 其他 1.1%
- 找政府民族工作部门 63.9%

柱状图数据：
- 提供满足各族群众需求的便捷服务 69.5
- 加强对少数民族流动人口的服务与管理 63.6
- 创新民族交往交流交融载体形式 55.4
- 促进社区各民族交流交往、互助合作 6.8
- 对少数民族困难家庭的帮扶工作 49.1
- 加强民族矛盾纠纷的调处 4.1

图 3　关于"新时代社区民族工作需要加强哪些方面的服务与管理?"的问卷调查结果

资料来源：根据2018年南宁市民族关系监测调查问卷数据整理。

215

二是新生代少数民族流动人口的社会治理问题凸显。新生代少数民族流动人口一般是跟随父母在城市中长大，对于祖辈生活的农村基本上没有任何情感依恋，对于从小生长的城市则期待较高。但是由于在其成长过程中，父母忙于生计，家庭教育存在一定缺失，部分孩子还存在初中之后就辍学等现象，在融入城市的过程中存在极大的不适应性，导致新生代少数民族流动人口的违法犯罪问题日益凸显。

（四）文化认同问题

文化认同是少数民族流动人口融入城市的最终体现。各民族之间在自然环境、社会观念、行为习惯及权利诉求等因素影响下，民族习俗、行为模式、身份认同等方面存在不同特点。如何从心理上、行为上融入城市文化，是当前亟须解决的重要问题。

一是不同民族文化影响少数民族流动人口融入城市社会生活。由于部分外来的少数民族在宗教信仰、民族饮食等方面均不同于南宁市本地的民族习俗，他们对宗教活动场所、饮食禁忌、婚丧礼俗等方面有着特殊需求，这就需要针对他们的民族习俗特点提供必要的服务管理，充分满足和保障他们的民族文化权益。

二是不同的身份认同问题影响少数民族流动人口融入城市。对于城市人身份的认同是融入城市的一个关键要素。在调研中发现，60%以上的少数民族流动人口对于身份的认识都是"我是南宁人，也不是南宁人"。这种矛盾的观点主要反映出少数民族流动人口在客观上认同自己在南宁务工的实际身份，同时在主观上又不认同自己城市居民的身份。肯定自我城市人身份的少数民族流动人口多是90后新生代群体，对于老一辈的少数民族流动人口来说，农村是他们出生成长、有着血缘依恋的地方，他们更认同自己农村人的身份。基于这两种不同的身份认同，他们的行为模式也有所不同。新生代少数民族流动人口更多地选择休闲舒适的城市生活模式，老一辈少数民族流动人口则仍按照勤俭节约的农村生活模式支配他们的家庭生活和社会交往，这往往与繁荣、时尚的城市生活存在一定的冲突。

三是对于城市秩序规则的认同问题影响少数民族流动人口融入城市。少数民族流动人口来到城市发展，不可避免地带有农村闲散、自由的观念，在融合初期存在一定的误解和冲突。如选择在街边摆摊的小商贩，可能认为只要是正经买卖、童叟无欺就能天经地义地做生意了，但是对于城市管理中道路秩序的维护和环境卫生的维持等问题，他们则没有过多地考虑。这就可能导致他们的一些行为模式违反城市管理相关规定，进而造成他们在融入城市的过程中出现规则认识方面的冲突。

四 南宁市促进少数民族流动人口融入城市的对策建议

（一）夯实经济基础，树立融入自信

1. 营造优良的经济发展环境

一是转变思想观念，使少数民族流动人口更好地分享城市经济发展成果，将少数民族流动人口视作南宁市地方经济社会发展不可或缺的宝贵资源与财富，实施包容性、协调性的区域经济发展战略，使各阶层、各民族群众享有平等的就业机会和创业机遇。二是鼓励、促进、保护少数民族个体经济、私营经济，尤其要鼓励少数民族流动人口创立的小微企业发展，在职业规划发展、职业技能培训、产业转型升级、小额担保贷款贴息和创业孵化等方面提供政策支持。三是通过行业监管、行业自治等形式，在涉及少数民族流动人口的相关行业营造行市协作共生的良好氛围，使少数民族流动人口从事的相关行业有业缘、有行市、不孤立，使谋生手段转变为融入城市生活的介质，建立工作生活中的业缘圈。

2. 提升创业、就业技能

采取政府部门和社会力量办学相结合的方式，为少数民族流动人口搭建创业致富的平台，根据行业层次制定培训计划和培训课程，为有创业愿望和培训需求的少数民族流动人口提供常态化、规范化的培训。对于那些没有创

业愿望、只想安心就业的少数民族流动人口，则可以提供办学体系多元化、长短结合、高中低配套的就业技能培训体系，并分不同行业、不同工种、不同岗位进行基本技能培训，帮助其进一步拓宽就业渠道、提升就业层次。创业培训和就业技能培训可以以政府补贴的形式由社区组织开展，在课程设置上，可以有电子商务类、烹饪技能类、手工艺品制作类、特色农业种养类、家装设计类等。

（二）完善体制机制，保障合法权益

1. 进一步完善管理体制

针对少数民族流动人口管理的问题，不定期召开民族、公安、城管、民政、司法、流动办、人社、共青团等部门的联席会议，构建党委统一领导，有关部门各司其职、密切配合、通力协作的工作格局。在市维稳办成立"处理涉少数民族矛盾纠纷专项工作组"，确保能够及时处理少数民族矛盾纠纷。搭建"民族工作信息员—民族工作协调员—民族关系联络员—社区网格化管理员"的横向联系网络和"联席会议—专项工作组—城区政府—社区—少数民族流动人口服务中心—民族关系监测点—民族关系联络员"的纵向管理体系，及时掌握、反馈和解决少数民族流动人口诉求，深化矛盾纠纷化解机制，为少数民族流动人口融入南宁市营造和谐环境。

2. 依法保障少数民族流动人口合法权益

一是保障少数民族流动人口子女享受优质教育资源。首先，保障少数民族流动人口子女持南宁市居住证能够享有平等接受九年义务教育的权利，促使各民族学龄儿童在学校共同学习和互动，增强民族团结和少数民族对城市及国家的认同。其次，持续推进"租售同权"在学区教育资源享有方面的试点改革，保障租房人与购房人都能平等拥有相应学区的入学资格。再次，推动优质教育资源的合理布局，促进南宁市城区教育均衡发展，切实解决少数民族流动人口"入好学难"的问题。最后，充分挖掘公立学校的潜力，尽可能多地接收少数民族流动人口子女入学，不得加收各

种费用。在贫困生资助方面，可以适当对少数民族流动人口家庭倾斜。在少数民族流动人口密集区域，对于少数民族学生占比超过30%的私立学校，政府及教育部门可以给予一定的财力支持，在教师的职称晋升等方面也可以给予一定的优惠。

二是进一步完善少数民族流动人口医疗、养老等基本保障。持续深入破除户籍壁垒，建立健全包含少数民族流动人口在内的社会保障体系，最大限度地给予少数民族流动人口市民待遇。健全完善少数民族流动人口社会保障制度的城乡衔接，持续深化养老、医疗、失业等社会保障体系的改革，对少数民族流动人口实行最低生活保障制度，对那些因失业或其他各种问题陷入困境的少数民族流动人口给予及时必要的社会救助。不断完善劳动力市场，增加就业机会，制定公平竞争的劳动就业政策，消除民族就业歧视，为少数民族流动人口提供公平的就业环境和就业机会。搭建南宁市劳动力信息平台，充分发挥信息的指引作用，促进劳动力市场信息在少数民族流动人口群体中流畅传递，使少数民族人员能够合理、有序地流入南宁市，融入市民正常的生产生活中。

3. 建立与输出地政府的合作机制

可以借鉴广州建立西北五省区驻穗办事处联席会议的方法，建立南宁市少数民族流动人口输出地联席议事机制。一是该合作机制要在少数民族流动人口劳务输出、技术培训等方面起主导作用。南宁市作为少数民族流动人口输入地，提出劳务用工需求，由输出地政府根据需求对拟输出的人员开展专业技能和城市管理相关法律法规培训，组织劳务输出并提供就业信息。输出地政府还可以与用工企业签订劳务输出合同，同时根据企业的需求组织培训。二是建立少数民族流动人口电子信息数据库，与输出地政府实时共享动态信息。三是输出地政府应主动协助提供流入少数民族人员名单、基本情况等，并做好其家属的思想工作。四是南宁市与输出地政府可以定期组织、协调两地民族、治安、城管、民政、人社等相关政府部门开展互派民族工作干部考察、挂职交流等，通过加强学习沟通，共同了解、及时掌握、协作解决少数民族流动人员在生产生活中遇到的问题。

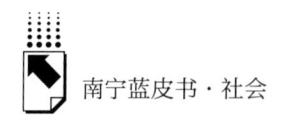

（三）营造包容氛围，形成内在交融认同

1. 持续加强民族团结宣传

一是对国家、广西、南宁市的民族政策进行充分宣传，将少数民族人员在南宁市应当享有的权益、如何维权、如何寻求帮助等宣传到位。在部分社区试点设置民族政策法规服务台，开通少数民族服务热线，提供相关法律法规、民族政策等方面的咨询服务。二是充分利用传统媒介和新传媒的不同优势，采用多层次宣传手段对民族团结进行宣传指引。例如在南宁市民族宗教网上设置针对不同民族的主题页面，举办"民族团结电影展映进社区""少数民族流动人口南宁一日游"等活动，不断充实《南宁市少数民族流动人口服务手册》的内容，为少数民族流动人口提供有针对性的政策宣传服务。

2. 增强少数民族流动人口的秩序意识

增强秩序意识离不开法治教育。法治教育包含两个方面，一是城市生活的规则教育，用于帮助少数民族流动人员了解在城市生产生活中必须遵守的秩序和规章，预防和制止违法犯罪现象，主要针对少数民族流动人员在城市经营中存在的证照不全、不按章纳税、乱摆乱设、餐馆安全和污染隐患等不规范问题。二是维权教育，帮助少数民族人员了解矛盾纠纷解决途径、维权手段和方式等。少数民族流动人口初入城市往往处于弱势地位，政府在进行维权教育宣传的同时还应当设置少数民族法律服务绿色通道，提供救助、法律援助、受理投诉等服务，保障其合法权益不受侵害。南宁市可以在原有的少数民族法律援助站基础上，依据少数民族流动人口的分布情况增设法律援助联络点，同时设置专门针对少数民族的法律援助项目，在民族工作服务队伍中增设少数民族法律援助联络员，专门提供法律援助的宣传和申请指引。

3. 促进民族文化共融

一是加强对少数民族传统文化的保护。打造包含各民族文化精髓、符合社会主义核心价值观的现代主流文化，为少数民族创造学习现代主流文化的条件，减少文化转型的成本。二是尊重不同民族的饮食文化。严格执行教育部、国家民委发布的《关于在各级各类学校设置清真食堂、清真灶有关问题的通知》中对学校设置清真食堂的规定,解决私立学校、民办幼儿园中有民族生活习俗特殊要求学生的饮食难问题。三是满足少数民族流动人口合法的宗教信仰需求。尊重和保护少数民族正当的宗教信仰活动,为少数民族宗教活动提供场所,发挥宗教的正能量。四是持续加大对少数民族开展传统节庆活动的资金支持力度,加强少数民族流动人口与市民联谊活动的组织力度,如"走进少数民族聚居区促和谐""社区邻居节"等,让少数民族流动人口在传统节庆和联谊活动中感受到包容的文化氛围和家的温暖。

(四)创新基层治理服务,促进主动融入

1. 建设互嵌式社区

一是着力提升社区少数民族管理服务功能。完善社区服务站布局,实现少数民族流动人口服务中心(站点)全覆盖。在社区建立调解室、警务室、居民议事室、文体活动室、阅览室、多功能室等,持续完善互嵌式社区的便民服务功能。以团结互助为主题,培育邻里互助、关爱帮扶、志愿服务、创业援助、失业帮扶等各具特色的社区服务品牌项目,搭建少数民族流动人口在社区与市民交往交流交融的平台。二是创新少数民族流动人口社区服务模式,可以借鉴银川市"5321"社区服务的做法。"5"是指"生活困难必帮、重大活动必邀、病重住院必探、特殊情况必访、有重大纠纷必解"等五项措施,"3"是指与少数民族居民代表每周电话交谈一次、每月面谈一次、每年座谈一次,"2"是指建立完善"少数民族之家"(南宁已建立)、"少数民族流动人口服务站"双平台,"1"是指公开一部热线电话,促进少数民族流动人口主动地快速地融入社区生活。

2. 探索以少治少的自我管理模式

一是在南宁市搭建少数民族流动人口的政治参与平台,邀请少数民族代表列席人大、政协会议,司法部门聘请少数民族代表对涉少数民族案件审理过程进行监督。二是建立行业协会,在规范行业自律、化解纠纷矛盾、促进行业发展等方面发挥积极作用。三是建立少数民族联谊组织,进而成立若干

联络小组，在少数民族流动人口中挑选出有威信、组织协调能力强、热心服务的民族骨干作为联谊组织负责人，提高少数民族流动人口的自我管理能力，提升社区管理的有效性。四是聘请少数民族流动人口积极分子为代表参加民族工作志愿者服务队，激发少数民族流动人口参与社会治理与服务的积极性与主人翁意识。

3. 以需求引导精细化服务

一是不断深化和加强现在已有的就业指引、就业创业培训、政策咨询、法律援助等服务内容，为少数民族流动人口提供精细化服务，帮助其解决实际困难。二是将心理疏导和心理调适纳入服务内容。少数民族流动人口在融入城市生活过程中心理适应性弱，极易在思想上走极端，形成矛盾冲突隐患。在社区设置心理疏导室，聘请心理医生每月为有需求的少数民族流动人口提供心理疏导或谈心服务，排遣他们的不良情绪和负能量，为社区和谐奠定心理基础。

4. 引入社会化服务主体

一是充分发挥社团组织、社区自治组织、企业等主体的优势，实现党委领导、社会协同、共同治理。二是少数民族流动人口较为集中的企业可以充当政府与少数民族流动人口之间的联络媒介，并为他们提供精细化服务，如为少数民族员工制作民族餐，单独安排员工宿舍，在民族节庆时给民族员工放假、发放节假日奖金等。三是探索运用社工服务模式，通过政府购买、社工提供服务的形式，将社会组织、社工志愿团体引入民族互嵌式社区的建设中，使少数民族流动人口的服务工作从行政事务中分离出来，实现服务工作的精细化和专业化。

参考文献

[1] 陈纪、朱珊：《论城市融入视角下少数民族流动人口服务管理问题》，《四川民族学院学报》2018年第3期。

［2］高向东、李芬：《大城市少数民族流动人口城市融入指标体系构建研究》，《人口与社会》2018年第4期。

［3］裴新伟：《少数民族流动人口城市融入的路径研究——基于社区治理的视角》，《青岛行政学院学报》2018年第3期。

［4］孙军：《促进大连市少数民族流动人口社会融入的建议》，《中国民族报》2019年1月4日，第6版。

［5］王娜娜：《少数民族流动人口随迁子女城市教育融入问题研究——以青岛市为例》，《四川省社会主义学院学报》2019年第3期。

［6］吴雪、睢党臣：《少数民族流动人口城市融入问题研究》，《西安电子科技大学学报》（社会科学版）2019年第1期。

［7］姚文静：《论城市少数民族流动人口社会融入的障碍与对策》，《东莞理工学院学报》2019年第2期。

［8］张伟豪：《少数民族流动人口城市融入及随迁子女教育问题探析》，《贵州民族研究》2019年第8期。

专题研究篇

Special Reports

B.16
南宁市创建国家级医养结合试点研究

隆邦臻 匡建波*

摘　要： 近年来，南宁市以全国首批医养结合工作试点城市建设为契机，将医养结合工作纳入养老事业和健康产业发展统筹规划，积极探索医养结合南宁模式，打造医养结合南宁名片。针对医疗机构开展养老服务的政策扶持力度不足、民营养老机构提供优质照料护理服务的能力不强等亟待解决的问题，南宁市应当采取协调推进医养结合扶持政策出台、大力推进社区医养结合项目、统筹推进老年照护培训项目、探索推出长期照料护理险等措施，提升医养结合综合服务能力。

---

* 隆邦臻，南宁市老龄办主任；匡建波，南宁市卫生健康委老龄健康科科长。

关键词： 医养结合　老龄化　养老事业　健康产业

近年来，南宁市以入选全国首批医养结合工作试点城市为契机，在市委、市政府的领导下，将医养结合工作纳入养老事业和健康产业发展规划，加强顶层设计，采取扎实措施，积极探索医养结合南宁模式，较好地推动了医养结合工作扩面提质，以居家为基础、以社区为依托、以机构为补充、医养结合的养老服务体系逐步形成，为实现南宁市健康老龄化、积极老龄化奠定了坚实基础。南宁市三个医养结合案例入选2019年全国医养结合典型案例名单。

一　南宁市医养结合试点建设基本情况

南宁市辖七城区五县、三个国家级经济开发区，截至2020年1月，全市60周岁及以上人口有125.02万人，占全市人口总数的16%，65周岁及以上人口有91.2万人，占全市人口总数的11.6%，80周岁及以上人口有22.2万人，占全市人口总数的2.80%，老龄化程度比较高。截至2020年1月，全市有30所医疗、养老"两证齐全"的医养结合机构（其中养老机构为19所、医疗机构为11所），数量居全区首位。

南宁市老年人就医环境良好，全市一级以上公立医疗卫生机构能够为老年人就医提供不同形式的便利服务和绿色通道。入住养老机构的老年人医疗有保障，全市养老机构能够通过内设医疗机构或与周边医院签订协议为入住老年人提供医疗卫生服务。老年医学学科建设稳步推进，市、县两级15所公立二级及以上综合医院均已开设老年医学科。全市社区卫生服务中心（站）、乡镇卫生院为老年人提供健康管理服务，确保疾病早发现、早诊断、早治疗。截至2019年12月，南宁市老年人健康管理率达到71%。

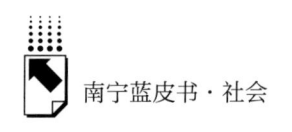

二 南宁市医养结合主要做法及成效

（一）加强顶层设计，突破医养结合政策瓶颈

1. 党政领导高度重视

南宁市委、市政府高度重视医养结合工作，市委书记王小东亲自带队到北京洽谈医养结合项目，市长周红波多次做出批示，要求市卫健委、民政、人社等有关部门认真学习先进地区的医养结合经验，切实推进医养结合工作。市财政投入1000万元用于医养结合试点建设，市委改革办把推进养老服务综合改革试点城市和核心区建设纳入全面深化改革的重要项目，对医养结合工作实行挂牌推进。

2. 政府层面出台实施方案

完善养老事业发展规划，加强顶层设计。制定实施养老服务业发展专项规划，明确发展思路、发展目标、空间布局、设施建设、土地供应、重大项目、资金投入、政策保障。2017年7月1日，市政府办公厅印发了《南宁市推进医疗卫生与养老服务相结合工作实施方案》（南府办函〔2017〕235号），提出"2020年底，基本建成全面覆盖城乡、功能齐全、布局合理的医养结合服务网络，培养一批医养结合知名品牌，打造一批竞争力强、满足多元需求的医养结合产业集群"的发展目标，并提出了一系列操作性强、务实有效的政策措施，全力支持和促进医疗卫生服务与养老服务相结合，实现创新发展，为南宁市开展医养结合工作提供了政策支撑和制度保障。发挥政府在规划编制、政策制定、市场规范、投入引导等方面的主导作用，统筹各方资源，推动形成互利共赢的发展格局。

3. 完善配套政策设施

近年来，南宁市先后出台了《南宁市加快发展养老服务业实施意见》《南宁市健康产业三年专项行动计划实施方案（2017—2019年）》《南宁市居家和社区养老服务改革试点工作实施方案》《南宁市居家和社区养老服务组织运营补贴暂行办法》《南宁市居家养老服务规范化、标准化制度与流程模版》《南宁市政府购买居家养老服务实施意见》等文件,加强养老服务设施配置,鼓励发展多元化养老服务,大力培育健康养老新业态,推动特色养生养老产业发展,为医养结合提供了良好的发展空间,加快了南宁市健康养老工作的步伐。

4. 完善养老服务规划布局

全面发展县(区)级养老福利机构,要求到2021年,各县区、开发区都全面建成一所300~500张床位的示范性养老福利机构。另外,南宁市根据人口规模、老年人口数,统一规划建设日间照料中心、养老机构等设施,城市社区日间照料中心从无到有共建成155个,并要求开发商在新建小区或旧城改造时建设配套养老服务设施。在政策规划方面,2019年投入100万元用于编制《南宁市养老服务业长期规划》,高标准、高起点谋划当前及未来一段时期南宁市居家和社区养老服务发展。

近年来,南宁市先后吸引了太和·自在城、泰康之家·桂园、五象养老服务中心、华润·悦年华颐养社区等多家大型高端医养结合综合体项目的进驻,为各类老人提供集养老、护理、医疗、康复于一体的安全可靠的精细化医养结合养老服务,形成了产业链长、辐射面广的健康养老产业集群。

(二)积极探索创新,打造医养结合南宁名片

医养结合中,"医"是以医疗机构为依托,在传统养老基础上融入医疗保障,在建筑和功能设计上注重专业化医疗和个性化护理深度融合,并配有全科医生、康复师、营养师等,定期检测体温、脉搏、血压等健康状况,为老年人提供生活照护、营养配餐、保健医疗、康复调理等一体化服务。"养"则包括生活照护服务、精神心理服务、文化活动服务等。将养老机构和医院功能有效衔接,把生活照料和康复关怀深度融合,做到共建共享、优势互补、上下联动,为老年人提供更优质的医疗护理和养老服务。

2016年以来,南宁市统筹各方资源支持开展全国医养结合试点工作,

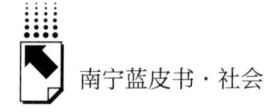

推进医疗卫生和养老服务有机融合，初步形成了养中有医、医中有养、医养合作、家庭医生签约服务、社区居家医养服务等五大类医养模式。

1. 养中有医模式

养老机构根据自身规模和需求，设立门诊部、护理院、卫生室或一级以上医疗机构等，由医疗机构的医务人员为入住老年人提供生活照护、营养配餐、保健医疗、康复调理等基本的医疗卫生服务，如南宁市社会福利院、广西重阳城老年公寓、中科护理院等。通过"养中设医"，养老机构为入住老人建立健康档案，把生活照料和康复关怀融为一体，积极发挥医疗康复服务特色，开展"医养一体化"服务。

青秀区福利养老院是南宁市首批集医疗护理、康复保健、生活照料、娱乐、心理辅导、临终关怀功能于一体的公立医疗养老机构、社保定点医疗机构、南宁市老年护理培训基地。青秀区福利养老院同时是南宁市第一人民医院青秀分院。作为第一人民医院医疗集团下属的二级综合医院，常见病专科、手术、麻醉、影像医学、检验、中医等学科一应俱全，做到了一站式解决老人的养老和看病就医问题，真正把医养结合起来。养老院一期提供300张床位，以接收半失能和全失能老人为主，将成为广西首家以医养结合为特色，集健康管理、康复、养老于一体的高端养老机构。

近年来，南宁市还大力引入社会资本推进养老服务业建设，在建的泰康之家·桂园、华润·悦年华颐养社区等医养综合体项目均规划建设二级医院（康复医院），以进一步增强养老机构医疗卫生服务的保障。泰康之家·桂园将配置二级康复医院，约410张康复护理床位，提供包括独立生活、协助生活、专业护理、记忆照护、老年康复及老年医疗在内的覆盖老年人全生命周期的连续健康服务。

2020年4月23日举行开业揭牌仪式的南宁市五象养老服务中心标志着南宁养中有医模式的再次升级。该中心是南宁市政府立项建设的公办医养结合养老机构，是南宁市重大民生项目，也是财政部养老服务行业PPP示范项目。为实现医养结合，将建设一座150张床位的老年病康复医院，并且配套建设了能同时容纳30多人进行治疗的高压氧舱，是国内少有的配套建设康复医院、配置高压氧舱的养老机构。该中心二级康复医院的投建,将实现养老机构与医疗机构同步建设,为入住机构的老人提供最适宜的医疗配套服务。该中心还运用医疗、护理、社工、心理咨询等多学科联合模式,在医养结合上进行了大胆创新,全面改变过去入住养老机构的老人生病才诊治的做法,在老人"未病"状态下就进行健康干预,为每个老人制定个性化的健康管理方案。

2. 医中有养模式

鼓励有条件的公立、民营医疗机构充分挖掘医院自身资源,在医院内设置养老院,提供医疗护理和养老服务。医疗机构与养老机构为同一法人,实行独立设置、相对隔离,行政和运营统一管理,老年人患病需要住院时转入医疗机构进行专业治疗,康复后再转入养老机构休养。目前,全市共有11家医疗机构提供养老服务,推进医疗卫生和养老服务有机融合。公立医疗机构开展较好的有市第八人民医院,作为南宁市首批医养结合示范地,该院探索的"医为主养为辅,整体无陪护"医养结合新模式,得到了社会各界的认可。2019年,该院专门建了一栋独立的中式古典风格的颐养楼,正式将医疗区域与养老区域分开。

市第一人民医院发挥医疗机构优势,通过招标方式,承接了良庆区大塘镇、那马镇、那陈镇、南晓镇四个镇的养老机构的运营管理,并设立了门诊部。入住的老人先接受健康检查和需求评估,医院根据老人自理能力的不同,分为三级护理、二级护理、一级护理和特殊护理,为入住老人提供分级医养服务。市属医院在院外开展健康养老业务,市第一人民医院是第一家。

民营医院开展较好的有南宁广济高峰医院,该院内设的夕阳红康复护养中心设置床位147张,利用医疗优势,特设医疗小组,专业医疗查房,24小时不间断看护,完善健康档案,为老人提供便利、权威的医疗康复服务,方便为老人诊治疾病。同时,融合适老化配套,为老人提供涵盖吃、住、医、养、娱的全方位高品质养老服务,常年入住率在80%以上,为入住的老年人营造了一个"老有所养、老有所乐、老有所医"的温馨家园。

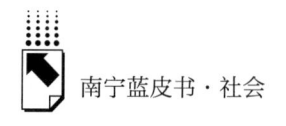

3. 医养合作模式

医疗卫生机构与养老机构建立协作机制、签订合作协议，形成养老联合体，旨在为养老机构开通预约就诊绿色通道，为入住老年人提供出诊、健康管理、免费体检、保健咨询、急诊急救等服务，按照"国家基本公共卫生服务项目"要求，对高血压、糖尿病、肺结核、艾滋病等慢性病患者进行慢性病管理，确保入住老年人得到及时有效的医疗服务。为养老机构老年人提供便捷的一体化健康和养老服务。如家丽怡康馨园与市第四人民医院合作，新阳真情养老院与市第三人民医院合作，一心养老院与社区卫生服务站合作，广西医科大学养老服务中心与广西医科大学合作等。

4. 家庭医生签约服务模式

乡镇卫生院、社区卫生服务中心（站）通过开展家庭医生签约服务，为老年人提供个性化居家医疗服务，如提供免费的基本公共卫生服务和不同档次的收费服务项目等，满足不同老年人的健康养老服务需求。每个乡镇卫生院、社区卫生服务中心（站）根据自身资源，由临床医师（全科医师、中医师）、公卫医师、护士等组成若干个家庭医生服务团队，通过"定期+按需"的服务模式分片负责辖区乡镇村屯、街道社区老年人的基本医疗、公共卫生、健康教育和健康管理等工作。为更好地对签约老年人进行动态管理，南宁市在社区卫生服务中心（站）增设了集签约、宣教、诊疗、康复和慢病随访等功能于一体的家庭医生工作室，在导医台设置了导诊护士，负责建档、签约、抽档、引导病人就诊等工作，签约的老年人可享受家庭医生诊室专属服务。

5. 社区居家医养服务模式

为补齐养老机构医疗设施的不足，南宁市发展多元化养老服务，通过全面放开养老服务市场，鼓励和支持各类民间组织、机构和个人从事居家养老和社区养老服务。通过特许经营、公建民营或民办公助等模式，由养老企业运营社区日间照料服务中心，并组建医疗服务团队，通过在社区日间照料中心设立卫生室或与医疗机构合作的方式，为居家老年人提供社区照料、日间娱乐、医疗护理、配送餐等一体化服务，促进了居家和社区养老服务能力的提升。经过探索，南宁市社区医养融合呈现良好发展势头，如青秀区南湖竹溪社区卫生服务中心从2017年4月起提供医养结合服务，该中心以居家养老为主、医疗养护为辅、以家庭医生为纽带，为周边社区的老年人提供健康服务。全天候的专业护理有效缓解了老年人的病痛，提高了他们的生活质量，打通了养老的"最后一公里"。该社区卫生服务中心除为周边失能半失能老人提供全天候护理照料外，还通过日托和助餐等居家养老服务方式，辐射社区其他有需求的老年人群体，老年人可以白天入托接受照顾和参与活动，晚上回家享受家庭生活。其他一些社区也推出了不同形式的医养结合服务，如南铁北三区的南宁市老来福社区养老服务中心设立中医治疗室，瑞士花园社区养老服务中心与瑞士花园社区卫生服务站合作为老年人提供服务等。

（三）整合卫生资源，提升医养结合综合服务能力

1. 发挥中医药特色优势，提高参与健康养老服务能力

一是提供老年人"治未病"服务。建立以南宁市中医医院为牵头单位的中医预防保健（治未病）服务体系，并自行研发了"中医体质辨识系统""中医健康管理系统"等软件。在全市8家中医医院中医预防保健科开展中医预防保健服务，规范中医药预防保健服务健康养老的内涵，提供健康干预治疗方案，取得了良好的诊疗效果。

二是加强中医药服务基层建设。实施为民办实事、提升基层中医药服务能力项目，开展基层中医药知识技术培训，为乡村卫生室配备中医诊疗设备。在50个社区卫生服务中心（站）、120个乡镇卫生院和1382个村卫生室提供中医药服务，提高了基层卫生部门为老年人服务的能力和水平。同时，建成了脑病科、壮医科、针灸推拿科、妇科、脾胃病科等独具特色的中医药重点专科，为老年人提供个性化的健康服务。

三是积极构建中医"医养结合"健康养老服务体系。扎实推进基层医疗机构中医馆项目建设，在基层医疗卫生服务机构建成105个"中医馆"，改善中医药诊疗环境，提高中医药技术水平，集中开展基本医疗、预防保

健、养生康复等一体化中医药服务，极大满足辖区内老年人对中医健康服务的需求。探索建设以市中医医院为核心单位，部分社区卫生服务中心、养老服务机构为成员的中医医疗养老联合体。

四是积极推动中医药养老服务业发展。依托基本公共卫生服务项目，积极开展中医药健康管理。力争到2020年底，65岁以上老年人中医药健康管理率超过45%。探索中医药健康养老服务融入家庭签约医疗服务，建设两个自治区级中医药医养结合示范基地。推动南宁市中医院失能老人康复综合养护院（南宁第一养护院）建设，提高南宁市中医药医养结合水平。

2. 开展老年医学研究，为老年健康提供医学支撑

2019年7月，南宁市率先在全区成立南宁市医学会老年医学分会，通过整合全市的老年医学资源，推进老年健康相关科学研究，提高老年医学科研水平，为老年人提供更加科学的医养指导服务。

一是开展老年医学学科基础研究。推动二级及以上综合医院、二级以上中医医院开设老年医学科，研究老年人常见病和多发病的病因、病理和临床特点，寻找有效的诊疗和防治方法。根据老年人不同体质和健康状态提供更多中医养生保健、疾病防治等健康指导，为老年人的防病治病和卫生保健提供科学依据。

二是开展老年综合评估研究。推动二级及以上综合医院和医养结合机构建立老年综合评估室，为老年人提供一站式综合评估服务。采用多学科的方法，对老年人的身体情况、功能状态、心理健康等多方面进行评估，并根据评估结果，制订治疗计划和干预措施，以维持、改善老年人健康和功能状态，最大限度地提高老年人的生命质量和生活质量。

三是优化老年医学资源配置。支持部分二级综合医院加挂老年医院牌子，针对老年人患病的生理、病理、心理特点，建立卒中单元、老年康复中心、老年健康管理中心、老年失智管理中心、老年示范病房、长期照护病房、临终关怀病房等老年特色科室，开设老年健康特色门诊，全方位满足老年人的健康服务需求。

3.以人为本出台政策，开展特殊群体养老照护服务

针对计划生育特殊家庭，推行以生活照料、家庭保健、照顾护理、精神慰藉、紧急救援等为主的医养扶一体化服务。通过打造医疗绿色通道、建立养老保障绿色通道、推进社会关怀绿色通道、建立家庭健康信息档案、开展医疗服务救助、开展爱心赡养、实施经济扶助等一体化的医养服务，切实解决计划生育特殊家庭等困难群体的医养问题。同时，出台《南宁市计划生育家庭特别扶助办法》，全市统一给失独家庭发放一次性扶助金，给失独和子女伤残家庭发放养老补贴、医疗补贴、生活照护补贴、人类辅助生育扶助金。此外，为计划生育特殊家庭提供各种医养优质服务，组织开展各种关爱活动，成立志愿者服务队，为他们提供康复护理、心理干预、精神慰藉等服务项目。截至2019年底，南宁市已有1000多名计划生育特殊家庭老年人享受了养老照护服务。

三 南宁市医养结合试点工作亮点

（一）三个医养结合案例被评为全国医养结合典型案例

2019年12月，国家卫健委发布了《关于全国医养结合典型经验名单的公示》，对全国200个医养结合典型案例进行了公示。南宁市卫生健康委、南宁市第八人民医院、南宁广济高峰医院三个单位的医养结合工作经验入选。广西共有4个单位入选，南宁占了3个。

（二）创新公立医疗机构参与健康养老模式

2019年，南宁市第一人民医院先后托管了良庆区大塘镇养老服务中心和青秀区福利院，市第二人民医院筹备托管江南区民政综合园的工作。相比社会力量，公立医疗机构具有资源和专业技术上的天然优势，能够为老年人提供无缝连接的医疗、健康管理、护理、养老、康复服务。南宁市公立医疗机构运营管理政府投资兴建的养老机构，这一医养模式为全区首创，通过

"公建公营",实现医疗资源与养老资源的最大化利用,做到共建共享、优势互补、上下联动、共谋发展,努力构建医、养、康、护有效衔接的服务新格局。

(三)所有市属公立医院机构增加"养老服务、培训"职责,获得养老服务资质

为拓展健康养老业务、构建多层次医养结合服务模式,市属13家公立医院申请增加"养老服务、培训"职责,并已得到市编办的同意,在全区率先实现市属公立医疗机构养老资质全覆盖。公立医院拓展养老服务可促进服务主体多元化、服务方式多样化、服务队伍专业化,利用现有医疗资源开展养老服务,积极统筹医疗、医药、医保资源与养老、养生、养病服务全面融合,为老年人提供便捷化、全覆盖的基本健康养老服务和专业化、全方位的医疗护理康复服务,满足老年人多层次、多样化的健康养老服务需求。

四 南宁市创建医养结合试点存在的问题

(一)对医疗机构开展养老服务的政策扶持力度有待加大

医养结合是一个运营成本很高的产业,无论是硬件设施还是软件服务都需要一定的财力、人力作为后盾,目前有关部门对医疗机构提供养老服务的扶持力度仍有待加强。大部分医疗机构特别是公立医疗机构的医务人员、业务用房等资源比较紧缺,如在土地政策、经费使用、人力资源上得不到更多支持,很难全身心投入养老服务事业。

(二)民营养老机构提供优质照料护理服务的能力有限

能否提供良好的照料、护理服务是群众选择是否入住养老机构的重要指标。大部分民营养老机构举办的初衷以提供养老服务为主,不少民办养老机构缺乏运营经验,甚至盲目扩张,没有形成品牌号召力。内设医疗机构服务能力和水平还比较低，内设医疗设施功能不完善，而且护理员待遇低、劳动强度大、工作责任大、社会认可度和社会地位不高、缺乏良好的晋升机制，导致民营养老机构无法吸引优秀的人才，医疗护理人员不仅普遍不足，而且很不稳定，流动频繁。

另外，部分民营养老机构存在"重养轻医"的护理理念，从事护理专业的大都是一些受教育程度较低、年龄较大的护工，技能单一，取得高级护理员资质的为数极少，整体质量不高，再加上机构资金有限，没有组织对从业人员的专业培训。从业人员在专业技能、应急能力、服务素质等方面都很难适应岗位要求，养老服务产品档次低，尤其是医疗和护理服务水平与群众期望差距大，床位空置率高，容易形成恶性循环。据统计，民办养老机构数量是公办的3倍以上，养老床位数量是公办的4倍，有1万多张，但因服务内容单一、专业人员缺口大等，床位闲置率高，个别机构超过50%。

（三）居家养老医疗护理保障"最后一公里"仍有不少难题

基层医疗卫生机构提供上门服务存在政策及法律障碍。家庭医生上门为行动不便老人、失能半失能（失智）老人提供诊疗服务存在执业上的法律风险；家庭病床设置标准及其医保的解决还没有政策依据；基层医务人员除常规门诊外，还将增加健康教育、饮食用药、康复保健等公共卫生服务，基层医务人员诊疗服务收费低，如上门诊疗服务费仍然执行5元/次的收费标准，2005年以来一直未调整，基层医务人员超工作量部分未得到补偿。家庭医生缺口大，上门服务工作量大，导致家庭医生的积极性和工作质量下降。在老年人认知方面，不少老年人对社区服务的认识和接受程度还有待提高，他们对社区卫生的医疗技术不放心，认为社区医务人员专业性不强、社区医疗设备配置不足、药品供应不全。

以上问题，极大影响了基层医护人员的积极性，基层家庭签约医生团队只能局限于开展基本公共卫生、健康咨询、预约、常规体检等简单项目，向市民提供的签约服务针对性不强，以居民健康需求为导向的个性化服务不足，居家老年人医疗服务获得感不强。

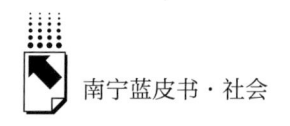

（四）长期照料老年人的护理负担重问题亟待解决

护理照料工作与养老密切相关，失能老人群体数量日益增多，但对失能老人的长期照护体系还没有建立起来，许多重度失能、失智老人主要由亲属居家照护，护理经费投入要求越来越高，不但影响子女的工作、学习状态，所有家庭成员的生活方式、生活质量也必然受影响，这笔费用对个人和家庭都是一个沉重的负担。当下，"养儿防老"仍然是传统家庭的价值观和生活理念，但仅靠道德手段来维系家庭的赡养功能，体现了家庭养老的局限性。另外，家庭养老模式的选择也取决于子女的经济能力，一旦子女缺乏相应的物质条件，失能老人的基本生活也难以维系。失能老人长期照护体系的缺失，严重制约了医养结合工作的开展。当前，符合住院条件的老人在南宁市医保定点医养结合机构可以获得诊疗、床位、护理等保障，但出院后在养老机构养老或居家养老的仍需长期照料的老人无法获得护理保障。随着老龄化形势日益严峻，解决长期照料护理负担重问题已迫在眉睫。

五　南宁市深入推进医养结合的思路

（一）协调推进医养结合扶持政策的出台

根据国家卫生健康委等12个部门于2019年10月23日出台的《关于深入推进医养结合发展的若干意见》的有关要求，要协调相关部门完善相关支持政策措施，把促进医养结合发展纳入南宁市经济社会发展总体规划和社会养老服务体系建设并给予落实，及时制定出台推进医养结合的政策措施、规划制度和具体方案，进一步促进医疗卫生与养老服务衔接，提高医养结合服务质量，深入推进南宁市医养结合工作。

（二）大力推进社区医养结合项目的实施

南宁市各养老机构项目的持续建设，已较好地缓解了机构养老的供求矛盾，但社区、居家老人医养服务供给的不充分、不平衡日益凸显。下一步，将联合相关部门加大推进社区医养结合项目建设的力度，依托已经使用或新建的老年人日间照料中心、城市养老服务中心、社区卫生服务中心等社区设施，建设社区"嵌入式"医养结合服务中心（站），进一步夯实社区健康养老的基层基础，提升社区医养服务能力，使老年人在家门口就能享受到专业化、个性化、便利化的医养服务。

（三）统筹推进老年照护培训项目的实施

针对养老机构照护服务能力不高的现象，加大老年照护培训力度。发挥市第一、二、六、八、九人民医院，红会医院，市中医院等委属医疗机构和县区二级综合医院的老年医学优势，成立老年健康和医养结合专家委员会，组建医养结合培训师资队伍。在市卫生学校建设老年照护培训基地，开展老年综合评估培训和以老年照护技能、急救技能、老年常见病和慢性病表现及用药知识、心理疏导、居家常用医疗护理技术、家用医疗康复设备使用方法等方面的老年照护培训，进一步提升南宁市医养结合机构、养老机构的护理水平。

（四）积极探索推进长期照料护理险的落地

进一步做好顶层设计，积极探索建立独立于医疗保险之外的长期照护保险制度。以实施"强首府"战略为契机，建议自治区层面在国家政策允许的范围内，将南宁列入第二批长期护理保险制度试点城市，积极推进护理险的发展，建立覆盖住院护理、养老（残）机构护理、社区居家护理的保障机制，解决失能老人长期护理保障问题，保障失能老人基本护理需求，切实减轻老年人长期护理负担过重问题，使家庭不因失能老人护理开支而出现生活困难，进一步提升老年人的生活质量。

B.17
南宁市加强与东盟国家友好城市人文交流对策研究

南宁市社会科学院课题组*

摘　要： 人文交流是实现各国民心相通的前提条件，国际友好城市人文交流是开展国际交流与合作的重要桥梁。南宁市与东盟国家友好城市的人文交流取得了一定成效，但也存在创新不足、体制机制有待健全等问题，建议从深化改革创新、构筑交流平台、调动各方力量形成合力等方面进一步加强南宁市与东盟国家友好城市的人文交流与合作。

关键词： 东盟国家　友好城市　人文交流

当前，国际局势正在发生深刻而复杂的变化，全球化不断深入，但同时受到民族主义的挑战；多边主义成为国际共识，但同时单边主义和贸易保护主义抬头；大国博弈加剧，国际关系错综复杂。在此背景下，国家之间、地区之间、城市之间人文交流的作用更加凸显。人文交流是实现各国民心相通的前提条件，是构建人类命运共同体的重要基础。国际友好城市是服务城市经济社会发展的有效载体和扩大对外开放的重要平台。国际友好城市交往，

---

* 课题组组长：吴金艳，南宁市社会科学院经济发展研究所所长、副研究员。课题组成员：黄旭文，广西社会科学院助理研究员；苏静，南宁市社会科学院社会发展研究所副研究员；王许兵，南宁市社会科学院东盟研究所研究实习员；张伟，南宁市社会科学院社会发展研究所研究实习员。

是城市外交的重要组成部分,是开展国际交流与合作的重要途径。国内发达城市或国际化程度较高城市的外交理论和实践均取得了显著成效,作为城市外交重要内容的友好城市交往已经成为当前我国城市发展对外交流的有效渠道。南宁市作为面向东盟开放合作的区域性国际城市,与东盟国家的人文交流和民心相通已具备一定基础,利用好友好城市这一载体,加强与东盟国家友好城市人文交流,促进友好城市间全方位的交流合作,对南宁市进一步提升城市形象和软实力、全面落实"强首府"战略具有重要现实意义。

一 南宁市与东盟国家友好城市人文交流的现状

近年来南宁市大力开展对外交流与合作,不断开拓交流渠道,丰富交流内涵,拓展交往空间,推动实现与友好城市之间的资源共享、优势互补、互利共赢。在文化、教育、体育、医疗卫生等人文领域积极开展对外交流,取得了丰硕的成果,加强了南宁市全面对外开放,促进了社会各领域的发展进步。

截至2019年上半年,南宁市正式国际友好城市有23个,国际友好交往城市有34个,遍布世界五大洲35个国家近60个省(州、郡、市),友好城市总量位列全区第一,主要分布在亚洲、欧洲和美洲三个地区。其中,亚洲有8个,占35%;欧洲有6个,占26%;美洲有5个,占22%;非洲有3个,占13%;大洋洲有1个,占4%。其亚洲友好城市以东盟国家城市为主,东盟国家城市与南宁市结为友好城市的有泰国孔敬市、越南海防市、菲律宾达沃市、柬埔寨西哈努克、印度尼西亚茂物县、缅甸仰光市、老挝占巴塞。

(一)人文交流合作平台打造

南宁市积极利用城市国际组织多边合作平台,创新城市多边合作实践,丰富民间交流形态,拓展对外交往渠道。南宁市于2009年加入世界最大的城市和地方政府组织——城地组织,借助这个良好的平台,南宁更好地参与到世界各个城市的交流与合作中,进一步加大了对外开放和民间交往的力度。2017年11月，南宁市加入城地组织框架下的"一带一路"地方合作委员会以及"21世纪海上合作委员会"，借助两个委员会平台并融通各会员城市、共建"一带一路"城市等多个城市组群资源，在经贸互通、创业创新、文教互联、城市治理、民生改善、乡村建设等诸多领域开展或参与高级别国际论坛、专题培训，同时开展更多的实质性交流合作项目。

在2017年9月第十四届中国—东盟博览会期间举行的国际友好城市交流与合作研讨会上，形成了具有重要意义的《南宁倡议》，南宁市与各友好城市就在创新驱动、共享经济和旅游、教育、医疗、科技等领域推动经济增长、激发经济活力以及友城间加强经济领域合作达成广泛共识，进一步推动友城间交流项目的务实合作，形成常态化机制，实现合作共赢。南宁与东盟友好城市抓住南宁国际友好城市交流与合作研讨会契机，促进城市经济建设的合作与发展，为城市之间的沟通与交流提供便利平台，有效开拓了经贸往来和人文交流渠道。

此外，南宁市还在中国—东盟博览会平台的基础上，依托中国—东盟科技转移中心、中国—东盟青年联合会、中国—东盟青少年培训基地、中国—东盟妇女培训中心等平台，有效深入开展中国和东盟友好城市之间各领域的交流与合作。

（二）教育交流

在教育领域，南宁市通过开展国际教育交流、举办国际学生比赛、设置留学生奖学金等活动，加强友好城市交流，拓宽教育对外交流渠道。

一是设置东盟国家留学生奖学金。为促进南宁与东盟国家的教育交流与合作，鼓励更多东盟国家学生到南宁留学，2013年市人民政府设立南宁市东盟国家留学生奖学金，奖励在南宁市普通高中就读的、来自东盟国家友好城市或者友好交往城市的优秀留学生（以下简称"东盟国家留学生"）。孔敬市内有泰国东北地区最大的大学，是教育和科研中心。南宁的高中生会到孔敬的学校参加项目交流，孔敬市每年也会安排两名泰国学生到广西医科大学实习，孔敬市有多名中学生获得南宁市设立的东盟国家留学生奖学金，到南宁市留学。2018年为进一步推动南宁市与世界各国尤其是东盟和共建"一带一路"国家友好城市和友好交往城市的教育交流与合作，吸引和鼓励更多国外留学生来邕学习交流，南宁市人民政府专门设立"南宁市国际友好城市留学生奖学金"，东盟和共建"一带一路"国家城市拟申请在南宁职业技术学院、南宁学院和区直驻邕高校以及高中就读的外籍学生在符合一定条件的基础上都可以申请。南宁市与友好城市的教育交流，旨在培养一批了解南宁、热爱南宁、品学兼优的留学生，将来成为推动南宁与世界各国交流与合作的使者。

二是加强专业培训交流。南宁市通过加强专业教育和职业教育，搭建与友好城市之间的交流合作平台。南宁市与缅甸仰光市于2009年正式成为友好城市，2010年南宁市全额资助6名仰光市优秀青年学员到广西大学进行为期五年的本科农业专业和经济专业学习。2016年南宁市政府与越南驻南宁总领事馆合作，在南宁职业技术学院举办中越"城市绿化交流"培训班，开展城市绿化方面的培训，加强城市园林绿化事业方面的交流，此次培训成为与越南在专业领域、业务部门开展交流与合作的首次尝试。印度尼西亚茂物县也多次派人员参加由南宁市举办的青年干部培训及桥梁、城建等专业领域的培训。

（三）文化艺术交流

近年来，南宁市共举办3届南宁国际友好城市艺术展演系列活动，共邀请来自英国、意大利、马来西亚、泰国、越南等10多个国家的国际友城艺术代表团奉献精彩文艺节目，成为展现国际多元文化、促进友城人文交流的重要舞台，深受广大市民和四方宾客喜爱，观众累计超过50万人次。2015年南宁国际友好城市展览暨艺术展示活动举行，来自韩国、泰国、柬埔寨、老挝、越南、马来西亚、意大利、斯洛文尼亚、赤道几内亚、马达加斯加、巴西、马拉维等12个国家的友好城市市长及代表、驻我国使领馆官员等出席了活动，韩国、泰国、马达加斯加、越南、老挝、柬埔寨等国家的国际友好城市派出的艺术代表团，也在展览现场进行了精彩的艺术表演，全面展示了南宁各个国际友好城市的各方面情况,为南宁市民以及前来参加盛会的各方嘉宾搭建了一个相互了解、相互推介、领略国际友城风姿、欣赏各城市灿烂文化、解读南宁国际交流历史的平台。2017年南宁国际友好城市艺术展演中,来自意大利、英国、泰国、马来西亚和越南5个国家的国际友好城市艺术家及本地优秀艺术家联袂奉献了精彩演出。南宁还将充分利用南宁国际民歌艺术节这一平台,大力向世界推介南宁,重点加强与东南亚各国及各友好城市之间的文化交流。2017年友好城市的艺术家们首次登上"大地飞歌·2017"晚会,成为南宁市与友城开展人文交流的精彩时刻。南宁市还以"南宁渠道"为载体,努力推动中华文化"走出去"。"南宁渠道 丝路交响"跨国采访活动自2016年开展以来,先后到泰国、马来西亚、越南、印度尼西亚、柬埔寨、缅甸、老挝等东盟国家进行了采访报道,2018年在中国—东盟博览会前圆满完成东盟线的采访。"春天的旋律"跨国春晚登上亚洲、大洋洲、北美洲的多国荧屏,覆盖境外观众1.1亿人,《魅力南宁·宜居城市》《水问邕江》等一批外宣作品被翻译成英语、法语、俄语、阿拉伯语等多国语言,走向世界。"亲诚惠容""以走促亲"的对外文化交流体系,形成了中国与东盟各国的"朋友圈"。

同时,南宁市利用举办第十二届中国(南宁)国际园林博览会的契机,邀请东盟10国以及共建"一带一路"国家友好城市和友好交往城市参展园博会,在顺利完成"东盟园"和"丝路园"招展任务的同时,促进了与东盟各友城的友好往来。2018年12月6日至7日,"友谊,在园博绽放"第十二届中国(南宁)国际园林博览会国际友城艺术展演举行,首次采取户外巡演与舞台展演相结合的形式,除南宁市本地的精彩节目外,还有来自园博园中"东盟园"与"丝路园"城市的艺术团和在邕的国际友城留学生参与演出,向广大南宁市民和来邕的外国宾朋展示了南宁与各城市的艺术精粹和文化底蕴。

此外,南宁市还举办了"国际友城博物馆对话'一带一路':博物馆与地方文化叙事研讨会",波兰格鲁琼兹市、泰国孔敬市等代表团的60多人参加了此次研讨会,为地方文明乃至区域文明之间的互鉴互通提供了重要交流平台。2017年南宁市与泰国孔敬市共同修缮孔敬"南宁园",于2018年修缮完成，新的"南宁园"成为孔敬市人民了解中国文化和南宁魅力的一个重要窗口。2017年7月，南宁开通直飞友城西哈努克的航线，这是继直飞金边、暹粒后，南宁机场开通的第三条柬埔寨城市国际直航定期航线，为南宁市和西哈努克两地的市民提供了更加便捷的交往渠道。

（四）科技引智

2018年在清华大学第二届"一带一路"合作论坛暨第十届启迪创新论坛上，启迪控股提出将建立一系列包括南宁在内的重要的科技创新前沿基地，南宁·启迪东盟创新中心在南宁正式启动。该中心今后将运用清华科技园先进管理理念和集群式创新理论，连接东盟各国大学院校、科研院所、科技企业，打造服务中国与东盟的综合性科技创新平台。

2018年南宁市开展南宁·东盟人才交流活动月开幕暨第五届南宁市海外高层次人才与项目对接会。围绕"深化人才发展体制机制改革，激发人才创新创业能力"这一主题，开展海外高层次人才与项目对接会、"广西籍学子回家看看"、海外人才创新创业大赛、人工智能技术应用及发展论坛暨专家服务企业活动等20多项特色鲜明、有影响力的品牌活动。南宁市致力于打造面向东盟的区域性国际人才高地，为鼓励和支持人才创业创新、吸引更多高层次人才来南宁干事创业，南宁市对重点产业、重大项目引进的高层次人才（团队）给予50万~500万元的创业创新项目资助。

二 南宁市与东盟国家友好城市人文交流存在的问题

（一）对外开放程度有待提高

与较早开放的沿海城市相比，南宁市开展外事活动的主动意识、外交经验和专业人才都有所欠缺，能够利用的国际资源比较有限，缺乏应有的国际视野和开放意识。上海国际问题研究院比较政治和公共政策所发布了2018年《城市对外交往活力指数研究报告》，对国内49个主要城市的对外交往活力指数进行了分析，南宁市综合排名为第31位，仅处于中游水平，落后于成都、重庆、西安、武汉、昆明等城市。具体到外交各重点领域，南宁市只在外事领域排名较为靠前，在社会、文化和经贸领域都排名落后，特别是文化活力指数处于较低水平，在参与排名的49个城市中排在倒数第三位。[1]反映出当前南宁市对外交流的重心仍然在地方政府间的交往联系上，民众之间的交流互动所占比重较小。

（二）与东盟国家"朋友圈"的交往质量不高

首先，从已缔结友好城市关系的东盟国家城市重要程度来看，南宁市仅与缅甸原首都仰光市（2009年）建立了友好城市关系，而地理位置同样毗邻东南亚的昆明市与缅甸原首都仰光市（2008年）、老挝首都万象市（2011年）、柬埔寨首都金边市（2011年）、泰国清迈市（1999年）、缅甸曼德勒市（2001年）等城市都建立了友好城市关系，广州市、重庆市在与东盟国家重要城市缔结友好城市关系方面，也走在了南宁市的前面。其次，从交往的程度来看，2014~2015年，中国人民对外友好协会国际友好城市交流中心发起了一项关于"城市友好交往度"的调查[2]，对国内多个城市的国际友好城市工作进行了总结。在城市友好交往度的排名中，南宁市的综合排名落后于桂林市和柳州市，在全区排名第三，其中交往深度和交往频度的排名较为靠后，在254个参与排名的城市中，分别排在第187位和第213位。说明南宁市与东盟国家友好城市等的交流，在人员来往、信息融通、交往媒介、资金流动、覆盖领域等方面均落后于全国平均水平。最后，从交往的内容来看，各领域的交流合作发展很不平衡，总体上以高层互访和经贸合作为主，在人文交流领域，以学校为载体的教育交流成效较为突出，主要是为东盟国家友好城市的学生提供到中国留学的奖学

---

[1] 上海国际问题研究院比较政治和公共政策所：《城市对外交往活力指数研究报告》，2018年9月7日，https://hxjzwap.kuaizhan.com/69/63/p55515969997383。
[2] 参见李小林主编《中国城市竞争力专题报告（1973~2015）》，社会科学文献出版社，2016。

金,其次是开展文化艺术交往活动,体育、环保、科技、卫生等领域的交流合作并不多。

(三)人文交流的体制机制有待健全

在开展对外人文交流活动时,可能涉及外事、侨务、文化、环保、卫生、教育、商务等多个部门,但由于缺少统筹协调的机制,南宁市与东盟国家友好城市的人文交流仍然存在各自为战、四面出击的状况,导致人文交流活动比较分散,缺少统筹规划,难以形成合力,影响交流的深度和广度。此外,要深化与东盟国家友好城市的人文交流合作,还应当充分发挥主流媒体、人文智库、高等院校、文化企业、社会组织等多主体在对外交流过程中的作用,亟须通过建立健全人文交流体制机制,构建高效、灵活、完备、专业的外交共同体,推动南宁市与东盟国家友好城市的人文交流深入发展。

(四)人文交流的创新性和吸引力不够

一是国别交流模式有待创新。随着南宁市的东盟国家友好城市数量不断增多,对外交流的主体也在不断增加,而东盟各国的经济社会发展水平很不平衡,不同国家或地区有其特定的政治、经济和文化环境,彼此之间各不相同,这就决定了南宁市与东盟国家城市缔结友好关系,以及与友城开展人文交流活动时,不可能采取一成不变的交流模式和活动形式。然而当前的情况是,一方面,出于城市外交发展的需要,南宁市逐步扩大东盟国家友好城市的范围,选取的友好城市应尽可能覆盖大部分东盟国家;另一方面,我们对人文交流对象城市民众的文化心理、文化习俗、生活方式、宗教文化、语言习惯等方面缺乏深入的了解和研究,影响了沟通和交流的有效性。

二是缺少有影响力、标杆性的交流旗舰项目。随着城市外交实践的不断深入,应以人文交流为重点领域,不断提升城市文化影响力,推动形成遍布东盟国家的伙伴关系网络,形成一系列具有国际影响力的人文交流项目品牌,以提升南宁市与东盟国家友好城市的人文交流层次。然而,目前南宁市与东盟国家友好城市间的人文交流规模仍较小,且缺少"郑和下西洋"文化（福建省福州市与印度尼西亚三宝垄市）、柬埔寨皇家科学院孔子学院（江西省与柬埔寨暹粒省）那样的具有国际影响力的交流旗舰项目。近年来，南宁市利用"两会一节"平台，在与东盟国家合作开展体育竞赛、戏曲演出、艺术展览、文博交流、教育合作等方面积累了较多的经验，如何将其转化为南宁市与东盟国家友好城市人文交流的标杆性项目，还需要进一步探索。

（五）对外人文交流的合力有待进一步加强

一是县域友城工作不够活跃。南宁市县域对外开放程度和经济外向度较低，县（区）外事工作力量薄弱，影响了南宁市友城工作的整体布局。广西的龙州县、田阳县、灵川县、那坡县、宁明县、阳朔县、大新县等，已与越南、老挝、日本、美国等国家的县市缔结了友好城市关系，特别是阳朔县、龙州县、大新县等发挥自身文化资源优势和地理位置优势，有效利用友城资源，积极拓展对外合作交流。而南宁市在县域友城交往方面仍为空白，下辖的5个县无一与国外城市或县区缔结友好关系。而且，由于当前南宁市的友城工作层次较为单一，在友城数量快速增长的同时，友好县区、友好学校、友好医院、友好博物馆等多层次平台的搭建工作仍相对滞后，长期来看，与南宁市建设区域性国际城市的定位不符。

二是未能充分发展民间外交组织力量。从国外开展城市外交的经验来看，在对外人文交流活动中，应当对非政府行为主体的外事活动予以鼓励和支持。在西方社会，政府主要负责制定外交政策和提供活动经费，具体负责实施的是商业媒体和社会组织，政府还大力倡导民间外交组织更多地参与到对外人文交流活动中来，因为社会组织的民间性和公益性决定了民间外交组织能够淡化政府身份，有效弥补"高楼式"人文交流的不足，推动外交活动深入、持久发展。随着南宁市与东盟国家间国际业务的发展和国际交往的增加，部分企业和民间组织已初步具备开展对外人文交流的条件和基础，但由于企业和民间组织相关经验较少、资金来源有限、自身实力不足、缺少抱团意识等，且申办交流活动的规则复杂、手续烦琐，民间人文交流活动的开展受到制约。因此，亟须政府做好协调服务工作，引导民间组织发挥应有的作用，密切双方在民间层面的交流与合作。

三 南宁市加强与东盟国家友好城市人文交流合作的对策建议

（一）建立健全友好城市人文交流合作体制机制

1. 加快完善相关顶层设计和制度建设

加强与东盟国家友好城市人文交流合作，涉及的城市较多，交流的领域宽泛，综合性、系统性较强，所以，需要统筹谋划，在制度建设方面加以健全，形成对多部门的制度性激励，进而推进工作的有效开展。一是明确和强化南宁市在国际人文交流中的定位，南宁市应打造面向东盟的区域性国际人文交流中心。围绕这一定位，完善相关政策，加强对促进与东盟友城人文交流合作方面的统筹协调，在方向和路线上起到更多引领性作用。二是建立健全以外事办为枢纽的多部门沟通协调和信息共享机制，整合部门资源，推动工作落实，提升工作效率。三是建立健全任务的落实与督导机制，对各部门明确的相关任务安排与落实情况进行督导，确保任务落地生根，取得实效。

2. 研究制定人文交流合作规划

发挥规划的引领性作用，使得与东盟友好城市的人文交流更具前瞻性、针对性和目的性。一是着手制定与东盟开展友好城市人文交流合作的总体性规划纲要，可以以五年为一个周期，明确要实现的短期目标、中期目标以及长期目标，并明确为了实现这些目标，应从哪些方面去开展工作，每一阶段有不同的侧重点和发力点，同时根据友好城市数量的变化和人文交流要求的不断提升，动态性调整规划纲要，以增强其适应性和可行性。二是可考虑制定与东盟开展人文交流的专项合作规划，如教育合作规划、体育合作规划、旅游合作规划等，重在从民心相通层面着手。政府间交流可以起到引领示范作用，但更为可持续、更具生命力的交流在民间，所以应重点从旅游、文化

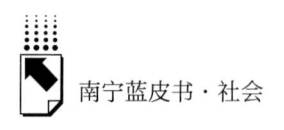

艺术、教育等方面制定专项合作规划，以规划为引领，配套实施方案，促使人文交流走细、走深、走实。

3. 共同打造人文交流合作愿景

加强与东盟国家友好城市的人文交流合作，既需要南宁自身做出努力，也需要得到对方的积极回应，所以共同打造交流合作的愿景十分必要。一是考虑构建正式的官方沟通协调机制，可以通过南宁与东盟友好城市负责对外事务的政府官员定期会晤机制，共同谋划人文交流合作，勾画合作蓝图。二是适时发布南宁与东盟友好城市开展人文交流合作规划纲要，使其成为南宁与各友好城市开展人文交流合作的指导性文件，可以选在中国—东盟博览会期间发布，并作为具体成果纳入成果清单。三是构建以项目开展为核心的多方推进与协调机制，确保项目更有效率地开展。愿景如果不能转化为现实，就是空中楼阁，实现现实转化，关键要靠项目的推动与落实。

（二）深化改革创新，增强人文交流合作的灵活性

1. 深化相关领域"放管服"改革

加强与东盟国家友好城市的人文交流，仍然需要在"放管服"改革方面做文章，不断降低交流的制度性成本，提升交流的成效，为人员"走出去"和"引进来"提供更多便利。一是持续加强与东盟国家驻南宁领事馆的合作，在简化签证手续与促进双方人员往来方面提供更多便利。二是对于民间组织前往友好城市投资兴业，以及开展人文活动方面，可开辟绿色通道，简化审批程序，需要多部门审批的，应尽可能实行并联审批。三是对于友好城市企业、社会团体等组织来邕开展投资及人文交流活动，可考虑优先进入审批程序，并简化审批材料，或者实行备案制，提升审核效率。

2. 加大政策创新供给的力度

加大政策创新供给的力度，重在为加强与东盟国家友好城市开展人文交流合作提供较强的正向激励。一是主动作为，加强与对方的沟通协调，重点思考南宁加强与这些友好城市之间的人文交流的益处是什么，并据此寻求双方合作的"最大公约数"，通过政策的精准发力，共同做大利益蛋糕。二是

充分用活政策工具箱,通过财政补贴、税费优惠等方式,鼓励社会各界依据形势,前往相关友好城市投资兴业,开展人文交流,同时将对方的优秀部分"引进来"。三是考虑联合友好城市成立人文交流合作引导基金,推动双方开展营利性人文交流合作项目,包括旅游项目、艺术合作项目等。

3. 创新交流合作的方式

随着5G、人工智能、虚拟现实等新一代信息技术的快速发展,人们的交流方式日新月异,选择具有多样性,为开展更具创新性的人文交流合作创造了条件,南宁与东盟国家友好城市开展人文交流合作需要把握这一趋势,不断创新交流的方式。一是借助虚拟现实以及3D打印等技术,实现多场合、多情节交流场景呈现,即从最贴近真实化的视角,去感知对方的环境、文化、艺术特色,进而激发双方对探索真实交流场景的兴趣。二是借助当下流行的短视频技术和电视广播技术,以群众喜闻乐见的方式,推动内容创新,将友城的地域文化特色、历史文化景观等呈现给大众。

(三)构筑交流平台,打造丰富多样的交流合作项目

1. 举办南宁与东盟友好城市人文交流合作论坛

南宁加强与东盟友好城市人文交流合作,关键要靠人文交流平台来支撑,交流的成效需要靠平台来转化,所以打造具有标志性、引领性和凸显顶层设计性的大型交流平台尤为重要。可考虑利用举办中国—东盟博览会的契机,举办综合性的南宁与东盟友好城市人文交流合作论坛,鼓励双方政府工作人员、专家学者、企业、民间智库等社会团体,以及人文领域工作者参加,利用该平台,群策群力,共谋交流合作大计,共促交流合作计划和合作项目,形成合作共赢的"南宁共识",发出和谐统一的"南宁声音"。

2. 在科技、教育、旅游等领域开展更多合作交流项目

南宁与东盟国家开展了一些人文交流项目,但总的来看数量还不多,影响力也不够大,尤其有针对性地与东盟友好城市开展的人文交流项目少之又少,科技、教育、旅游等作为人文交流的重要方面,理应根据双方交流的进一步深入,开展、挖掘更多合作项目。一是在科技交流方面,充分利用南

宁·启迪东盟创新中心等现有科技交流平台，进一步延伸挖掘其他交流项目，包括合作举办创新创业大赛、科技发明竞赛等，鼓励双方高校开展科技交流合作。二是在教育方面，应积极开展双方教师和学生交流项目，组织学生夏令营，同时设立针对性奖学金，鼓励友好城市学生来邕深造，并积极推动在友好城市的汉语教学项目。三是在旅游方面，南宁可与友好城市合作举办旅游推介会，打造精品旅游线路，制定优惠旅游套餐，吸引大众的参与。

3. 积极推动体育交流、文化艺术交流等项目的开展

南宁近年来在体育赛事举办方面发展较快，包括举办"苏迪曼杯"羽毛球比赛、中国足球锦标赛、环广西公路自行车世界巡回赛等较大型赛事，同时与东盟开展体育交流赛事，如龙舟赛、围棋赛、山地自行车赛等，这些不同赛事的举办提升了南宁的知名度与影响力，也为与东盟友好城市开展体育交流合作创造了有利条件。可以在这些赛事的框架下，细化若干赛事项目，开展前期合作，包括每年定期开展足球交流赛、羽毛球交流赛等，同时鼓励体育类院校开展校级交流与合作，探索共同打造区域性国际赛事等。在文化艺术交流方面，南宁与东盟友好城市的文化既有共同点，也有各自的特色。开展文化艺术交流，要重视对各自文化特色的挖掘，建议双方共建文化艺术长廊，共同打造文化艺术展，包括书画展、艺术展等。

（四）调动各方力量，推动形成人文交流合作的强大合力

1. 构建政府主导、社会参与、多方协同的合作机制

加强与东盟友好城市开展人文交流合作，涉及的主体多、范围大、层面广，单靠政府之力，很难有效推动。从人文交流本身来看，民间力量才是关键，重在民心相通，所以构建政府主导、社会参与、多方协同的合作机制，进而形成加强与东盟国家友好城市人文交流合作的强大合力，意义重大。一是政府在人文交流合作方面起到主心骨作用，既不越位，也不缺位，重在搭建平台，保障制度与政策的供给，对社会参与形成有效激励，形成政府力量和社会力量的有效配合与互补。二是各大主体不能单打独斗，各扫门前雪，否则力量分散，资源碎片化。实现多方协同，进而促进力量的集中与资源的

整合较为重要，其核心是建立一种以平台为载体的机制，如南宁推进对外人文交流联盟。

2. 强化城市对外交往能力建设

一是需要转变观念，随着南宁面向东盟的区域国际性城市地位凸显，对其对外交往能力的要求也随之提升，不能还停留在以为对外交往就是对外部门的工作的阶段，建立各部门共同参与的大外交格局非常有必要。二是加快充实市直重要部门对外交往力量，尤其是涉及人文领域的，包括教育、旅游、文化、卫生、科技、体育等部门，外事办可以在对外交往培训方面给予相关部门协助。三是有效整合及壮大县区对外交往力量，南宁包括七区五县和三个国家级经济开发区，县域范围广阔，县区对外交往力量不能忽视。开展与东盟友城的人文交流，需要将县区对外交流力量整合起来，提升县区对外交往的地位，增强其主动性与开放性。

3. 加快提升社会力量参与的积极性

加强与东盟友城的人文交流，落脚点在民心相通，只有依靠社会力量的积极参与，才能增强交流的后劲与可持续性。一是充分利用当下流行的信息传播技术，加大友城宣传的深度与广度，让更多南宁群众了解友城，激发其探索友城的兴趣。二是充分发挥企业在交流中的作用，通过密切商业往来，加强经济联系与合作，进而带动人文交流，同时鼓励文化类、艺术类、旅游类企业依据形势开展与东盟友城的人文交流项目。三是充分发挥海外华人华侨、民间组织，以及非营利性组织等在推动人文交流合作方面的重要作用，鼓励其进行资源整合、统一行动，并在政策方面给予更多支持。

（五）因城分类施策，寻求人文交流合作契合点

1. 加强对相关友好城市市情、民情的动态研究

加强与东盟国家友好城市人文交流合作，进一步了解这些城市市情、民情等的发展变化，对于南宁有针对性地开展合作至关重要。一是划拨部分经费，组织精干力量，定期对这些城市的经济社会发展及市情、民情变化开展针对性调查研究，并形成分城市调查研究报告，向社会发布。二是重视信息

报送，形成信息报送的制度化、常态化。充分发挥南宁智库的作用，加强对友好城市动态信息的收集，并进行整理，形成信息简报，报送市委、市政府领导及有关部门。

2. 加快与友城发展战略对接，寻求利益契合点

一是推进经济发展层面的战略对接，包括热带农业合作（农产品贸易）、产业项目合作、电子商务（跨境物流）以及进出口贸易等。二是推进旅游合作方面的战略对接，总体来看，东盟国家友城旅游资源较为丰富，极具特色，包括越南的海防市、缅甸的仰光市、菲律宾的达沃市等。可以将南宁与友城的旅游资源串联起来，打造南宁—友城旅游精品线路，创新旅游产品组合。

3. 推行"一城一策"，提升交流合作的精准性

尽管南宁与东盟国家友好城市之间地理位置邻近、自然环境相似，但由于资源禀赋及发展路径不同，经济社会发展仍然呈现较大差异，民情、市情各不相同。这意味着南宁在与这些友城开展人文交流时，要避免使用同质化的策略，而需根据友城的实际情况，推行有针对性的策略，甚至在条件允许的情况下，尽量推行"一城一策"，进而提升交流合作的精准性、有效性。可考虑将这些友城按照交往紧密度、经济社会发展潜力、社会稳定程度等，划分为A、B、C三个等级，并重点围绕进入A等级的友城制定交流策略，使有限的资源得到最有效利用。

参考文献

［1］韩进、杨佳、尹宁伟：《"一带一路"背景下中国—东盟高等教育合作的路径选择》，《河北科技大学学报》（社会科学版）2019年第2期。

［2］侯宣杰、李尔平：《广西高校参与中国—东盟公共外交的实践刍议》，《教育文化论坛》2018年第1期。

［3］蒋尧：《桂林青年社会组织在对外人文交流中发挥独特作用》，《中国社会组织》2017年第13期。

［4］雷仲华：《以中马建交40周年为契机促进广西与马来西亚深化合作》，《广西经济》2014年第8期。

［5］李小林主编《中国城市竞争力专题报告（1973～2015）》，社会科学文献出版社，2016。

［6］陆建人、蔡琦：《中国—东盟人文交流：成果、问题与建议》，《创新》2019年第2期。

［7］陆义敏：《在开放合作中推动构建人类命运共同体的广西实践》，《当代广西》2019年第5期。

［8］潘宏纹、姚其友、何文钜、韦国先：《"一带一路"与海外统战意义下的广西—东盟人文圈中的宗教文化交流研究》，《山东省社会主义学院学报》2017年第1期。

［9］潘云锋：《广西东盟民心相通情才久远》，《广西日报》2016年9月23日，第2版。

［10］彭钢：《充分发挥人文交流在"一带一路"建设中的独特作用》，《广西日报》2017年7月6日，第11版。

［11］上海国际问题研究院比较政治和公共政策所：《城市对外交往活力指数研究报告》，https：//hxjzwap.kuaizhan.com/69/63/p55515969997383，2018年9月7日。

［12］覃柳玲：《人文交流动起来 壮乡魅力秀起来》，《广西日报》2019年3月11日，第9版。

［13］谭碧雁：《中国—东盟背景下广西图书馆开展对外文化交流的实践与思考》，《科技资讯》2019年第6期。

［14］虞雪：《跨文化交流视野下中国与东盟的媒体合作》，《传媒论坛》2019年第8期。

［15］张成霞：《构建中国—东盟人文交流新格局——新世纪中国—东盟人文交流回顾与展望》，《东南亚纵横》2012年第11期。

［16］张成霞、罗希、唐颖：《中国—东盟人文交流新突破——以中国—东盟教育交流周为例》，《世界教育信息》2019年第9期。［17］张承仕：《"一带一路"背景下广西与东盟国家体育交流与合作现状及发展模式研究》，硕士学位论文，广西民族大学，2017。

［18］张家寿：《"一带一路"建设背景下的广西与东盟合作新构想》，《东南亚纵横》2017年第6期。

［19］张力玮、吕伊雯：《"一带一路"重大倡议下中越教育合作交流——访越南驻华大使邓明魁》，《世界教育信息》2017年第10期。

［20］赵娟娟：《冷战时期华侨华人在中泰人文交流中的作用》，《文化学刊》2018年第7期。

B.18 农村人居环境现状研究

——以南宁市为例

国家统计局南宁调查队课题组[*]

摘　要： 改善农村人居环境，建设美丽宜居乡村，是实施乡村振兴战略的一项重要任务，事关全面建成小康社会，事关广大农民根本福祉，事关农村社会文明和谐。近年来，随着农村人居环境整治的持续深入推进，南宁市农村人居环境有了显著改善，但与先进省市相比，整体落后的状况尚未得到根本扭转。本报告深入分析了南宁市农村人居环境治理现状，全面客观地探讨了存在的问题及其深层次原因，并从建立管理机制、整合优势资源、推行PPP模式、探索精细化治理等方面提出建议，以期为南宁市改善农村人居环境提供参考。

关键词： 农村人居环境　环境整治　乡村风貌

党的十九大报告提出要大力推进生态文明建设，加大自然生态系统和环境保护力度，这为建设宜人的农村人居环境指明了方向。2018年，中共中

---

[*] 课题组组长：谢智，国家统计局南宁调查队党组书记、队长。课题组成员：王雪梅，国家统计局南宁调查队党组成员、副队长；卿嵩岚，国家统计局南宁调查队综合科科长；申智慧，国家统计局南宁调查队综合科副科长；黄彤，国家统计局南宁调查队综合科二级主任科员；赵录贵，广西财经学院副院长。

央办公厅、国务院办公厅印发实施了《农村人居环境整治三年行动方案》,提出了详尽的村庄规划管理、建设和管护机制,着力实现人居环境改善、村庄环境整洁、农民环境意识增强的目标。目前,南宁市农村人居环境有了显著改善,但与先进省市相比,其整体落后的状况尚未得到根本扭转,特别是在垃圾处理、污水排放、厕所建设等方面还有不尽如人意之处。因此,高度重视和不断改善南宁农村人居环境,对于建设社会主义新农村,构建社会主义和谐社会具有重要的意义。

一 农村人居环境的概念及评价指标体系

(一)农村人居环境的概念

农村人居环境指松散分布在农业地区的村庄聚落,是农村居民居住宅地及其周围环境的总称,包括农村生态环境、建筑系统、社会系统(公共服务)、人口经济系统。

(二)农村人居环境评价指标体系

随着以人民为中心的理念的深入人心和新农村建设的逐步深入,各地陆续颁布了乡村振兴战略规划,各级地方政府均将农村人居环境的改善摆在重要位置。国内部分学者分别以道萨迪亚斯雅典人居学派和吴良镛清华人居学派的理论研究为依据,根据科学性、综合性、层次性和数据的可获取性原则,构建了中国农村人居环境评价指标体系,该指标体系分为4级:一级指标,即最终评价结果,反映区域农村人居环境综合质量;二级指标,包括影响和制约区域农村人居环境发展的4个因素指标;三级指标,即对二级指标的细化,包括15个因素指标;四级指标,即对三级指标的细化,是评价区域农村人居环境的具体因素指标,包括28个权重基本相等的因素指标(见表1)。

表1 农村人居环境评价指标体系

一级指标	二级指标	三级指标	四级指标	单位
农村人居环境	居住条件	住房面积	农村人均住宅建筑面积	m²
		农村建筑投资	农村住宅建设投资	万元
			农村公共建筑投资	万元
	居住条件	住房配套设施	农村自来水普及率	%
			农村无害化卫生厕所普及率	%
		网络支撑条件	农村路网密度	km/百 km²
			农村人均道路面积	m²
			农村供水管道长度	km
	基本公共服务	基本教育	农村万人拥有幼儿园专任教师数	人
			农村万人拥有小学专任教师数	人
			农村万人拥有中学专任教师数	人
		卫生医疗	每千名农村人口拥有乡村医生数	人
		社会保障	农村最低生活保障户数	万户
			农村最低生活保障支出	元/人
	生态环境质量	"三废"排放	人均废水排放量	t
			人均废气排放量	万标立方米
			人均固体废弃物产生量	t
		化肥农药	人均农药使用量	kg
			人均农业化肥施用量	kg
		农村环境建设	人均农村园林绿化投资	元
			人均农村环境卫生投资	元
		生活污染治理	农村生活污水处理率	%
			农村生活垃圾处理率	%
	经济社会	经济水平	农村居民家庭人均收入	元
		经济结构	工资性收入占家庭人均收入比重	%
		人口	农村人口规模	万人
			农村人口密度	人/km
		人民生活	农村居民家庭恩格尔系数	—

二 南宁市农村人居环境治理现状

南宁市位于广西南部，现辖7个城区、5个县及南宁高新技术产业开发区、南宁经济技术开发区、广西—东盟经济技术开发区等3个国家级开发区。共有乡镇102个，村委会1383个，自然村8995个。2017年底全市户籍人口有756.87万人，其中农村人口有381.49万人，占50.40%。[①] 近年来，南宁市农村人居环境不断改善，居民生态文明意识不断增强。

（一）农村整体环境治理体系基本确立

垃圾处理方面，南宁市累计建设完成25个乡镇片区（或边远乡镇）垃圾处理设施、123个农村生活垃圾处理中心，新增农村垃圾就近就地收集处理设施1.2万多处，所有行政村共配备1.27万多名保洁员，已全面实现"户分类、村收集、镇转运、县处理"垃圾一体化处理模式。同时，推广秸秆打包、黄贮、青贮、生物质燃料等高效利用技术，使秸秆资源转化利用率超过85%。

生活污水处理方面，南宁市实施村、镇两级污水治理行动，加快村、镇两级污水设施建设。建成35个镇级污水处理设施并投入运行，污水处理能力达9万吨/日，完成了204个农村生活污水整治项目。

农村"厕所革命"方面，各乡镇和村庄共改造建设各类公共厕所60座，12.53万户居民完成改厕项目。

其他方面，截至2019年5月，完成植树造林27万亩，建成农村公共照明项目158个，建设便民候车亭15个，建成通村组和入户道路337.89公里，建成农村电子商务服务站点2727个。

（二）强化政策支持，注重整治实效

科学布局，统筹规划。为统筹抓好农村人居环境整治各项工作，提升环境卫生整治水平，南宁市编制出台了《南宁市农村水环境综合整治"十三五"规划》《南宁市农村人居环境整治三年行动实施方案（2018—2020年）》《南宁市创建"十镇特色、百村示范、千屯升级、万屯整治"工程助

---

① 南宁市委宣传部：《南宁简介》，2018年9月17日，http：//www.nanning.gov.cn/zjnn/lcjj/t659998.html。

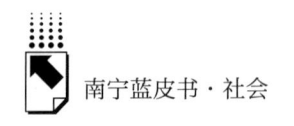

推乡村振兴实施方案》《南宁市"村屯整治"助推乡村生态振兴行动实施方案》《南宁市开展农村人居环境整治村庄清洁行动工作方案》《2018—2020年南宁市（建成区外）城市内河沿河村庄河段生态修复攻坚战实施方案》等系列文件。环境整治规划和政策文件的出台，有助于科学布局农村人居环境整治，提升南宁市环境卫生整治水平，助推乡村生态振兴。

聚焦问题，立行立改。一是清理沿河村庄生活垃圾、建筑垃圾及漂浮物等257.25吨，取缔内河沿河两岸禽畜养殖户444家，加快试点河塘沟渠疏浚和农村黑臭水体整治工作，完成4个村清澈疏浚治理点，巡查河道8180公里。二是开展"四清理四整治"和"三禁止三规范"等集中整治行动，持续开展高铁沿线环境整治专项巡查。据不完全统计，2019年春节期间，全市共组织开展卫生整治活动530余次，出动人员25860余人次，清理垃圾28690余吨，清理卫生死角14380余处，清理塘沟4100余处，纠正乱堆放、乱停放、乱摆卖行为10100余次。

（三）加大财政投入力度，深入推进农村人居环境整治

2018年以来，南宁市加大财政投入力度，支持农村人居环境整治。

加大农村饮水安全工程建设投资力度。南宁市水利局提供的数据显示，2018年南宁市增加农村饮水安全工程建设资金，全年共完成投资16397.5万元，比上年增加了48.0%；完工项目365个，比上年增加了60.8%；为24.6万人解决了饮水不安全问题，比上年增加了93.7%。

大力推动农村生活垃圾治理工作。在生活垃圾治理方面，投入资金46800万元，建设16处村级收集转运处理设施，全面清运治理13个非正规垃圾堆放点。

支持农村改厕工作。投入资金19399.59万元，推进"厕所革命"行动，全市各乡镇和村庄共改造建设各类公共厕所60座，12.53万户居民完成改厕项目。

持续推进农村污水项目建设。全市投入资金23120万元，开展"美丽南宁"农村污水处理设施建设和行政村生活污水处理设施建设。截至2019年

底,完成了408个"美丽南宁"农村污水处理设施建设和106个行政村生活污水处理设施建设。

加快推进特色乡村风貌提升建设。设立特色乡村风貌提升建设财政专项资金,安排25834万元,把旧村改造与环境整治相结合,扎实推进农房风貌改造等生态宜居项目建设。全市新增"美丽广西"乡村建设示范村14个、广西"绿色村屯"56个,建设自治区级绿化、美化特色精品示范村20个。

加大宣传和培训力度,改变影响农村人居环境的不良习惯。印发100多万份宣传材料,提高村民清洁卫生意识、规划意识和法律意识,提高农民建房办证的积极性,引导群众自觉形成良好的生活习惯。开展农村建筑工匠和乡村干部专业知识培训,完成对200多名农村建筑工匠和乡村干部的培训,提高了其技术及工作水平。

三 南宁市农村人居环境存在的问题及其深层次原因

为了对南宁市农村人居环境的发展现状有一个清晰的认识,本报告深入南宁市横县、隆安、武鸣、宾阳、邕宁5个县区的200个农村居民家庭,就农村人居环境所涵盖的各项具体内容进行了深入的调查。调查内容包括农民住房、农民饮用水、农民生活污水、农村生活垃圾处理、农村厕所改造、乡村风貌建设等多项农村人居环境重要指标。

据调查,2018年南宁市农村居民家庭人均可支配收入为13654元,同比增长9.1%;农村居民家庭人均生活消费支出11221元,同比增长14.0%(见表2)。改革开放以来,农村经济得到了较大发展,农民生活水平得到大幅提高,对逐步富裕起来的大多数农民来说,最大的消费就是建房。2018年住户调查资料显示,农村居民人均住房建筑面积达51.34平方米,较上年增加2.34平方米,增长4.8%(见表3)。

据问卷调查,96.7%的农户对自家住房的面积表示满意或非常满意。农村住宅存在的主要问题是村庄建筑布局较乱,农房设计水平低,98%的农户反映存在私搭乱建现象。

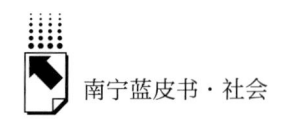

表2　南宁市农村居民家庭人均收支（2014~2018年）

单位：元，%

年份	人均可支配收入		人均生活消费支出	
	绝对数	同比增长	绝对数	同比增长
2014	9489	11.6	7611	12.2
2015	10409	9.7	8560	12.5
2016	11398	9.5	9359	9.3
2017	12515	9.8	9839	5.1
2018	13654	9.1	11221	14.0

资料来源：课题组整理。

表3　南宁市农村居民人均住房面积（2014~2018年）

单位：平方米，%

年份	面积	同比增长
2014	44.80	17.3
2015	46.30	3.3
2016	47.90	3.5
2017	49.00	2.3
2018	51.34	4.8

资料来源：课题组整理。

（一）环境卫生方面

环境卫生指数的高低，反映了农村人居环境质量的好坏，关系着最普惠的民生福祉。

农村饮水条件有所提升，但仍存在饮水安全隐患。南宁市隆安县南圩镇爱华村有13个自然屯，共约2180人，使用自来水饮水率为100%，说明农户生活用水条件比较优越，自来水的普及率较高。60%的农户认为饮水质量很好，但有30%的农户发现停水过后水有黑色、黄色物质。据调查，水质差的主要原因是水垢较多，水里有沙子，畜禽养殖排污和农药使用污染等经雨水渗进水源，破坏水质。从调查结果来看，目前农村的饮水条件较为良好，但大多数农民饮用水没有经过净化过滤，而是直接饮用，存在较大的安全隐患。

农村垃圾治理工作有序开展，但居民整体评价有待提高。据问卷调查，

85.6%的农户对垃圾进行分类并投放到规定的垃圾堆放点,70%的农户表示村里专门配备了保洁员和负责垃圾清运的环保工作人员,66.7%的农户表示农村垃圾清运、处理及时,59.4%的农户表示建有足够的垃圾池,扔垃圾很方便。说明南宁市农村垃圾处理工作有序开展,逐步实现"户分类、村收集、镇转运、县处理"垃圾一体化处理模式。但生活垃圾处理还存在一些问题,如33.3%的农户认为农村垃圾清运、处理不及时,40.6%的农户认为垃圾池太少,扔垃圾不方便,98%的农户不赞成乱堆乱放变少的情况,还有90%的农户表示存在公共区域的卫生无人打扫的情况。

农户生活污水处理情况有所改善,但仍有改进空间。据问卷调查,71.7%的农户认为生活污水处理到位,16%的农户认为生活污水处理及时、干净,84%的农户认为污水处理不合格、排放不及时。污水处理不合格、排放不及时会影响村容村貌,也会对农村地区地下水源、土壤等造成二次污染,不利于农村人居环境的改善。

农村改厕情况良好,但转变居民习惯任务艰巨。从厕所改造情况来看,74.2%的农户对家中厕所进行了改造,农村改厕推进有序。36.7%的农户表示会使用卫生厕所,说明农村居民使用室外旱厕的情况还比较普遍;35.7%的农户家里已用上室内水冲式厕所,或安装了陶瓷坐便马桶,表示使用卫生厕所更干净,臭味也基本消除。

(二)风貌建设方面

乡村风貌建设是农村人居环境不可或缺的重要组成部分。对南宁市农村的调研,主要涉及道路、照明、绿化等公共基础设施建设。据问卷调查,50%的农户表示农村道路变宽变好,50%的农户表示农村已安装路灯,98%的农户认为农村绿化较好、环境美观。

南宁农村地区道路交通设施相对较好,生态环境不断绿化美化。但在乡村规划上相对较差,公共照明没有实现全覆盖。91.7%的农户认为农村缺乏长远规划和整体布局,18.3%的农户认为村庄整体规划不够合理,30%的农户认为没有或缺少路灯等公共照明设施。

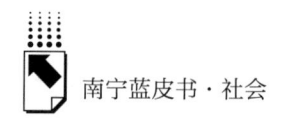

（三）土地建设方面

土地利用新村庄规划与原总体规划冲突严重。具体表现在政府部门间没有建立完备的协调机制，致使现有的土地利用总体规划与各地新编制的村庄规划未能高效衔接，造成无法落实村庄规划中设置的新村建设用地以及村庄拆并。

农村环境治理市场培育度不够。据南宁市生态环境局反映，目前，南宁农村环境治理资金的投入和运行，主要依托各级政府，社会资金参与度不高。原因有二：一是缺乏相应的准入门槛，参与农村环境治理的公司技术力量参差不齐，部分无环保技术的建筑公司也参与其中，导致低价竞争，难以培育农村环境治理的环保龙头企业；二是缺乏合理的优惠政策引导，对社会资本参与农村环境治理工作的吸引力不足，制约了农村环境治理市场主体的培育和发展。

"弃旧建新"现象普遍存在。经济快速发展使得农民收入逐年增加，生活水平也不断提高。农民在富裕后大多考虑新建、扩建住宅，非法抢占耕地、无序私建房屋、旧房闲置等"弃旧建新"现象普遍存在。大量的废弃房屋不但成为蚊虫滋生、病菌繁殖的场所，而且占用了稀缺的农村土地资源，严重影响农村人居环境和整体布局规划。抽样调查测算显示，南宁市农村危旧废弃不用杂房、违建房不少于2.5万栋（间），面积不少于100万平方米。

禁养范围无限扩大。为便于管理，部分地区出现"无猪村""无鸡村"，实行"退村退院退散养"，不管养殖场、养殖专业户是否合规、有无污染，均采取"宁可错关不可漏关""连根拔"等方式。据不完全统计，南宁市废旧不用猪牛舍（栏）不少于8万间，面积不少于40万平方米。

（四）人居环境基础设施建设方面

农村生活污水项目建设及运维管护资金后继乏力。目前，南宁市在持续推进农村生活污水治理工作方面存在建设资金缺口较大、运维管护成本增幅大等问题。据南宁市生态环境局反映，2015~2018年农村生活污水治理项目使用资金主要为中央节能减排财政综合示范市专项资金，2018年示范期结束后，后续建设在没有上级财政资金支持的情况下，将对地方财政形成较大的压力，且随着设施建设数量的逐年增加，各县区运维管护财政压力越来越大。

污水排放监管力度不足。当前污水处理仍是农村环境改善的短板。由于村庄污染面分散，污水排放呈无序状态，而且洗浴生活用水污染、养殖业的粪污、村域工业废水均会对农村的水体产生影响，农村的改水治水工作迫在眉睫。同时，由于农村面积广阔，地方污水处理设施和人员配备有限，地方政府对农村的水体监测和监管难以落实，造成农村污水监管的真空，阻碍了对农村污水的有效监测和治理。据走访调查，当前某些县（区）农村生活污水处理设施40%多沦为"空架子"。如走访横县7个农村生活污水处理项目后，发现其中5个项目存在污水管网建设不全、村民家中污水无法接入处理设施的现象。

垃圾清运管理机制不完善。目前南宁市主要采取"户分类、村收集、镇转运、县处理"垃圾一体化处理模式。但在实施过程中，此模式的群众满意度不到70%，原因主要有三：一是垃圾清运、处理不及时；二是清运时间不稳定，特别是雨后导致垃圾满溢的情况时有发生；三是逢年过节垃圾量较大的时候，环境卫生问题更加凸显。据问卷调查，有33.3%的村民认为垃圾清运、处理不及时。如武鸣区八桥村村民邓先生反映，八桥村垃圾有时天天清运，有时4~5天清运一次，清运时间不稳定，导致垃圾池垃圾溢出，产生恶臭味，影响全村的环境卫生。又如，邕宁区力勒村村民李女士反映，每到逢年过节垃圾量较大的时候，就会出现垃圾池的垃圾溢出等现象。垃圾不及时清运更是常有的事，村民认为政府对垃圾清运管理不到位。

（五）公益事业投入与监测体系建设方面

农村公益事业投入相对不足。农村人居环境整治工作，特别是农村户厕、公厕等的建设改造，以及垃圾、污水无害化处理和村庄规划编制等工作，都属于农村公益事业建设，需要公共财政增加投入。受当前经济下行压力的影响，公益事业投入相对不足。例如农村改厕项目，按照自治区要求，

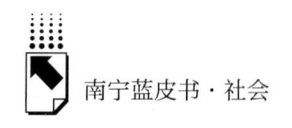

到2020年需要完成户厕改造30万户左右，按每户奖补1000元计算，共计需改厕资金3亿元。据问卷调查，有50%的村民认为，政府财政投入不足，主要表现为农村垃圾池数量少、路灯不够等问题。再如村庄规划，乡村振兴战略要求村庄规划全覆盖，而制定一个科学可行的控制性详规需要10万元左右，全市1383个行政村，约需要1.4亿元。目前南宁市计划在村庄规划编制方面投入5330万元，在规划管控投入方面远远不够。

用于监测体系的资金较少。对农村水污染等，缺乏明确细化的监测方法和监控体系，导致治理效果和资金投入不匹配。根据《2018年南宁市农村环境质量试点监测方案》，2018年只有马山县、上林县、宾阳县、武鸣区、青秀区列入监测范围，其他县区尚未开展该项工作，南宁市农村环境监测体系整体相对滞后。

四 南宁市改善农村人居环境的对策建议

（一）建立农村人居环境管理机制，强化责任落实

建立农村人居环境管理机制。为巩固南宁农村环境综合整治效果，建议根据各区（县）的实际情况及特点，建立市、县（区）、乡（镇）、村四级地方性农村公共环境管理制度，明确政府行政机关、农户、行业机构（组织）三方各自的职责、义务及权力，把建立长效管护机制列为新农村建设考核评价的重要内容。加强村庄管护，推行市场化运作，所有区（县）实行第三方监督治理。坚持建管并重，推动各地全面建立有制度、有标准、有队伍、有经费、有督查的乡村长效管护"五有"机制。

强化村民自我教育、自我管理、自我服务，健全卫生保洁、设施维护等制度。农村人居环境整治工作仍处于起步阶段，存在进展不平衡、内生动力不足等问题。正如中央出台的政策所指出的，乡村可依据村情特色，因地制宜、分类实施，立足本地实际合理设定行动目标，科学确定重点任务，切忌"一刀切"。要坚决防止村庄整治建设"一年新模样、两年旧模样、三年不成

样"现象出现。坚持农村人居环境整治与转变卫生习惯相结合，以革除陋习为根本，持续做好舆论引导，让良好的卫生行为规范入脑入心、化风成俗。

加强对第三方的绩效监督和考核。排查更换老旧设备，落实配置污水处理设施所在村运维协管员制度，让污水处理设备运转起来，彻底解决农村污水处理设施"空架子"问题。[1]

（二）加大财政资金投入，整合优势资源

大力支持农村集体经济发展。营造良好的农村人居环境，离不开村民这一主体。政府要加大财政资金投入力度，支持农村集体经济发展，变"输血"为"造血"。一方面，通过政策引导、金融扶持，坚持培育市场主体，强化以产业技术为支撑的理念，帮助有条件的村委会成立集体经济合作社，扩大现代化农业机械补贴使用范围，提高农业生产效率，盘活农村集体资源，推动农业发展。另一方面，支持农村集体乡镇企业的发展，积极招引效益好、污染少的现代化企业，带动当地农村集体乡镇企业的发展。另外，建议将村民的旧房收归村集体管理，开办民宿或城市老人养老院等，按经营比例分成。

加大财政资金倾斜力度。农村人居环境建设工作，涉及多个领域的公共产品，这项工作主要依靠政府牵头推进，但南宁各区、县农村经济发展水平存在较大差异，部分区、县历史欠账较多，因此，建议在投入公共财政资金时，打破平均主义管理方式，优先考虑向农村人居环境建设水平较高的村庄倾斜，对好的锦上添花，起到引领带头作用。

探索建立政府补助、农户适当付费相结合的经费制度。积极推行经营村庄理念，把村庄整治、建设与乡村旅游结合起来，为村庄可持续发展提供保障。

（三）推行 PPP 模式，实现农村人居环境治理市场化

引入社会资本，推行 PPP 模式。首先，政府要在农业资源开发、农村

---

[1] 付佳睿：《农村人居环境问题探析及建议——以河北省蔚县为例》，《农村经营管理》2019年第4期。

污染防治、生态农业发展等方面出台操作性强、奖补力度大的资金支持政策；其次，要建立政府全程管控监督、社会资本以承包或采购为主、村民积极参与的投入机制，鼓励引导各类社会资本进入农村人居环境建设领域。其中，要将在农村垃圾处理方面引入社会资本作为重点。

动态制定垃圾治理的收费和处置标准。政府可根据各地实际及特点，积极倡导谁受益谁付费的农村人居环境治理市场化原则，将农村的生活垃圾交由社会专业公司承担，第三方审查机构进行审核监督，从而保证家家户户的垃圾都得到处理。

（四）稳扎稳打，探索精细化治理模式

分级施策、稳扎稳打。目前，全国各地都在学习浙江"千村示范、万村整治"经验，但其主要依靠加大资金投入。建议南宁市根据资金预算、实施效果、难易程度、群众建议等情况，将村庄环境整治工作划分为易、中、难三个等级，从最容易的开始实施，分级施策、稳扎稳打、渐次推进。

参考文献

［1］付佳睿：《农村人居环境问题探析及建议——以河北省蔚县为例》，《农村经营管理》2019年第4期。

［2］毛晖、张鸿景：《农村人居环境治理的困境与出路——基于多元共治的视角》，《行政事业资产与财务》2019年第1期。

［3］南宁市人民政府：《南宁市农村人居环境整治三年行动实施方案（2018—2020年）》。

［4］南宁市委宣传部：《南宁简介》，2018年9月17日，http：//www.nanning.gov.cn/zjnn/lcjj/t659998.html。

［5］赵静：《推进农村人居环境整治的对策思考——以湖北宜城市为例》，《中国经贸导刊》2019年第10期。

［6］中共中央办公厅、国务院办公厅：《农村人居环境整治三年行动方案》。

B.19 推进南宁市乡村风貌提升对策研究

南宁市政协专题调研组*

摘　要： 乡村风貌提升工作是实施乡村振兴战略的题中之义，是脱贫攻坚的有力抓手，是农村人居环境整治的主攻方向。本报告深入研究了南宁市开展乡村风貌提升行动现状，分析了存在的问题，如农民主体作用未充分发挥、资金投入仍显不足、产村融合不够紧密等。通过学习借鉴国内其他城市乡村风貌提升的经验做法，提出了突出农民主体作用、突出地域乡土特色、突出资金多元投入、突出循序渐进推动、突出产村深度融合等对策建议。

关键词： 乡村风貌　人居环境　乡村振兴

---

* 调研组组长：魏凤君，南宁市政协副主席。调研组成员：甘英姿，南宁市政协常委会委员、副秘书长、办公室副主任；韦杰鹏，南宁市政协常委会委员、南宁市政协人口资源环境与城乡建设委员会主任；周旭红，南宁市政协委员、南宁市政协人口资源环境与城乡建设委员会副主任；何广华，南宁市政协委员、南宁市政协人口资源环境与城乡建设委员会副主任（执笔人）；张海元，南宁市政协人口资源环境与城乡建设委员会原主任；汪烈，南宁市政协委员、南宁市建筑设计院总建筑师；蒙泰安，马山县政协副主席；李桃，西乡塘区政协副主席；李伍坚，南宁市自然资源局副局长；莫瑄，南宁市"美丽南宁"乡村建设领导小组办公室副主任；肖志刚，南宁市住建局村镇科副科长；马莉，南宁市政协文化文史和学习委员会办公室主任；王俭，南宁市政协研究室理论信息科科长；郑立川，南宁市政协人口资源环境与城乡建设委员会办公室工作人员。

乡村风貌提升工作是实施乡村振兴战略的题中之义，是脱贫攻坚的有力抓手，是农村人居环境整治的主攻方向。为助推南宁市乡村风貌提升，市政协组织部分政协常委会委员、政协委员，并邀请市住建局、自然资源局、乡村办、部分县区政协等单位人员成立调研组，通过听取汇报、实地调查、座谈讨论，以及赴江西南昌、景德镇，区内桂林、崇左等城市考察学习，形成了专题调研报告。

一 南宁市乡村风貌提升工作现状

（一）突出高位推动

市委、市政府对于乡村风貌提升这项惠民工程一直高度重视，主要领导多次组织召开专题会议，开展调研活动，研究解决工作中存在的一系列实际问题。2019年5月，市政府在马山县、武鸣区召开现场推进会，有效促进了乡村风貌提升行动的顺利实施。

（二）做好顶层设计

出台《南宁市乡村风貌提升三年行动实施方案》（南办发〔2019〕22号）及相关配套文件，明确了各项工作任务、责任分工、资金安排、建设时序等内容，并将基本整治型村屯工作要点、职责分工、验收标准、奖励措施等方面内容细化，还对优先提升的重点和示范区（带）作了具体安排。

（三）强化统筹推进

注重将"美丽南宁·幸福乡村"专项活动、乡村风貌提升三年行动、村庄清洁行动等重点工作有机结合，统筹推进。出台了《南宁市开展农村人居环境整治村庄清洁行动工作方案》（南乡村组发〔2019〕1号），要求各县区（开发区）、各部门积极参与村庄清洁行动，重点做好基本整治型村屯的"三清三拆一改"①工作，并细化了整治范围、标准和要求。市直各相关部门和各县区（开发区）及各镇（乡）村，在宣传发动、规划编制、资金投入、物资保障、人力配置、工程建设、强化管理等各方面，积极协调配合，做了大量细致、扎实、有效的工作。

2019年，全市有基本整治型村庄921个，设施完善型村庄7个，精品示范型村庄3个，评选出10条美丽乡村风景线。三类村庄建设共投入7876.68万元，其中市本级财政资金2257.4万元，县级财政资金3128.1万元，群众自筹、乡贤捐资2491.18万元。乡村风貌提升涵盖的规划编制、提升村庄特色景观、村庄基础设施"七改造"②、村庄公共服务"十完善"③等其余各项工作均完成自治区下达的年度任务。全市共清理村庄垃圾15.04万吨，清理乱堆乱放2.85万处，清理池塘、沟渠淤泥0.39万处12.91万吨。拆除乱搭乱盖0.29万处13.7万平方米，拆除广告招牌0.56万个，拆除农村危旧房、废弃猪牛栏及露天茅厕、断壁残垣等0.98万处25.51万平方米。实施景观改造0.34万处，开展公共空间整治0.49万处44.1万平方米，开展"四微"整治④0.57万处20.1万平方米。"十镇特色、百村示范、千屯升级、万屯整治"创建工程有序推进，持续打造西乡塘区的"美丽南方"、马山县的环弄拉生态综合示范区、青秀区的"绿野仙踪"生态综合示范带、横县的中华茉莉园旅游服务区等一批建设标准高、效果好的典型。南宁市乡村风貌提升工作取得了阶段性成果，农村人居环境质量得到较大提升，村容村貌得到了有效改善，产业发展得到了持续推进，群众的生活习俗和环境意识得到了进一步改观。

---

① "三清三拆一改"是指清理农村生活垃圾、清理村内塘沟、清理畜禽养殖粪污等农业生产废弃物；拆除乱搭乱建违章建筑物、拆除非法广告招牌、拆除危房危墙等废弃建筑物；改变影响农村人居环境的不良习惯。
② 村庄基础设施"七改造"是指改路行动、改水行动、改厕行动、改厨行动、改圈行动、改沟渠行动、改农村电网行动。
③ 村庄公共服务"十完善"是指完善村级公共服务平台、完善公共交通服务、完善污水垃圾处理设施、完善金融服务、完善医疗健康服务、完善便民超市服务、完善广电网络服务、完善通信网络服务、完善气象为农服务、完善教育服务。
④ "四微"整治是指微田园、微菜园、微果园、微庭院整治工作。

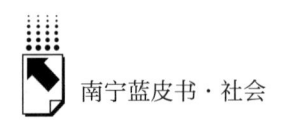

二 南宁市乡村风貌提升工作存在的问题和困难

（一）部分县区重视程度不够

个别县区、乡镇未能严格按照自治区党委三年对村庄风貌整治"扫一遍"的要求，统筹谋划乡村风貌提升工作，而是仅仅满足于完成上级下达的任务。部分县区（开发区）行动比较缓慢，布置落实不够到位，对上级工作部署精神传达不够深入，有的工作只停留在点上，没有全面推进。用于乡村风貌提升工作的资金较少，甚至仅落实上级安排的资金。部分基层干部积极性不高，工作效果及进度不够理想。

（二）规划与实际脱节

村镇规划体系不完善，管理工作滞后，不少村尚未制定村庄规划，有的规划定位不够准确，村庄特色体现得不够鲜明，示范创建"亮度"不够，缺少农村地域特色。有些村脱离乡村实际，破坏乡村风貌和自然生态。农村推动"两违"查处[①]、"一户一宅"落实、拆除废弃危旧建筑等工作难度大，存在无序建房、占用耕地、浪费土地、乱搭乱建等现象。乡村风貌规划建设专业人才与队伍相对缺乏。

（三）农民主体作用未能充分发挥

基层党组织建设弱化，带动力和号召力不强，以致不少村民认为乡村风貌提升是政府的事、上级的事，"等靠要"思想严重，缺乏积极主动参与的主人翁意识，对乡村风貌提升项目存在政府投入就干，不投入就不干，从而出现上头热、下头凉的现象。本应该作为主体的村民成了"观察员""评论员"。部分村民对政策理解不到位，对拆除自家的鸡棚猪舍、闲置危旧房、

[①] "两违"查处是指依法打击违法占地、违法建设。

私搭乱建等建（构）筑物不理解、不配合；多数农村主要劳动力外出务工，村屯劳动力不足，热心公益的领头人较少，加上村屯组织的管理约束力较弱，村民捐资投劳积极性很难调动起来。

（四）资金投入仍显不足

各级政府财政投入普遍吃紧，社会资金投入渠道少，未能形成多渠道投入机制。从实际情况看，自治区对基本整治型村庄每村安排资金 1.8 万元，市财政配套资金 1.8 万元，县区、乡镇财力普遍薄弱，未能安排专项资金。大部分村集体经济薄弱，公益事业难兴办，严重影响帮带能力。由于投入不足，不少乡村干部对乡村风貌提升工作热情不高，上面补多少，下面做多少，影响了工程进度和整体效果。缺乏对社会资金投入的激励机制，对社会、个人捐资缺乏统一管理，宣传褒扬尤显不足，乡贤、企业家、农民致富带头人等资金投入的积极性欠缺。

（五）产村融合不够紧密

大部分村的农业产业规模不大，与第二、三产业融合程度低，层次浅，链条短，附加值不高，且新型农业经营组织发展迟缓，创新能力较差，不具备开发新业态、新产品、新模式和新产业的能力。虽然一些自然资源禀赋较好的村庄形成了乡村旅游、农家餐馆、民宿等产业，但是乡村风貌建设与产业发展没有同步规划、协调推进，没有形成相互支撑、相互促进、共同发展的良性循环。

三 国内部分城市乡村风貌提升的经验

（一）强化规划先行

南昌市各县区从县域整体出发，围绕体现农村特色、文化特色、民族特色、产业特色，凸显田园风光和地域文化等入手，通过聘请浙江大学规划院等的国内知名规划设计团队，对村镇建设进行了高标准全域规划，明确了县域新农村建设推进步骤、重要节点和标准方向。在目标定位上，南昌市委、市政府明确提出打造富裕、美丽、幸福、现代化江西"南昌样板"，美丽乡村建设要以浙江桐庐为标杆，打造现代版的"富春山居图"。上饶市各县区"不求大、不求洋"，结合每个村庄资源禀赋、地形地貌、文化内涵，精心组织、规划、设计，推进乡村风貌提升工程，注重打造个性特色。

南昌、上饶、景德镇等城市充分发挥规划对实践的指导作用，保障乡村风貌提升分期、分步推动，形成了"连点成线、拓线成面、突出特色、整体打造"的建设格局，推进全域乡村风貌提升扎实有序开展。每个村都能根据山水走势，因地制宜，使自然景观与村落建设浑然一体，体现了自然与人文的和谐统一。

（二）强化绿色生态

南昌市所有建设点都全面开展农村人居环境整治，对农村垃圾全部进行无害化分类处理，梯次开展农村水环境治理，实行雨污分流，合理利用"海绵"设施，构建可持续的水循环模式，从源头上根治乡村脏乱差现象，实现了山清水秀地干净。湘潭市立足"伟人故里、大美湘潭"以及农村自然地理和风土人情，按照产业、文化、旅游、社区功能"四位一体"和生产、生活、生态"三生整合"总体要求，突出传统文化、地域文化、绿色文化和红色文化，保护好林草、溪流、山丘等生态资源，把保护挖掘原生态村居风貌和发展生态农业、培育生态文化等相结合，分类规划建设生态宜居乡村。韶山市韶阳村依托"三边"绿化[①]项目，对村庄沿路实行绿化覆盖，重点实施村庄道路、公共地带、村民庭院绿化，村域可绿化范围的绿化率达96%。上饶市婺源县在规划建设中遵循"三个结合，一个坚持"的原则，即注重与古村落保护、乡村旅游开发、生态环境保护相结合，坚持徽派风

---

① "三边"绿化是指路边、河边、塘边绿化。

格。浮梁县源港村着力营造江南"灵韵水乡"的境界,注重对生态自然环境的保护,全域禁伐天然林,禁止猎杀野生动物,限制采挖野生草药和特种稀少植物,加强源头管理,维护动植物的多样性,依托独特的自然风光和绿色生态优势写好山水文章,同时挖掘古村落的历史遗韵,丰富人文景观和民俗活动。

(三)强化资金保障

景德镇市在加大财政投入、项目整合力度的同时,充分利用保障房、移民搬迁、节能建筑和城乡建设用地增减挂等政策,拓宽乡村风貌提升资金来源渠道,撬动社会资本和工商资本,以PPP(政府和社会资本合作)、EPC(工程总承包)等模式参与新农村建设。上饶市把加大资金投入力度作为推进工作的重要环节,创新多元筹资思路,政府、部门、社会、农民携手共建,2018年全市共筹集各类资金61.04亿元,为实施秀美乡村建设打下了坚实基础。南昌市充分发挥新农村建设促进会、村民理事会等的牵头作用,鼓励外出创业人士捐资捐物,动员在家群众投资投劳,据不完全统计,2018年全市用于新农村建设的社会捐资捐物、农民投资投劳折合资金1亿多元。湘潭市建立"政府以奖代补、群众筹资筹劳、社会广泛参与"的资金保障体系,全方位筹集美丽乡村建设资金。2016~2018年,湘潭市撬动社会资金、农民自筹资金100多亿元,其中农民自筹部分占30%左右。

(四)强化产业支撑

南昌市没有咬定某个方面搞"一业独大",而是注重一、二、三产业融合发展,上、下游产业立体推动,关联产业配套跟进。上饶市坚持把发展乡村旅游作为产业发展的重点,涌现了一批"芋头村""夏布村""剪纸村""荷花村""电商村""民宿村""农家乐村",大力推进乡村旅游的精细开发、深度开发、品牌开发,全市有5A级乡村旅游示范点2家、4A级乡村旅游示范点15家、3A级乡村旅游示范点95家。景德镇市坚持"三权分享,三股分红,三手合力"① 理念,重点推进田园综合体项目建设,将产业基地、森林、水利等打造成景观、景点、景区,推动农林水资源与旅游、教育、文化、康养等产业深度融合,推动农村资源、资产、资本、资金的转换,实现田园变花园、茶园变公园、农房变客房、劳作变体验,做强特色产业,做靓观光农业,打造全域旅游。

(五)强化基层治理

南昌、上饶、景德镇等城市均出台了充分发挥农民主体作用建设美丽乡村的相关政策文件,坚持以"三个优先"(即群众基础好的优先,筹资踊跃的优先,成立理事会、促进会的优先)为原则确定村点,注重发挥村民自治与协商作用,以村庄基础设施、公共服务设施、生态环境的"建管护"为切入点,把激发农民积极性、主动性、创造性贯穿于乡村建设、管理、维护的全过程,形成了政府指导、村组主导、全民参与、村民高度自治的工作机制,建立完善乡村人居环境"建管护"长效机制。

四 进一步推进南宁市乡村风貌提升工作的对策建议

(一)突出农民主体作用

一是让群众当家做主。积极宣传乡村风貌提升的相关政策,做好耐心细致的思想工作,提高村民的认知度和主观能动性,把村民的积极性真正调动起来,发挥群众自我建设、自我管理的主体作用,变"让我干"为"我要干",让群众真正成为乡村风貌提升工作的组织者、建设者和受益者。

二是建立竞争机制。将农民有无筹资作为乡村风貌提升建设点优先申报的依据,将优先建设点向群众积极性高的乡村倾斜,对于群众支持率低于

---

① "三权分享,三股分红,三手合力"是指所有权、承包权、经营权"三权分享",资金股、资源股、技术股"三股分红",政府有形之手、市场无形之手、群众勤劳之手"三手合力"。

90%的乡村暂不给予安排。

三是凝聚建设合力。加强村民理事会、促进会、监事会的作用，完善民事民议、民事民办、民事民管的基层协商制度，集中民智群策群力，对项目进行全程监督。注重发挥基层党组织、党员、村民自治组织的作用，按照"建管并重"的要求，把乡村风貌提升和管护的有关内容纳入村规民约，协同推进乡村风貌提升与乡风文明养成。积极动员乡贤、企业家、致富带头人等社会力量支援家乡建设，形成全社会共促乡村风貌提升的强大合力。

（二）突出地域乡土特色

一是把文化作为灵魂。立足农村自然地理和风土人情，突出地域文化、绿色文化和红色文化，尽量保留建筑风格的原汁原味，因势利导，分类规划，展现乡村田园特色。

二是精心编制全域乡村规划。统筹全域乡村空间发展格局，塑造特色鲜明、层次丰富的乡村风貌。精心做好村庄规划与设计，以城市总体规划、土地利用总体规划等为依据，根据各村人文环境、生态资源和历史特征，加强对山、水、林、田、路、房六要素的风貌控制与指引，突出实用性，避免"千篇一律、千村同规、千村一面"。注重农房单体个性设计，植入庭院经济理念，用生态的手法改造邻里空间，从建筑屋面形式、外立面、装饰装修材质、景观小品等方面对村庄风貌进行设计控制。

三是加强对传统技艺的传承和培育。加强对乡村工匠的培训指导，不断提高乡村工匠识图能力、施工水平和法律意识，使更多的乡村工匠成为传承乡土技艺、弘扬乡土文化、助推乡村风貌提升的重要力量。

四是加强对规划执行的管控。坚持"不规划不设计、不设计不实施"，所有建设项目必须作出与整体规划相适应、相协调的设计。坚持"一张蓝图干到底"，驰而不息，久久为功，确保规划蓝图变为现实场景。

（三）突出资金多元投入

一是完善"多个渠道进水、一个池子蓄水、一个龙头放水"的资金筹措与使用模式。用足用好中央政策,落实农村土地承包关系稳定并长久不变政策;整合利用有关项目资金,集中力量办大事,按年度或按项目滚动安排资金;鼓励和引导金融信贷、工商资本投入。

二是用好土地增减挂、旱改水等政策,利用"三清三拆"清理出来的闲置建设用地获取建设资金,全额用于当地的村庄人居环境整治和基础设施建设。

三是完善"以奖代补、先建后补、不建不补"的激励机制,待项目确定后先拨付启动资金,根据进度和质量再分期拨付剩余资金,充分调动群众自建家园的积极性和主动性。

(四)突出循序渐进推动

一是分类推进建设。从全域旅游理念出发,实施三年对全区村庄风貌整治"扫一遍"行动部署,深入开展"三清三拆"。按照基本整治型、设施完善型、精品示范型三种类型分别改造村庄,以生动、直观的方式展示实际效果,让村民从乡村风貌提升中感受实惠、增添信心、看到希望,从而激发周边村民参与的积极性。

二是促进由"盆景"向"风景"转变。全面落实精心规划、精致建设、精细管理、精美呈现等要求,突出项目带动,做好"点"的文章,突出增绿添彩,做好"线"的文章,突出区域特色,做好"面"的文章,突出精益求精,做好"院"的文章,把一个县当成一个大景域来规划,把一个乡镇当成一个大景区来建设,把一个村当成一个景点来设计,把一户人家当成一个小品来打造,协同推进"连点成线、拓线扩面"建设。

(五)突出产村深度融合

一是促进农民增收。秉持"既要风景,又要丰收"的理念,因地制宜,培育多元化的农村产业形态,大力发展具有乡村特色的农业、文化、科技、旅游等产业,紧扣生态环境空间,变"输血"为"造血",不断壮大个体经济和集体经济,促进农民增产增收。

二是鼓励引入企业对村庄进行整体开发运营。通过农业、工业、旅游业的项目植入，推动农村"三变"改革（即农村资源变资产、资金变股金、农民变股东），让沉睡的资源活起来，促使村庄建设保持持续的生命力。

参考文献

[1]《浮梁县实施乡村振兴战略 建设美丽家园工作情况汇报》，2019年5月。

[2]《江西省"整洁美丽，和谐宜居"新农村建设行动规划（2017—2020年）》（赣办发〔2017〕1号）。

[3]《景德镇市2018年度美丽乡村建设情况汇报》，2019年5月。

[4]《南昌市2018年度"整洁美丽，和谐宜居"新农村建设情况汇报》，2019年5月。

[5] 中共南昌市委办公室、南昌市人民政府办公室：《关于践行"四精"理念 高质量推进生态宜居美丽乡村建设的实施意见》（洪办字〔2018〕31号）。

[6] 中共南宁市委办公室、南宁市人民政府办公室：《南宁市乡村风貌提升三年行动实施方案》（南办发〔2019〕22号）。

[7] 自治区党委办公厅、自治区人民政府办公厅：《广西乡村风貌提升三年行动方案》（桂办发〔2018〕39号）。

B.20 提升南宁市扬尘治理智慧化水平对策研究

南宁市社会科学院课题组*

摘 要： 2016年以来，南宁市先后开展了3个"100天"扬尘污染治理、空气质量巩固提升、扬尘污染治理长效机制建设专项行动，创新建设扬尘污染治理视频综合管理系统，推进扬尘治理全面进入智慧应用阶段。在目前仍然存在责任落实不到位、感知数据获取不全、专业人才队伍紧缺、诚信惩戒体系尚未完善、智慧化联动效应不足等问题的情况下，建议南宁市从建立扬尘治理智慧化组织执行机制、加快扬尘治理智慧化感知基础建设、完善扬尘治理智慧化支撑平台建设、拓展扬尘治理智慧化应用功能建设、创新扬尘治理智慧化社会参与模式等方面出发，全面提升南宁市扬尘治理智慧化水平。

关键词： 扬尘治理 智慧化 长效机制

近年来，南宁市坚持以习近平新时代中国特色社会主义思想为指导，深入贯彻落实习近平总书记视察广西重要讲话精神，牢固树立"绿水青山就

---

* 课题组组长：梁瑜静，南宁市社会科学院科研管理所副所长、讲师。课题组成员：杜富海，南宁市社会科学院经济发展研究所副所长、助理研究员；谢强强，南宁市社会科学院科研管理所研究实习员；廖茜茜，南宁市智慧城管信息中心工作人员。

是金山银山"的发展意识和"良好生态环境是最普惠的民生福祉"的为民理念,紧紧围绕建设生态宜居城市目标,坚决打好污染防治攻坚战,持续深化开展扬尘污染治理及改善环境空气质量攻坚工作。特别是2016年以来,南宁市先后用3个"100天"开展了扬尘污染治理、空气质量巩固提升、扬尘污染治理长效机制建设等专项行动,历经2016年集中整治、2017年巩固提升、2018年长效治尘三个阶段,逐步将扬尘治理工作常态化,创新搭建扬尘污染治理视频综合管理系统(扬尘治理"慧眼"系统),全面开启了扬尘治理智慧化时代。

一 南宁市扬尘治理智慧化工作的主要做法和成效

2018年,南宁市以城市治理"制度建设年"活动为契机,以着力构建长效治尘机制为重点,深度开展"两点一线"污染、工业及交通排放污染、焚烧烟尘污染、工程车辆扬尘污染、裸露土地扬尘污染治理,健全污染天气预警响应机制,全力打好打赢蓝天保卫战。2018年1月,南宁市扬尘治理"慧眼"系统正式启动运行,标志着南宁市扬尘治理全面迈入智慧化阶段。

(一)南宁市扬尘治理智慧化建设工作的主要措施

1. 高位统筹组织推进

南宁市坚持高位统筹组织推进扬尘治理智慧化建设,不断完善生态环境保护领域顶层设计,先后出台了《南宁市扬尘污染治理专项行动方案》《南宁市开展打赢"蓝天保卫战"建立治尘长效机制工作方案》等。按照南宁市委提出的"边建设,边完善,边提高"原则,成立了南宁市扬尘治理"慧眼"系统建设推进工作小组,由南宁市"美丽南宁·整洁畅通有序大行动"指挥部办公室统筹协调,建立联席会议制度,研究解决存在的问题,制定工作任务表,倒排时间,加快推进"慧眼"系统项目建设及功能完善。

2. 推进扬尘治理标准化建设

建筑工地、消纳场、搅拌站、采石场、堆场等几大污染源头监管部门,

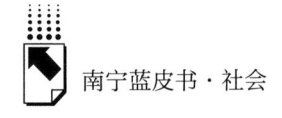

制定行业标准化建设要求，明确源头场站的产尘作业、扬尘防控设备配置等扬尘防治标准，实施规范管理，为智慧化管理夯实基础。

3. 推进整合数据信息资源

一是整合采石场、搅拌站、建筑工地、消纳场、道路联合执法卡点及主要道路路面的视频监控资源，对污染源头"四点一线"进行有机串联、实时监控。实现对全市城市工程运输车运行相关数据信息"起点—中途—终点"运输全过程的实时监控、数据闭环和全过程匹配。

二是建立全市建筑垃圾运输车、混凝土搅拌车车辆信息数据库，共享自然资源部门的基础地图、影像图、地形图等信息，以及城管部门建筑垃圾运输车辆轨迹数据，实现污染车辆案件追踪、执法查询及污染源头倒查。

三是整合接入生态环境部门的环境监测站国控点 AQI、PM10、PM2.5 数据以及住建部门的施工工地扬尘在线监测站点数据，实时监测片区及全市空气质量数据动态。加强对污染天气的分析预判，发现空气优良指数提升较快、临近污染临界点的，及时发布通知，传导压力，指挥调度属地城区和相关部门即刻启动应急措施，及时遏制污染态势。

截至 2019 年 12 月 31 日，南宁市扬尘治理"慧眼"系统已接入 8 个空气质量国控点、71 个 PM10 工地扬尘监测站点；累计接入的源头数据含 520 个有土方作业工地监控、13 个采石场监控、49 个水泥搅拌站监控，128 个路面视频站点，3449 辆泥头车、3178 辆搅拌车的 GPS 监控以及工程车辆信息库，9 个联合执法卡点监控等；累计接入末端 54 个消纳场监控视频数据。

4. 完善智慧化管理配套机制

一是建立扬尘治理工作考评机制。在原"美丽南宁·整洁畅通有序大行动"（以下简称"大行动"）考评中增设环境空气质量得分项（占"大行动"考评总分的 15%），将"慧眼"系统采集扬尘案件、扬尘各大源头案件采集列入考评暗访（扬尘治理暗访约占"大行动"考评总分的 11.2%），将各级各部门扬尘治理工作情况纳入"大行动"考评，实施月度考评奖惩问责，强化考评结果应用。

二是将扬尘治理工作纳入网格管理。将建筑工地、消纳场、采石场、搅拌站等污染源头纳入网格管理，明确各级治理责任人，扩大99个"数字城管"网格覆盖范围，每周组织一次对巡查网格外区域扬尘源头治理的暗访，实现扬尘污染治理问题案件采集全覆盖。

三是成立专职专管部门。成立南宁市智慧城管信息中心，专门负责扬尘治理"慧眼"系统建设、管理、数据采集、分析、调度、初级考评工作。

四是完善应急响应机制。建立每小时空气质量指数通报机制。每小时发布全市各片区空气质量指数，针对空气质量指数偏高的片区，督查指导各城区（开发区）、各部门迅速展开排查，采取有力降尘措施。启动Ⅰ级（红色）预警时，要求全市建成区范围所有房屋建筑和市政基础设施工程一律停止土方开挖、土方运输、房屋拆迁、道路挖掘等扬尘作业，直至红色警报解除。

5. 依托智慧平台，引导全民参与

依托媒体平台，曝光扬尘治理典型案例，倒逼问题整改，引导社会公众积极参与。实行有奖举报。2016年8月出台了《扬尘污染治理有奖举报方案》，发动市民举报建筑垃圾运输车辆不密闭等8类扬尘污染违法违规行为，经审核给予案件举报人资金奖励。2018年11月，调整优化有奖举报办法，简化受理立案、奖金发放等流程，举报领奖更便捷。市民提供泥头车撒漏等扬尘污染行为线索、经审核确认立案的，7日内即可领取奖励30元，有效激励、引导市民参与治理。

（二）南宁市扬尘治理成效

经过三年多的治理，南宁市空气质量实现了逐年稳步提升，治理机制体系逐步健全完善，治理成效显著。

1. "慧眼"系统提升治理效能

"慧眼"系统开启了扬尘污染治理的"智慧时代"，实现了扬尘污染治理由"靠人管"向"科技管"转变。一是打破监管隔阂。破解了以往扬尘治理责任主体多、参与部门多、行政资源管理分散等难题，相关部门之间的对接也更为紧密和快捷，对城市工程运输车的管理由"与我无关"到"必须相关"。二是打破信息隔阂。部门间的响应与协作越来越快捷和熟练，实现了相关业务部门信息共享、业务协同，满足了部门间的数据交换需求。三是打破执法隔阂。推行"学罚结合"的惩戒教育措施，建成并启用了全国首个城市工程运输车培训教育基地。

2. 南宁市空气质量显著改善

2016年以来，南宁市空气质量优良率保持高位运行，空气质量持续巩固提升。特别是"慧眼"系统建设及应用后，2017年，空气质量优良率为92.3%，全年连续7个月（3~9月）空气质量优良率达100%，优良率全区排名由第七升至第二；PM10、PM2.5浓度同比分别下降9.7%、2.8%。2018年，空气质量优良率达93.4%，同比上升1.1个百分点，空气质量位居全国地级以上城市第二十、省会城市第六，总体均位居前列。2019年，空气质量优良率为91.2%，空气质量综合指数为3.95，同比下降（改善）0.3%；空气质量在全国168个重点城市中排名第十七，较2018年的第二十位提高了3个位次。

二 南宁市扬尘治理智慧化建设中存在的问题

（一）责任落实不够到位，影响智慧化建设进程

一是责任划分不够具体。从宏观层面来看，南宁市已经明确了各监管部门的主要工作职责，但是在智慧化建设的感知层、传输层、平台层、应用层等各机构建设与各职能部门之间还缺少对标工作清单，在具体的工作如何落实、各部门之间如何有效地实现智慧化联动方面，还缺乏全市层面的统筹协调。

二是部分监管主体的责任存在重叠。一方面，职能部门存在责任重叠。针对扬尘治理工作职能部门均存在相应的监管责任和执法职能，因此在对扬尘进行实际监管的过程中，易出现责任重叠、职责不清的情况。另一方面，属地管理之间存在责任重叠。属地管理的责任重叠主要体现在各城区、开发

区之间，由于存在监管区域重叠现象，在工地监管方面容易出现职能不清、监管交叉的问题。

（二）感知数据获取不全，智慧功能无法有效应用

一是未能将视频监控资源有效整合。将视频监控资源进行有效整合要围绕"源头—路线—末端"三个环节，但是南宁市尚未有效对源头、路线和末端三个方面进行有效整合。"慧眼"系统还没有和生态环境、住建、交通运输、交警等相关部门的监控系统在数据信息对接获取方面形成全面协同，仍未获得卡口地磅数据、车辆轨迹数据以及工地坐标和环保监测市控数据等用于智慧化分析的重要数据信息。

二是扬尘监测点有待科学布局。南宁市还存在扬尘监测仪布点不够科学合理、布点监测密度不够等问题。目前，"慧眼"系统的视频监控点主要设置在建筑工地、采石场等扬尘污染源的出入口，视频监控范围以出入口为主，在建筑工地、采石场等扬尘污染源内部等扬尘重点防范区域还没有安装或设置完善的视频监控设备，对于建筑工地、采石场等扬尘污染源内部的整体空气质量、颗粒物浓度等指标还未能开展有效的实时监测和数据储存。

三是未能实现车载GPS有效回传。目前，南宁市的"慧眼"系统通过在搅拌车、泥头车上安装车载GPS，有效回传搅拌车、泥头车实时行驶数据，对车辆开展实时的轨迹跟踪监测。但由于运输企业未能为搅拌车、泥头车规范化安装GPS，致使部分搅拌车、泥头车的车载GPS在长时间使用后出现损坏、失灵的情况，不能及时向"慧眼"系统回传车辆行驶的轨迹信息，致使"慧眼"系统无法有效捕捉部分搅拌车、泥头车的GPS信息。

（三）专业人才队伍紧缺，阻碍智慧化长效发展

一是城市治理智慧管理工作缺少高、精、专的技术团队支撑。当前，南宁市城市治理智慧管理方面的人才力量较弱，在扬尘治理智慧化建设过程中核心技术队伍不稳定，导致扬尘治理信息系统功能的业务需求、技术改进、

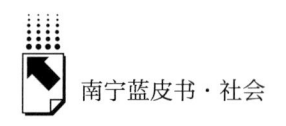

维护，以及政府购买服务中系统研发公司的具体技术考核与改进等方面工作的开展缺少稳定、高效的技术团队支撑。

二是城市治理智慧管理基层专业技术人才难引难留。南宁市从事城市治理信息化管理等相关工作的基层专业技术人才的薪酬待遇普遍低于信息化领域企业信息技术人员的薪酬待遇，因此，难以吸引和留住具有较强专业技术和丰富工作经验的信息化专业技术人才。基层专业技术人才的缺乏在一定程度上制约了扬尘治理智慧化的建设和发展。

（四）诚信惩戒体系尚未完善，诚信惩戒未能充分运用

一是尚未建立大气环境质量信用评分体系及相关规定。目前，北京、郑州等城市已经建立起了大气环境质量信用评分体系，同时配套出台了相关奖惩规定，对环境保护领域违法失信行为实施信用惩戒。然而，南宁市还未建立相关大气环境质量信用评分体系，也未出台相应的奖惩规定，因此对制造扬尘污染空气环境的企业及个人缺乏相应的信用惩戒依据和评分标准。

二是诚信数据难以在扬尘监管部门之间实现共享。各监管部门在收集诚信数据时未能通过统一的渠道获取诚信信息数据，导致各类诚信信息数据分散在多个监管部门。这些部门之间尚未建立起诚信信息互通共享的沟通机制，致使扬尘治理主体不能及时获取全面有效的诚信信息数据，无法对制造扬尘的企业和个人实施有效的诚信惩戒，影响了惩戒的有效性。

（五）智慧化联动效应不足，"慧眼"应用程度有待提升

一是未能充分利用"慧眼"系统将各监管部门联动起来。"慧眼"系统为南宁市扬尘治理智慧化提供了硬件支持，是实现各监管部门统一行动、协同配合的重要平台，但是"慧眼"系统未能在纵向的各层级及横向的各类别监管部门之间实现充分的互联和使用，导致通过"慧眼"系统处置案件的效率不高。另外，案件处理流程、环节较多进一步阻碍了"慧眼"系统

提高联动效应。

二是"慧眼"系统本身的易用性不强。"慧眼"系统作为扬尘治理智慧化的重要联动平台，属于现代化治理过程中的新事物，具有技术性、新颖性及一定程度的复杂性等特征，因此在设计上和应用上暂未很好地实现人性化和易用性，也暂未形成便捷的反馈机制，不能对出现的扬尘问题进行及时反馈，致使监管主体未能第一时间获取全面的监管信息，并及时通知监管对象进行整改，在系统应用的执法效率上仍有待进一步提升。

三 提升南宁市扬尘治理智慧化水平的对策建议

提升南宁市扬尘治理智慧化水平，要从顶层设计着手，按照南宁市"一朵云、五平台、多维应用"智慧城市建设的总体要求，以当前扬尘治理的"慧眼"系统为基础，部署推进南宁市扬尘治理云平台建设，重点加强组织执行、感知基础建设、支撑平台建设、应用功能建设、社会参与模式创新、保障机制建设等，实现扬尘治理智慧化的长效监管目标。

（一）建立扬尘治理智慧化组织执行机制

1. 厘清工作责任清单，建立责任落实机制

一是落实党政"一把手"同责共管。明确南宁市各职能部门党政领导对扬尘治理业务主管工作的主要领导责任，以及各城区（开发区）党委（党工委）、政府（管委会）党政领导对扬尘治理属地管理的主要领导责任。二是厘清扬尘治理的责任要求。将扬尘治理智慧化建设工作进行指标任务分项、对照梳理，进一步明确职责分工、目标任务、建设步骤和工作要求。三是制定重点事项责任到岗清单。制定扬尘治理智慧化工作的重点事项倒排时间表，明确重点事项、落实部门、落实岗位、时间节点。

2. 整合部门执法职能，建立联动协调机制

一是市直部门做好专业指导，统筹推进智慧化建设。强化顶层设计，统一对各个治理节点在感知、传输、处置、分析、研判、预警、应急等智慧化

应用方面的建设标准和建设要求。二是实行成员单位例会制度。进一步强化南宁市打赢"蓝天保卫战"指挥部办公室的统筹协调功能，实行月度例会制度，现场议定解决措施和解决方案，并明确落实单位及完成时限。三是建立扬尘治理智慧化主题攻坚月机制。分类分项解决智慧化建设在感知层、传输层、平台层及应用层等各个层面的建设瓶颈问题，以及智慧化建设在人力、物力、财力等方面的保障落实问题。

3. 加强督查问效工作，建立监督考核机制

一是开展重点事项节点督查。定期对智慧化建设工作进行重点督查，及时掌握工作进展情况，对于未能按要求完成重点任务的，要求其迅速整改、限期达标。二是开展不定期暗访督查工作。结合建筑工地、消纳场及各个空气质量监测点等的视频设备、扬尘监控设备的日常使用及运行情况，加强综合及专项监督执法检查，完善暗查暗访工作机制，并对发现的问题依法及时处理。三是建立责任实效考核制度。将扬尘治理目标责任纳入南宁市年度生态文明绩效评价考核和责任追究制度之中，完善政府绩效考核指标并定期公布考核结果。

（二）加快扬尘治理智慧化感知基础建设

1. 整合视频监控资源

推进扬尘源头场所的视频监控设施建设，基于"智慧南宁"的统一架构平台，对未整合的视频资源强化备案，指导规范、新建视频监控设施，通过数据标准化、协议标准化将各类视频转换为国家标准。各城区（开发区）要按照"重点区域、重大项目""普通区域、一般项目""边缘区域、零散项目"三大类进行摸底调查，确定分批次推进视频监控设施建设的任务列表，加快推进扬尘视频动态监控设施建设并整合纳入"慧眼"系统。

2. 科学布点安装扬尘监测仪

根据南宁市地理、气候及经济社会活动状态等实际情况，加强空气质量监控的布点规划。结合近几年扬尘污染源区域的数据评估分析，明确扬尘污染源的重点防范区域，并在重点防范区域内的建筑工地、采石

场、消纳场、水泥搅拌站等场所试点安装空气质量监测仪，包括颗粒物浓度监测仪、气象参数监测仪、噪声监测仪等，实现颗粒物浓度、气象参数、噪声等在线监测，并将数据接入"慧眼"系统，实现对扬尘的实时监测和数据储存。

3. 规范化安装使用车载GPS

组织开展工程车辆GPS规范化安装使用的专项整治行动，对泥头车、搅拌车未安装GPS或GPS已损坏、不达标的，责令车主立即停工整改。此外，将对泥头车和搅拌车的动态监控工作作为运输企业质量信誉考核和年度审验的重要内容。要求南宁市运输企业开展自查，全面整改未使用符合标准的GPS监控平台、GPS监控平台未接入联网联控系统、未按规定上传道路运输车辆动态信息等问题，确保车辆的GPS运行正常、轨迹监控信息传输顺畅。

4. 其他数据资源和技术的采集整合

整合各城区（开发区）的扬尘治理联合执法卡点的地磅在线数据信息、执法取证视频信息、执法案件信息等，采用4G等无线传输方式，接入"慧眼"系统。加快推进各个卡口、卡点数字扫描仪设备的标准化安装，提高对车辆信息的精准化识别度。推动解决市城乡建委、自然资源、工信、城管执法、交通运输及生态环境等部门之间的数据传输技术障碍和信息安全障碍，加快推进扬尘治理智慧化数据传输技术、终端技术的规范化、统一化，实现扬尘治理智慧化的联动应用。

（三）完善扬尘治理智慧化支撑平台建设

1. 城市扬尘监管地理空间数据系统

以城市环境信息的空间数据及相关信息为基础，通过对扬尘治理中建筑工地、采石场、搅拌站、消纳场等源头场所及执法卡点、空气质量监测点等相关空间的信息的采集、存储、管理、编辑等，为扬尘治理的部门执法、社会参与、在线监测等提供一个可供参照的地理空间标准和操作应用环境。

2. 在线扬尘监测数据系统

在完善整合视频监控和科学布点安装在线扬尘监测设备的基础上，建立

在线扬尘监测数据系统，推动智慧城管与智慧环保的理念应用，与各级环保局污染源监控中心和智慧城管监控中心无缝对接，实现互联互通，实现对扬尘污染的实时监测、应急预警、数据查询、数据分析、设备管理等。

3. 联动执法管理信息系统

建立覆盖全市各个层级的扬尘治理联动执法管理信息系统，结合南宁市当前扬尘治理的网格化监管模式，搭建市级、城区（开发区）级、街道（乡镇）级、社区（村）级、网格级五级执法管理数据库，将执法人员、网格、重点区域进行可视化展示，全面采集业务审批结果、执法协调指挥、执法案件管理、执法队伍监督、执法事件处置、执法存证管理、执法监查考核、执法专项应用、数据分析研判、公众参与监督等数据信息，实现联动指挥、日常管理、监督执行的基本功能。

4. 大气环境信用信息系统

借鉴北京、郑州关于环境信用信息的运用模式，建立南宁市企业及个人的大气环境信用信息系统。联通市直各个部门的信用监督系统，设置信息记录库、信息录入库、信息核验库及信用公示平台等。对企业和个人的各类扬尘治理违法违规行为进行信息的采集、核验、公示、入档等，为实施失信联合惩戒和诚信奖励激励提供实时可查的数据平台。

5. 应急指挥调度系统

建立应急指挥调度系统应以应急信息发布功能、应急指挥调度功能及应急部件检索功能等为重点。结合扬尘污染可能发生的各类紧急突发事件涉及的相关要素，建立扬尘污染应急资源储备信息库。根据应急危急指数制定A、B、C、D四类应急预案，对应急资源的配套、人员的调度、措施的安排等进行科学测算，提高应急处置的效率。

（四）拓展扬尘治理智慧化应用功能建设

1. 实时监测

强化运用扬尘治理云平台的实时监测功能，拓展研发视频监控、颗粒物监测、气象监测、图像监测、执法监测等数据信息的智能反应功能，如研发对泥头车撒漏、路面扬尘污染、颗粒物监测数据等实时监控视频、图像、数据等的智能识别功能，根据识别结果发布系统发布扬尘污染事件疑似提示。

2. 信息查询

加强扬尘治理云平台的信息交互查询功能，在完善信息筛选和单体对象查询功能的基础上，通过将海量数据根据查询目的生成图形、动画、仪表盘、表格等可视化数据的方式，为各类决策分析提供不同阶段、不同专题、不同维度的海量原始信息。

3. 分析决策

加强扬尘治理云平台的分析决策功能，重点研发规律性分析、主题指标分析、自定义分析等功能。研发数据计算模式，将扬尘治理相关信息在时间和空间两个维度的变化态势通过实时监控、历史回放、模拟推演等进行变化规律展示，为决策提供更为客观的体验分析。

4. 预警预报

加强扬尘治理云平台的预警预报功能，科学计算南宁市扬尘污染的预警指标指数或建立预警指数模式，将其与平台各个系统的相关数据信息进行关联，设置关联信息的监测、计算、分析及报告模式，建立基于数据关联分析的预警预报机制。

5. 应急处置

加强扬尘治理云平台的应急处置功能，将日常监管力量、应急储备力量及社会发布力量、社会参与力量等通过各个用户终端纳入平台的应急处置资源库，将政府各职能部门和资源进行有效结合，实现实时监控应急事件发展态势、处置进度、人员投入、医疗配置等信息，建立一个信息即时联动、线上线下决策、部门调度协调的可视化指挥调度系统。

6. 联动执法

依托扬尘治理云的联动执法管理信息系统，打通市、区、街道、社区、网格各层级的管理通道，形成即时全城联动的执法模式。同时，依据实时监测系统的感知层对扬尘治理的事件、物件、空间等要素的信息采集反馈，作

出执法联动所需资源的部门调配、区域调配的智慧化选择,实现精准调度、精准执法,优化配置执法力量以实现执法效能的最大化。

7. 社会参与

扬尘治理云平台要加强面向社会公众的服务参与功能,支持各种终端平台通过公网访问公开的数据信息,提供跨区域、全时间、多层次的信息查询,实现扬尘治理的智慧化公开。此外,加快推进面向社会公众的各类客户端的研发,调动社会公众自主参与扬尘治理监管、意见反馈等,使扬尘治理智慧化感知更加全面、深入。

8. 信用奖惩

运用大气环境质量信用信息系统,拓展应用企业信用评价体系的奖惩功能。在完善南宁市大气环境质量信用评价体系的基础上,研发信用信息录入智能加减分模型,设置减分的等级化惩戒提示和加分的等级化奖励提示。可依据系统的智能提示,对相关企业进行及时的信用奖惩公告,充分发挥信用奖惩的杠杆作用,促进企业强化自我约束、落实扬尘治理工作要求。

(五)创新扬尘治理智慧化社会参与模式

1. 加强扬尘治理智慧化的宣传工作

依托自治区属和市属的电视台、广播电台、报纸等多种媒体形式,加强南宁市扬尘治理智慧化相关部署以及各类社会参与的智慧化载体和方式的宣传工作。在市属广播电台、电视台、报纸等设置扬尘治理智慧化的宣传专栏或节目,广泛宣传近年来南宁市在推进扬尘治理智慧化建设方面采取的主要措施和取得的成效,增强社会各界参与扬尘治理工作的积极性和自觉性,号召广大市民和社会组织协力参与,保卫"南宁蓝"。

2. 创新社会参与监管的载体途径

研发多元化的公众参与共治的智慧化载体。宣传"智慧城管"的市民举报热线,注册使用守卫"南宁蓝"的扬尘治理微信公众号,开发"南宁蓝"公共服务手机 App,以及依托网站留言板、便民服务论坛等多种渠道,设置"一键"举报功能,尽可能地拓宽社会参与扬尘治理的智慧化感知获取渠道，让市民群众随时、随地、随手即可便捷化地完成扬尘污染的上报。创新社会参与的奖励激励机制，提高公众参与积极性。

3.试行扬尘治理第三方监理

可借鉴浙江省徐州市的经验做法，试点引入第三方，对主城区扬尘污染防治进行监理。监理内容主要是按照《防治城市扬尘污染技术规范》对南宁市建筑工地、采石场、消纳场、水泥搅拌站等扬尘污染源头进行日常监管。

参考文献

［1］贝文馨：《"智慧城市"核心内涵研究——以上海"智慧城市"建设为中心》，硕士学位论文，上海师范大学，2017。

［2］甘雪：《成都市智慧城管建设的案例研究》，硕士学位论文，电子科技大学，2018。

［3］蒋刚、李飞：《扬尘监控与自动降尘系统实施效果浅析》，《城市建设理论研究》（电子版）2018年第20期。

［4］金健、李召召：《建筑工程扬尘治理深层次探究》，《浙江建筑》2018年第11期。

［5］刘瀚文：《扬尘智能监管系统的建设与展望》，《无线互联科技》2019年第3期。

［6］刘洋：《面向居民需求的智慧化城市管理研究——以河北省威县为例》，硕士学位论文，河北师范大学，2017。

［7］马瑞鹏：《闹市区施工现场扬尘治理研究及工程应用》，硕士学位论文，安徽理工大学，2015。

［8］易建军主编《智慧环保实践》，人民邮电出版社，2019。

［9］张庆合：《关于城市扬尘污染防治的思考》，《环境与发展》2018年第11期。

［10］张耘、胡睿：《超大型城市智慧化治理体系建设研究——基于整体性治理理论》，《行政管理改革》2018年第6期。

B.21
南宁市污水处理差别化收费政策研究

赵略敬 黄诗厦 黄有廷*

摘 要：《国家发展改革委关于创新和完善促进绿色发展价格机制的意见》（发改价格规〔2018〕943号）提出，要完善污水处理收费政策，建立与污水处理标准相协调的企业污水排放差别化收费机制。本报告针对南宁市目前存在的不同类型企业排放污水处理费征收标准"一刀切"的问题，以非居民污水为研究对象，从建立城市污水处理费差别化征收政策的角度出发，通过对污水处理费征收现状、存在问题的梳理，提出建立污水处理费差别化征收方案的思路及相关政策建议，以期激发企业污水处理技术创新，促使排污企业主动治污减排，促进绿色价格机制和生态文明有机结合，进一步推动南宁市经济发展以及生态文明建设。

关键词： 污水处理费 差别化收费 定价机制

污水处理费是指污水集中处理设施按规定向排污者提供污水处理有偿服务收取的费用。根据污水的来源，可将污水分为居民污水、非居民污水和特

---

* 赵略敬，南宁市发展和改革委员会副处长级干部；黄诗厦，南宁市发展和改革委员会价格管理科科长；黄有廷，南宁市发展和改革委员会价格管理科副科长。

殊行业污水三大类。其中，非居民污水含污染物最多、成分最复杂，不同类型的非居民污水处理成本差异较大，因此本报告主要针对以工业污水为代表的非居民污水处理费的收费标准展开研究。

一 南宁市污水处理及污水处理费征收现状

（一）污水处理总体情况

据统计，2016年南宁市污水处理量为30713.33万立方米，完成化学需氧量（COD）削减量34121.21吨，完成氨氮削减量5272.79吨（见图1），在运行的县级以上污水处理厂处置污泥163946.90吨。2017年南宁市污水处理量为31573.46万立方米，完成化学需氧量削减量29566.47吨，完成氨氮削减量5909.00吨，在运行的县级以上污水处理厂共处置污泥146562.42吨。与2016年相比，2017年南宁市污水处理量增加了2.8%、化学需氧量削减量下降了13.3%，氨氮削减量上升了12.1%，处置污泥量下降了10.6%。

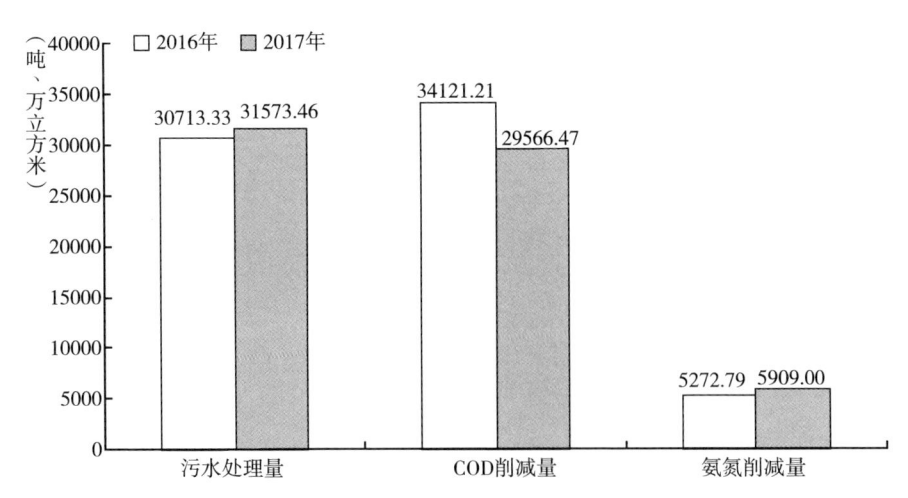

图1 2016~2017年南宁市污水处理总体情况

资料来源：南宁市环境资源局。

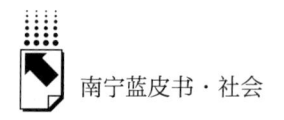

（二）非居民污水处理情况

非居民污水来源复杂、所含物质种类繁多，使得污水处理难度加大、管理困难。根据《中华人民共和国水污染防治法》相关规定，工业污水排放须先进行预处理，达标后方可进入市政管网，再排入污水处理厂统一进行处理。课题组采用随机抽样的方式，对14个行业39家工业企业的工业污水预处理情况、市内主要工业污水厂污水处理情况进行了调研。

1. 企业预处理情况

南宁市工业企业污水预处理主要分为使用自建污水处理站处理达标后直排（4家）、使用自建污水处理站预处理后排放到污水处理厂（15家）、使用自建污水处理站处理的循环水（11家）、直接排放到污水处理厂（5家）等四类，占比情况如图2所示。可以看出，目前南宁市工业企业污水预处理以使用自建污水处理站预处理后排放到污水处理厂及直接排放到污水处理厂两种方式为主，合计约占74%。

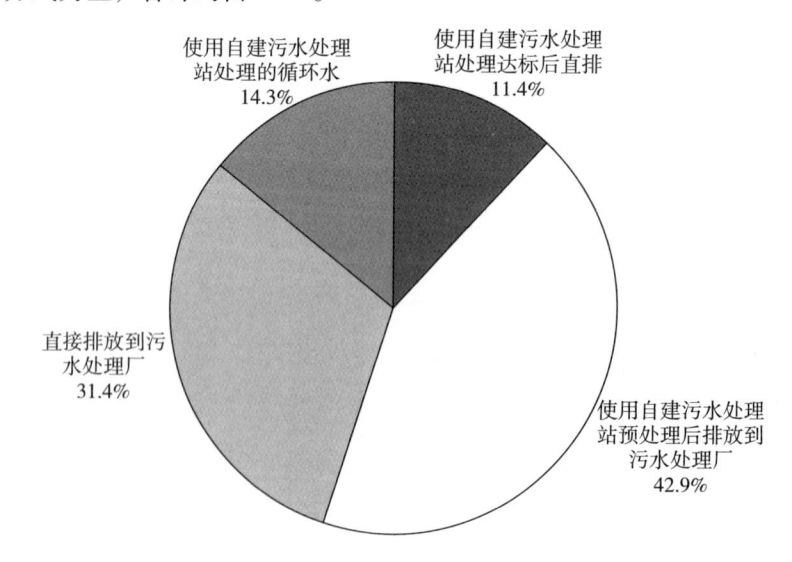

图2　南宁市各类工业企业污水预处理方式占比情况

2.污水处理厂再处理情况

南宁市污水处理厂主要有琅东污水处理厂、江南污水处理厂、三塘污水处理厂、五象污水处理厂、那考河再生水厂及沙江河再生水厂。2018年琅东污水处理厂、江南污水处理厂、三塘污水处理厂、五象污水处理厂、沙江河再生水厂等五家工业污水处理厂尾水排放都达到《城镇污水处理厂污染物排放标准》（GB18918-2002）一级B标准，那考河再生水厂已将排放标准提高至一级A标准（见表1）。

表1 2018年南宁市工业污水处理厂污水处理情况

单位：万米³/日，%

污水处理厂名称	污水处理设计规模	实际处理污水量	出水水质排放标准	平均处理负荷率
琅东污水处理厂	35	35.80	一级B标准	102.29
江南污水处理厂	72	56.47	一级B标准	78.43
三塘污水处理厂	8	3.34	一级B标准	41.75
五象污水处理厂	5	1.41	一级B标准	28.20
那考河再生水厂	5	4.90	一级A标准	98.00
沙江河再生水厂	5	5.91	一级B标准	118.20

资料来源：南宁市住房和城乡建设局。

南宁市人民政府办公厅印发的《南宁市水污染防治攻坚三年作战方案（2018—2020年)》（南府办〔2019〕3号）要求，到2020年南宁市要完成污水处理厂提标改造，尾水排放达到《城镇污水处理厂污染物排放标准》（GB18918-2002）一级A标准。现阶段除那考河再生水厂可达到此标准外，其余五家污水处理厂的污水处理设施还无法达到，需要进行提标改造。由于污水处理厂提标改造将使污水处理成本进一步提高，按照《国家发展改革委关于创新和完善促进绿色发展价格机制的意见》（发改价格规〔2018〕943号）精神，需要进一步建立健全与污水处理标准相协调的差别化污水处理费征收机制。

（三）污水处理费征收相关政策梳理

从已出台的政策来看，目前已有相关政策文件支持建立与城镇污水处理

标准相协调的污水处理费动态调整征收机制，但在差别化征收污水处理费方面尚未出台具体的指导意见和方案。

1. 国家层面

财政部、国家发展改革委、住建部于2014年联合下发了《污水处理费征收使用管理办法》（财税〔2014〕151号），明确了污水处理费的定义、征收标准制定原则及征收方式。

2018年，国家发展改革委印发了发改价格规〔2018〕943号文件，鼓励各地根据弥补成本并合理赢利的原则，建立与污水处理标准相协调的企业污水排放差别化收费机制。

2. 自治区层面

2015年，广西壮族自治区物价局、财政厅、住房城乡建设厅转发了《国家发展和改革委员会、财政部、住房和城乡建设部关于制定和调整污水处理收费标准等有关问题的通知》（桂价格〔2015〕117号），明确设区城市污水处理收费标准每吨应调整至居民不低于0.95元、非居民不低于1.4元，重点建制镇的污水处理收费标准每吨应调整至居民不低于0.85元、非居民不低于1.2元。

2019年，自治区住房城乡建设厅、生态环境厅及发展改革委三部门联合印发了《广西城镇污水处理提质增效三年行动方案（2019—2021年）》（桂建城〔2019〕21号）。文件提出，要按照补偿污水处理和污泥处理设施运营成本并合理赢利的原则，建立城镇污水处理费动态调整机制。

3. 南宁市层面

2017年南宁市物价局、财政局、城乡建设委员会联合印发了《关于调整我市城区非居民污水处理费收费标准有关问题的通知》（南价格〔2017〕14号），明确规定南宁市城区污水处理费分为居民和非居民两类，居民污水处理费征收标准为1.14元/米^3，非居民污水处理费征收标准为1.40元/米^3。

2019年南宁市印发了《南宁市水污染防治攻坚三年作战方案（2018—

2020年)》(南府办〔2019〕3号)。文件要求,对污水处理厂水质进行提标改造,到2020年底前,县级及以上污水处理设施全面达到一级A标准,并相应完善污水处理收费政策。

同年,南宁市出台了《南宁市乡镇污水处理收费实施方案》(南府办函〔2019〕167号),明确了南宁市城区所辖乡镇按居民0.85元/米³、非居民1.2元/米³的收费标准开征污水处理费。文件明确,在该方案发布前已依法履行定价程序制定污水处理收费标准的城区和县城所辖乡镇,按原政策规定执行;尚未制定乡镇污水处理收费标准的县城,可参照南宁市城区所辖乡镇污水处理收费标准执行。

(四)南宁市污水处理费征收情况

南价格〔2017〕14号文件要求,从2017年1月1日起,南宁市城区居民污水处理费调整为1.14元/米³,非居民污水处理费由1.14元/米³调整为1.40元/米³,均达到国家要求的最低收费标准。

南宁市依照财税〔2014〕151号文件精神,在污水处理费征收、污水处理服务费支付方面实行"收支两条线"的管理模式,并委托广西绿城水务股份有限公司(以下简称"绿城水务")代为征收污水处理费。绿城水务按照代征协议及价格主管部门公布的价格文件按月代征污水处理费,并通过城区财政局非税收入专户全额按月上缴地方国库。所征收的污水处理费纳入地方政府性基金预算管理,再由各城区财政根据实际需要核拨。

据统计,2016年污水处理费代征总额为42336.30万元,其中,居民生活污水处理费约占65.96%,非居民生活污水处理费约占33.84%,特种用水污水处理费约占0.2%。2017年污水处理费代征总额为47278.32万元,居民生活污水处理费约占62.17%,非居民生活污水处理费约占37.83%。2018年1月至9月污水处理费代征总额为36088.55万元,居民生活污水处理费约占61.23%,非居民生活污水处理费约占38.77%。

二 南宁市污水处理费征收政策存在的问题

(一)污水处理费定价体系有待细化

分类及计量方式方面,目前南宁市污水处理费仅简单划分为居民污水处理费及非居民污水处理费,仍存在对不同行业污水处理费"一刀切"的问题。同一地区不同企业排放的污水中污染物的浓度不同,但是执行的是同样的收费政策及收费标准,这既无法体现高污染行业中不同污水类别的处理成本,也没有明显体现价格机制对高污染行业企业技术创新、降低污染物排放浓度和自觉处理污水的引导作用。

动态调整制度方面,一是征收标准调整周期过长,导致其与企业建设运营成本的增长不相适应。二是由于国家、自治区尚未出台具体的污水处理价格管理办法、相关定价原则以及成本核算规定,南宁市暂无可以遵照借鉴的上位法规。

(二)尚未建立信息公开与意见反馈机制

南宁市目前没有制定有关污水处理费征收标准公开和意见反馈的监督管理机制,虽有年度成本核算,但没有公开详细信息,没有有效体现对污水处理企业的监督作用。

(三)监督机制有待完善

现阶段南宁市城市污水处理的行业监管部门既是污水处理政策法规的制定者,又是污水处理行业的监管者,既要负责行业规划,又要对污水处理行业进行监管,导致政策职能和监管职能难以分开,监管职能出现错位、缺位,部门联合治理监督机制未能发挥有效作用。

三 国内污水处理差别化收费模式

目前,我国江苏、浙江等省份建立了污水处理差别化收费机制。参考江苏、浙江等典型省份的具体做法,将我国差别化征收污水处理费模式总结如下。

(一)化学需氧量浓度及有害污染物多因子浓度分档计收

该模式选择主要污染物指标进行检测,并根据有关指标分档设定差异化的收费标准。具体来说,就是依照"基准值+多因子浮动"累加计价的方式进行计收,基准值以COD为征收依据,多因子主要使用综合水质指标,如pH值(酸碱度)、SS(悬浮物)、TP(总磷)、TN(总氮)、NH3-N(氨氮)五种污染物。该模式依据"多污染多付费"的原则,以推动企业主动加强污水预处理、减少污染物排放为目的。

(二)企业环保信用等级分档计收

环保部门根据企业环境行为信息,按照规定的指标、方法和程序,针对企业遵守环保法律法规、履行环保社会责任等方面的实际表现,进行环境信用评价,并将企业分为绿、蓝、黄、红、黑五个等级。对于评为"红色"等级的企业,加收不低于0.6元/米^{3}的污水处理费;对于被评为"黑色"等级及连续两次以上(含)被评为"红色"等级的企业,加收标准不低于1.0元/米^3,下一年度企业环保信用评价结果达到"黄色"等级以上,方可停止执行差别化污水处理费征收方式。对使用再生水的企业不收取污水处理费,以实现促进排污企业重复使用水资源、提高水资源利用率的目的。

四 南宁市污水处理费差别化征收方案初步思路

建立差别化污水处理费征收方案是完善污水处理收费政策的核心与关键,在参考其他城市成功经验的基础上,结合南宁市正在推进的社会信用体系建设工作,依据企业污染物排放情况及企业环保信用等级两个不同的维度,提出两种差别化污水处理费方案。

（一）方案一：按企业排污情况计收

1. 主要思路

根据对南宁市污水处理费成本监审及主要污水处理厂成本的调查情况，现行污水处理费征收标准基本可以满足在一级B标准下的污水处理成本。但若污水处理厂进行提标改造，现行收费标准无法满足成本需求。因此，本方案考虑加入政府补贴来维持污水处理厂的正常运行。依据发改价格规〔2018〕943号文件精神，按污染物种类、浓度、环保信用评级等企业排污情况，分类分档制定差别化收费标准。依照化学需氧量浓度及多因子有害污染物浓度的分档标准，采用"基准值+多因子浮动+信用等级"累加计价的方式进行计收。

2. 征收标准

结合南宁市经济发展水平及企业的承受能力，建议实施"三步走"战略，基准值及分档值可按照南宁市实际需求弹性制定。本方案中的分档值参考《污水排入城镇下水道水质标准》（GD/T 31962-2015）和《污水综合排放标准》（GB 8978-1996）制定。

第一阶段：按照"COD+污染因子（1种）"累加计收（见表2、表3）。

表2　以污水COD浓度为标准的分档计价

单位：元/米³

分档	实测污水COD值	收费标准
一	COD≤200	1.4
二	200＜COD≤300	加收0.1
三	300＜COD≤500	加收0.2

表3　以一种污染因子为标准的分档计价

单位：mg/L，元/米³

污染因子	基准值	分档值	浮动标准
氨氮（NH3-N）	15	5	0.1

第二阶段：按照"COD+污染因子（2种）"累加计收（见表2、表4）。

表4 以两种污染因子为标准的分档计价

单位：mg/L，元/米³

污染因子	基准值	分档值	浮动标准
氨氮(NH3 – N)	15	5	0.1
悬浮物(SS)	70	50	0.1

第三阶段：按照"COD+污染因子（5种）+企业环保信用评级"累加计收（见表2、表5、表6）。

表5 以五种污染因子为标准的分档计价

单位：mg/L，元/米³

污染因子	基准值	分档值	浮动标准
氨氮(NH3 – N)	15	5	0.1
悬浮物(SS)	70	50	0.1
总磷(以P计)	8	0.5	0.1
总氮(以N计)	70	5	0.1
pH值	6.5~9.5	0.5	0.1

表6 以企业环保信用等级为标准的分档计价

单位：元/米³

企业类型	环保等级	计收标准 基准值	浮动值
鼓励发展类	A	1.4	-0.1
整治提升类	B	化学需氧量+有害污染物多因子收费总额	0.3

因南宁市企业环保信用评级方案正在制定中，仍未出台相关政策，本方案仅作为参考，不纳入计收范围。若南宁市企业环保信用评级方案出台后，可考虑作为补充标准进行征收。

在本方案中，评为A级的排污企业必须满足两个条件：一是连续一年及以上化学需氧量处于第一档，且有害污染物多因子在基准值以内；二是在该年内未出现环保事故。

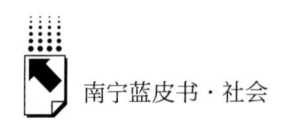

（二）方案二：按企业环保信用等级计收

1. 主要思路

将南宁市工业污水排放企业进行信用等级划分或执行已有的信用等级标准，将企业划分为鼓励发展类和整治提升类两类企业（即环保信用"红黑榜"），根据行业类别的异同及其主要污染因子的含量，将企业划分为高度污染企业、中度污染企业以及轻度污染企业，并分档计收污水处理费。

2. 征收标准

污水处理成本主要包括污水集中处理设施建维费、电费、药剂费、大修理费及各项税费等。结合南宁市价格主管部门对南宁市污水处理费2013~2015年的成本监审情况，以及南宁市主要污水处理厂2017年污水处理成本，在保证污水处理厂获得一定收益的情况下，设定本方案污水处理费基准值为1.7元/米^3。

本方案以南宁市生态环境局制定的企业环保信用评级为征收污水处理费的依据，以测算出来的污水处理费单位价格为基准值，以实际评级档次为上浮累计值累加。本方案分为两个阶段，具体如下。

第一阶段（未出台奖惩条例）

该征收标准执行期为一年，执行的排放水质标准以达到《污水综合排放标准》（GB8978-1996）三级标准或相应的行业标准为限。每年2月进行重新评级，并将评级结果在排污许可证上公示，代征污水处理费单位根据评级结果征收，详见表7。

表7 以企业环保信用等级为计价标准

单位：元/米^3

企业类型	环保等级	计收标准 基准值	计收标准 浮动值
鼓励发展类	A	1.7	—
整治提升类	B	1.7	0.1

在本方案中，评为 A 级的排污企业必须满足三个条件：一是连续一年及以上排放的污水中各污染因子达到相应行业排放标准要求；二是在该年内未出现环保事故；三是按时足额缴纳污水处理费。评为 A 级的企业在执行 A 级价格标准期间超标排放或出现其他违法行为，当月降级并执行 B 级价格标准，自评定之日起执行一年。

第二阶段（出台并实施奖惩条例）

自第一阶段结束之日起执行，执行的排放水质标准由当地生态环境部门依照相关规定制定，详见表8。

表8 以企业环保信用等级结合奖惩条例为计价标准

单位：元/米^3

企业类型	环保等级	计收标准 基准值	计收标准 浮动值
鼓励发展类	A	1.7	-0.2
整治提升类	B	1.7	-0.1
	C	1.7	0.1
淘汰转型类	D	1.7	0.2

A 类企业判定条件同上。评为 A、B 级的企业在执行相应价格标准期间超标排放或出现其他违法行为，当月降一级并执行相应价格标准；评为 D 级的排污企业的惩罚性加收自评定之日起执行一年。

（三）方案比较

方案一对预处理排放标准达到综合排放三级标准以上的企业无影响，对个别排污因子超基准值的工业企业有一定影响，但单位浮动值指标较小，影响不大。同时，由于污水处理费占企业总支出的比例较小，调整污水处理费将对企业产生一定影响，但程度不高，若小幅度提高污水处理成本，在企业可承受范围之内。

方案二通过倒推污水处理企业运营成本（弥补成本并留有合理收益），并结合企业环保信用等级的划分层级，将差别化收费价格标准分为两个阶段逐步推行，既可促使企业尽快加大对污水处理设施的投入力度，提高预处理标准，又较好地顺应了国家、自治区及南宁市对环境保护事业的推进趋势。方案二对预处理排放标准达到综合排放三级标准或行业排放标准的企业无较大影响，对个别排污因子超标的工业企业有一定影响。如此一来，不仅可有效督促企业加大对污水处理设施的投入力度，"两步走"的递进式收费格局也在一定程度上缓解了对排污企业的冲击力度，符合我国建设"信用中国"的各项要求。

总体来看，方案一采用"基准值＋多因子浮动＋信用等级"分阶段实施的做法，有助于稳步建立污水处理差别化收费机制，较为符合南宁市实际。

五 完善南宁市污水处理差别化收费政策体系的对策建议

为落实发改价格规〔2018〕943号文件精神，进一步完善有利于南宁市绿色价格的污水处理差别化收费政策体系，特提出如下建议。

（一）科学制定差别化价格方案

一是摸底调查本地区整体经济情况，对污水排放单位和污水处理单位的处理能力和经营承受能力进行综合考量，并分析本地区水污染防治形势和经济社会承受能力等因素，结合相关法律法规要求合理规划。二是根据实际情况选择适合本地区的征收模式，可按照污水中污染物种类、浓度，以及企业环保信用等级分类，制定差别化征收标准，将污水排放单位的污水浓度与当地计划削减指标、计收标准挂钩，加大对重点污染物的征收力度，倒逼企业主动升级污水处理设施，提高污水处理水平。

（二）建立差别化征收政策体系

一是试行差别化征收政策，强化"多污染多付费"的政策导向。运用价格杠杆促使污水排放单位减少污水排放，提高污水入网达标率，试点工作取得一定成效后，及时总结经验，再全面推行污水处理差别化收费政策。二是针对重点污水排放单位要"对症下药"、加强管理，重点突出对这类单位的监管，按照非居民用户高于居民用户、重污染行业高于一般行业的原则分类制定污水处理费征收标准，拉大重污染企业与其他企业污水处理费的差距。

（三）建立污水处理费动态调整机制

一是应基于生产要素价格变化和实际污水处理任务的变化，建立满足污水处理企业实际运营需要的、"定期＋动态"相结合的污水处理费调节机制。二是依照《水污染防治行动计划》对水污染物排放总量的削减指标要求，借鉴生态环境部出台的《固定污染源排污许可分类管理名录》（2019版），分类制定工业污水预处理标准，实行排污许可证制度与总量减排相结合的方式。同时，为规范化管理，建议将化学需氧量、氨氮等综合性水质指标的具体排放限值在排污许可证上注明，用排污许可证制度将总量控制落到实处。三是建议未来加强对污泥处置问题的监管，系统制定与污水减排规划相衔接的污泥防治规划，重点放在处理效果较差或污染较为严重的行业，实行分行业、分类别管理。

（四）制定奖惩减免政策和核定办法

在补充配套政策时，为体现发改价格规〔2018〕943号文件提出的"谁污染谁付费""多污染多付费"的公平负担原则，发挥价格政策对污染物减排和水环境治理的引导作用，应出台奖惩政策和核定办法。在执行惩罚机制以及相关办法的同时，引入奖励机制，一方面加大对治污不利的污水排放单位的惩罚力度，另一方面减免主动治理的污水排放单位的污水处理费，以激发企业参与环保的积极性，进一步鼓励企业对污水进行治理。

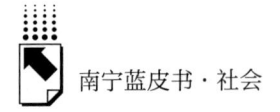

（五）加强部门协作配合，强化监督检查

建议南宁市价格主管部门牵头建立污水处理费联席会议制度，主动与生态环境、住建、财政等相关部门加强协作，统筹运用价格、环保、财政、金融、投资、产业等政策措施，形成政策合力，共推绿色发展。健全政府部门监督机制，加强财政、价格、审计部门和上级城镇排水与污水处理主管部门对污水处理费的征收、使用和管理的监督检查，完善监督管理机制，加快排水监管机构、队伍和能力建设。同时，提高污水业务服务的社会公开度，引导社会公众监督政府行为。

B.22
南宁市促进建筑垃圾资源化利用对策研究

南宁市政协专题调研组*

摘　要： 建筑垃圾的管理问题已经成为城市管理中的一个难题。妥善解决建筑垃圾这一群众反映强烈的民生问题已刻不容缓，促进建筑垃圾资源化利用极其紧迫且势在必行。本报告深入研究了南宁市建筑垃圾资源化利用的现状，分析了存在的问题，包括建筑垃圾源头控制和收运管理有待加强、建筑垃圾再生产品应用水平有待提升、缺乏相关扶持政策等。通过学习借鉴国内外其他城市建筑垃圾资源化利用的经验做法，提出更新思想观念、加强组织领导、加强顶层设计、加强规划统筹、加强规范监管、加强科技研发、抓好试点示范等对策建议。

关键词： 建筑垃圾　资源化利用　城市治理

---

* 调研组组长：魏凤君，南宁市政协副主席。调研组成员：甘英姿，南宁市政协常委会委员、副秘书长、办公室副主任；韦杰鹏，南宁市政协常委、南宁市政协人口资源环境与城乡建设委员会主任；何广华，南宁市政协委员、南宁市政协人口资源环境与城乡建设委员会副主任（执笔人）；赵伟波，南宁市政协委员、南宁市政协文化文史和学习委员会主任；张海元，南宁市政协人口资源环境与城乡建设委员会原主任；黄赞，南宁市政协常委会委员、南宁市住建局副局长；李军，南宁市政协委员、南宁市政和园林局副局长；陈莉，南宁市政协委员、南宁市生态环境局总工程师；尹玉林，南宁市农工商集团有限责任公司董事长；黄康华，南宁市青秀区政协委员、广西美斯达工程机械设备有限公司董事长；马莉，南宁市政协文化文史和学习委员会办公室主任；郑立川，南宁市政协人口资源环境与城乡建设委员会办公室工作人员。

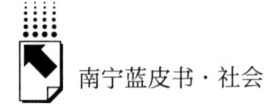

为充分发挥人民政协作为协商民主重要渠道的作用，助推南宁市加强建筑垃圾管理、促进资源化利用、助力打赢蓝天保卫战，南宁市政协成立专题调研组，聚焦南宁市建筑垃圾资源化利用情况，开展深入调研。调研组先后听取了市相关部门工作情况介绍，实地察看部分项目建设现场，赴青岛、贵阳等城市考察取经，广泛收集相关信息资料，并召开座谈会充分听取各方的意见和建议，寻找具有南宁特色的建筑垃圾资源化利用模式，提出相关对策建议，促进建筑垃圾资源化利用。

一 南宁市建筑垃圾现状及资源化利用面临的形势

所谓建筑垃圾，是指新建、改（扩）建、拆除各类建（构）筑物、管网、道路等以及房屋装饰装修过程中产生的渣土、弃料及其他废弃物。随着新型城市化进程的加快，南宁市建筑垃圾日益增多，据市政园林局统计，2017年南宁市建筑垃圾产生量约为4000万立方米，2018年约为5000万立方米，2019年为5907.38万立方米（折合约7680万吨），同比增长约18.1%。工程渣土和工程泥浆占建筑垃圾总量的92%左右，拆除垃圾、装修垃圾、工程垃圾总计占8%左右。

目前，南宁市建筑垃圾主要是运输至建筑垃圾消纳场进行处置，如南宁市城东固体废弃物消纳场等。截至2019年底，南宁市共有大型建筑垃圾消纳场57个（市级审批16个，城区审批41个）。其中，可以正常使用的建筑垃圾消纳场有10个，因手续不全、证件到期、超高超范围等暂停使用的有28个，已经填满封场的有19个。同时，南宁市开展了建筑垃圾资源化利用的探索实践，如积极引导墙材生产企业利用建筑废弃物生产新型墙体材料。一批墙材生产企业积极响应，利用地铁、建筑基坑开挖的渣土生产烧结多孔砖，利用拆除砖块、道路翻修混凝土块等生产混凝土空心砌块等，取得了较好的社会效益和经济效益。但南宁市建筑垃圾资源化利用设施还较少，建筑垃圾资源化利用潜力远没有得到充分发挥，年资源化利用量仅为200万吨左右。

南宁市建筑垃圾绝大部分仍然是露天堆放或简单填埋，有的甚至随意倾倒，对土地资源、环境质量造成严重影响和危害。一是空气质量受影响。建筑垃圾产生、运输、堆放过程中会产生大量粉尘和灰沙，甚至有害气体，一些可燃建筑垃圾焚烧过程中会产生有毒有害物质，造成了不同程度的空气污染。二是水资源环境受污染。未经处理而简单堆放、填埋的建筑垃圾，由于发酵和雨水的冲刷，造成周围地表水和地下水的污染。三是大量农地被占用。建筑垃圾简单堆存、掩埋，占用了大量的农地，据估计，南宁市每年产生的建筑垃圾弃置堆放占地约4000亩。四是土壤质量降低。一些露天堆放的建筑垃圾因受各种外力影响，不断侵入附近土壤，土壤物质组成被改变，土壤结构被破坏，从而使土壤生产力逐渐下降。五是地灾隐患加剧。建筑垃圾弃置地或消纳场具有一定的随意性，设施简陋，没有采取永久性加固措施，存在许多安全隐患，容易出现滑坡、崩塌等地质灾害。南宁市已多次发生消纳场滑坡事故，如青秀区佛子岭路建筑垃圾消纳场滑坡，曾经造成高铁线路运行中断。城市建设发展是一个不断外扩的过程，现在的消纳场可能是将来城市建设的重点区域，建筑垃圾可能要再次转移，且南宁市建筑垃圾消纳方式大多为倾倒推平，没有经过分层碾压，不具备开发建设的地基承载能力，在再次转移过程中存在安全隐患。六是破坏市容市貌，恶化环境卫生。建筑垃圾堆存占用空间大、杂乱无章，这与打造中国绿城"升级版"的要求不协调，影响城乡风貌；建筑垃圾倾泻进入地下排水管网，造成下水管道堵塞，影响行洪排涝；部分建筑垃圾中混杂生活垃圾，没有进行适当处理，一到下雨天，脏水污物四溢，恶臭难闻，成为细菌滋生地，对城市环境卫生产生恶劣影响。七是反复搬迁造成巨大投资浪费。建筑垃圾二次甚至多次搬迁清运，不仅增加交通运输量，加大道路污染、扬尘治理的压力和交通安全隐患，而且影响工期，造成大量投资浪费，甚至造成新的环境污染。凤岭北路厢竹大道至凤凰岭路短短两公里的路段建设需搬运建筑垃圾近1000万立方米，增加投资近4亿元。

妥善解决建筑垃圾这一群众反映强烈的民生问题已刻不容缓，实施建筑垃圾资源化利用极其紧迫且势在必行。党的十九大报告强调要"着力解决

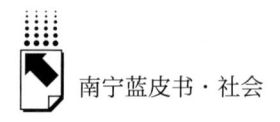

突出环境问题""加强固体废弃物和垃圾处置",明确将"坚决打好污染防治攻坚战"作为全国工作重点。近年来,南宁市委、市政府认真贯彻落实党的十九大精神,将打好污染防治攻坚战、打赢蓝天保卫战作为全市的重点工作,这凸显了促进建筑垃圾资源化利用的必要性和紧迫性。

二 南宁市建筑垃圾资源化利用存在的困难和问题

(一)建筑垃圾源头控制和收运管理有待进一步加强

宣传力度不够,全社会支持建筑垃圾资源化利用的良好氛围远未形成。目前建筑垃圾源头分类仅建立了装修垃圾分类示范点,尚未在全市铺开设置装修垃圾处置点,不少小区物业没有认真开展建筑垃圾分类工作,影响了建筑垃圾源头分类和资源化利用的效率。对建筑垃圾的收运管理缺乏有效措施,建筑垃圾偷倒乱倒现象严重。

(二)建筑垃圾再生产品应用水平有待进一步提升

技术创新不足,企业缺乏深加工技术,建筑垃圾再生产品的推广应用存在瓶颈。建筑垃圾资源化初级利用主要是建筑基坑及市政道路等回填和园林绿化用土等。中端利用目前主要是墙体材料生产企业选择性地利用工程弃土生产烧结孔砖、利用拆除废弃砖石和混凝土块等生产混凝土空心砌块。南宁市建筑垃圾资源化利用总体上处于粗放阶段、低水平状态,虽已申报登记732.5万吨总利用能力,但与全市建筑垃圾产生量相比,其建筑垃圾资源化利用率并不高。一些高端的建筑垃圾再生产品还有待研究开发。另外,由于目前市场对再生产品的认识不足,建筑垃圾再生产品售价虽然比其他材料新产品低,但其销路仍很不顺畅。

(三)缺乏相关扶持政策

对建筑垃圾回收利用领域的投资、优惠等政策性支持较少,没有建立起有效的激励机制，达到一定规模的建筑垃圾资源化利用企业和建筑垃圾循环利用基地落地投产进展缓慢。在几家建筑垃圾资源化利用企业中，广西美斯达环保科技有限公司、广西绿宁渣土运输有限公司两家企业已具备生产条件，广西俊兴环保科技有限责任公司项目和莞联建筑垃圾资源化利用项目已落地，正在建设中，年处理工程渣土约500万立方米（已签订投资意向协议书）的广西绿利环保科技有限公司工程弃土资源化综合利用项目尚处在选址阶段。大量工程渣土的填埋处置影响了南宁市建筑垃圾资源化利用率的提升。

（四）资源化利用企业有待进一步发展壮大

目前，资源化利用企业规模偏小、点多分散，给规范化运输管理带来了一定难度。部分管理人员对资源化利用的认识不足，服务和指导力度不够，存在以罚代管现象，在一定程度上增加了建筑垃圾资源化利用的成本，影响了资源化利用企业的积极性。

三 国内外建筑垃圾资源化利用的成功经验和做法

在国外，很多国家已经把城市建筑垃圾资源化利用作为环境保护和社会发展的重要目标。在这些国家，建筑垃圾被称为放错了地方的"黄金资源"。韩国、德国、法国、日本、美国等国家的建筑垃圾都进入了资源化利用渠道，这些国家通过制定一系列政策法规，逐步实现了建筑垃圾处置科学化、减量化、无害化、资源化、产业化，形成了比较完整的建筑垃圾处置产业链，有效解决了建筑垃圾的处置问题。一些发达国家城市建筑垃圾资源化利用率在90%以上。在国内，深圳、青岛、杭州、苏州、西安、兰州、昆明等一些城市也已开始建立、推广建筑垃圾资源化利用产业链的尝试，旨在解决建筑垃圾的处理问题，并将可用建筑垃圾循环利用，提高资源化利用率，形成城市管理和环保产业发展并举的新思路。

青岛市自2013年开展建筑废弃物资源化利用工作以来，坚持"政府引导、社会参与、市场运作"的工作原则，按照行业发展产业化、管理服务信息化、政策扶持常态化、企业生产绿色化和产品推广市场化的"五化"目标要求，勇于改革创新，积极主动作为，建立行之有效的管理体系，突出法律法规的支撑作用，健全规范的管理体制，发挥科技创新的驱动作用，推动行业实现转型升级，推行绿色生态的发展模式，搭建行业综合性网络服务平台，强化特色经营理念，收到了良好效果。青岛市的建筑垃圾资源化利用水平处于全国领先地位，建筑废弃物资源化利用工作的"青岛模式"已基本形成。截至2018年，青岛市已批准建设建筑废弃物资源化利用企业20家，年设计利用能力超过3500万吨，累计资源化利用建筑废弃物7000万吨，可节约建筑垃圾填埋土地7000余亩，减少了对周边近2万亩土地和地下水源的污染，产值70亿元，实现了经济效益、社会效益和生态效益的有机统一。

四 加快促进南宁市建筑垃圾资源化利用的对策建议

（一）更新思想观念，形成建筑垃圾资源化利用广泛共识

坚持创新、协调、绿色、开放、共享的发展理念，把促进建筑垃圾资源化利用作为贯彻落实生态文明建设、推进绿色发展和打赢蓝天保卫战的重要举措予以定位，作为全面落实"强首府"战略的重要环节予以谋划，作为优化产业结构、发展循环经济、提高发展质量的重要抓手予以布局，作为坚持问题导向、关注热点、回应民生要求的具体体现予以行动。按照高质量发展的要求，坚持政府引导、社会参与、市场运作的原则，积极实施规范化管理、减量化控制、无害化处理、资源化利用、产业化发展、信息化支撑的"六化"思路，进一步强化部门联动，加强统筹协调，完善共享机制，构建布局合理、管理规范、技术先进的建筑垃圾资源化利用工作体系。充分借助各种新闻媒体和网络，注重依托"互联网+"信息平台，广泛深入宣传开展建筑垃圾资源化利用的重要性和必要性，普及建筑垃圾资源化利用基本知

识，加大对建筑垃圾资源化利用的服务和指导力度，及时曝光典型案例，积极引导公众树立建筑垃圾减量化排放、资源化利用和无害化处理的理念，争取公众对建筑垃圾资源化利用工作的理解和支持，提高公众参与推广应用建筑垃圾资源化利用新技术和新产品的自觉性和积极性，为促进建筑垃圾资源化利用营造良好舆论氛围。

（二）加强组织领导，凝聚建筑垃圾资源化利用工作合力

建筑垃圾资源化利用工作牵涉经济、环境、社会等各个方面，需要党委、政府的强力领导、多个部门的协调联动和全社会的共同参与。实践证明，对于建筑垃圾管理和资源化利用来说，关键问题不在于技术，而在于组织领导。应成立南宁市促进建筑垃圾资源化利用工作领导小组，建立由市重点办、发改、住建、市政园林、城管执法、自然资源、生态环境、工信、财政、科技、公安、交通运输、税务等部门组成的联席会议制度，落实管理责任，强化部门联动，实现信息共享，完善监督机制，形成服务、管理、监督"三位一体"管理体系，统筹协调推进建筑垃圾管理和资源化利用工作。各县区政府应发挥好建筑垃圾资源化利用工作的责任主体作用，制定实施方案，明确目标任务，落实责任分工，着力推进建筑垃圾资源化利用项目建设，督促有关部门依法履行监督管理职责。市委、市政府督查部门对各级、各部门履职情况进行督促检查，及时通报存在的问题，对履职不力的进行问责。将"互联网+"应用于建筑垃圾管理。通过网络平台实现科学的资源化利用设施布局、合理的运输路径选择，落实完善的分类收集制度。借助与政府职能部门联动的建筑垃圾网络管理平台，搭建数据交换平台，建立建筑垃圾监管方面跨层级、跨区域、跨部门的数据共享、交换、交易机制，打破行政界限和信息壁垒。

（三）加强顶层设计，引导建筑垃圾资源化利用有序开展

制定《南宁市加强建筑垃圾管理促进资源化利用工作实施方案》，明确工作目标，落实工作责任，细化工作内容和时间节点，强化工作措施，分阶

段逐步推进。尽快研究出台"南宁市建筑垃圾资源化利用条例""南宁市建筑垃圾资源化利用生产经营管理办法"等相关法规政策，为建筑垃圾资源化利用提供法律法规及政策依据。加快推进建筑垃圾资源化利用专项规划编制，抓紧研究制定建筑垃圾资源化利用的技术导则、设计标准和施工与验收规范，对产品进行认证并出台推广使用政策，规范行业发展秩序，引导产业健康发展，以标准化、制度化带动建筑垃圾资源化产品在市场中的普及和应用。结合打赢蓝天保卫战的要求，根据建筑垃圾存量与增量预测情况，制定建筑垃圾收运处置规划，明确目标任务和工作措施，落实政策、资金、技术等保障措施。探索补偿成本、合理赢利的原则，建立收费制度。制定政府优先采购政策，将再生建材产品纳入城市建设优先采购的绿色产品名录。设立专项基金，创新投融资政策机制，注重发挥财政资金的引导作用，对建筑垃圾资源化利用企业给予资金补助、税收减免、信贷支持等各种政策优惠。依法依规控制天然资源开发，强制关停辖区内不符合环境功能区划的采石场和砂石场，拓展建筑垃圾资源化利用的需求空间。

（四）加强规划统筹，加快建筑垃圾资源化利用设施建设

统筹产业规划、空间规划，从全市层面统筹规划建筑垃圾资源化利用的储存地、消纳地、生产场所，实现空间布局、生态、社会服务、智慧城市的综合协调。因地制宜，科学合理确定规划区特别是城市新开发片区的竖向标高，适当提高竖向标高控制线，在项目立项、设计、施工阶段，充分考虑如何推进建筑垃圾源头减量，在一定范围内实现挖填土方区域平衡。抓好建筑垃圾资源化利用设施建设，加快推进建筑垃圾资源化利用设施的科学合理布局，按照就地处理、就地就近回用原则，采取现场与厂区、移动与固定相结合的方式，最大限度降低运输成本。新建消纳场应满足有关标准要求，严格执行分区作业、堆填高度、分层厚度、台阶高度、平台宽度、边坡角度以及排水系统、场内道路等方面的要求，规范消纳作业管理，降低地灾风险。利用建筑弃土进行园林绿化、堆山造景、场地回填，避免出现反复"搬家"的现象。按照环境保护要求，严格将建筑垃圾资源化利用设施产生的粉尘、

废气、废水、噪声污染控制在一定范围内。按照建筑垃圾再生产品规模化、高效化、产业化发展的要求，从政策上大力支持和引导具备条件的县区规划建设循环经济产业园区或新型建筑材料产业园区。通过特许经营、购买服务、股权合作等方式，积极引入社会资本，进一步规范建筑垃圾资源化利用企业生产经营管理模式，完善硬件设施，打造企业品牌，确保建筑垃圾资源化利用再生产品产业链的良性发展。

（五）加强规范监管，确保建筑垃圾处理全程安全环保

严格处理核准，探索将处理核准纳入施工扬尘污染防治方案备案、施工安全备案和建设项目环境影响评价等环节。加强排放管理，注重源头管控，继续大力抓好建筑工地安全质量和文明施工管理。坚持把建筑垃圾分类存放和密闭储存的要求纳入文明建筑工地管理等考核指标范围。推行精细化施工管理，建筑工地需按要求设置车辆冲洗保洁设施，配备待运建筑垃圾覆盖设施，安装好防污降尘设施。建筑垃圾应按规范的分类标准分别投放、分类运输，严禁将生活垃圾及其他有毒有害垃圾混入建筑垃圾，并对建筑垃圾中存在的有毒有害废弃物进行无害化处置。规范建筑垃圾运输管理，建筑垃圾产生方应将建筑垃圾交由具备资质、管理规范的专业运输企业承运。加强对建筑垃圾运输的动态监管，严防建筑垃圾运输车辆沿途泄漏、抛洒，造成环境污染。开展存量治理，全面排查建筑堆放点隐患，查检评估堆放稳定性，制定综合加固整治方案并限制治理，定期开展监测工作。完善建筑垃圾消纳场监管工作制度及设置管理标准，确保建筑垃圾消纳场管理规范化、标准化、制度化，并按要求对建筑垃圾消纳场开展生态修复。

（六）加强科技研发，促进建筑垃圾再生产品的广泛应用

鼓励和支持政府部门、各建筑垃圾资源化利用企业与区内外高等院校、科研机构联合开展科技攻关，实现产、学、研、用一体化发展，大力研发再生骨料、再生混凝土、再生沥青等先进适用技术，优先对再生建材产品进行新型墙体材料认定，并结合城市建设的实际需求，将其广泛应用到海绵体构

建、绿道铺砖、路面建设、地基稳固、房屋建筑等工程项目中，推进建筑垃圾资源化再利用。尤其要对占建筑垃圾总量约90%的工程渣土和工程泥浆资源化利用开展集中攻关，破解这一最大的难题。鼓励和支持装备制造企业积极研发新技术与新工艺，提高装备制造能力，大力生产新型成套装备，提高建筑垃圾资源化利用效率。加强对建筑垃圾资源化利用相关方面人才的培训，切实提高从业人员的能力和水平。发挥科技创新带动作用，提高建筑垃圾再生产品质量，促进再生产品的应用推广。推进建筑垃圾资源化利用工艺发展和产品规范化、标准化，增加建筑垃圾再生产品的科技含量和附加值，为建筑垃圾再生产品的推广奠定基础。鼓励和支持建筑垃圾资源化利用企业、科研院所、试验检测机构合作开展再生建材产品研究，利用建筑废弃物生产城市道路、市政、园林绿化、堤岸护坡等工程建设所需的原料和相关产品，丰富建筑垃圾资源化利用产品种类，不断拓宽建筑垃圾资源化利用渠道。将符合标准的建筑垃圾再生产品列入政府采购目录和绿色建材推荐目录，政府相关项目建设在同等条件下优先采用建筑垃圾资源化利用产品，推动建筑垃圾资源化利用产业化向纵深发展。

（七）抓好试点示范，推动建筑垃圾资源化利用产业转型升级

积极争取国家、自治区在建筑垃圾管理和资源化利用政策、资金、项目等方面的支持，按照国家、自治区制定的试点示范标准，认真组织试点城市、试点城区、试点企业、试点项目申报工作，争取被纳入国家建筑垃圾管理试点范围。加快编制建筑垃圾管理试点实施方案，明确工作目标、工作任务、工作措施及计划安排，探索创新，深入推进试点工作。关注国家、自治区相关政策动向，认真规划项目，精心准备项目申报材料，积极与上级部门沟通协调，争取上级更多的项目、资金、技术扶持。积极探索具有南宁特色的建筑垃圾资源化利用新模式，加快推进建筑垃圾资源化利用示范工程、示范企业和示范县区建设，发挥示范带动作用。为了促进建筑垃圾资源化利用，南宁市建筑垃圾资源化市场发展应由政府引导逐步转向由市场机制调节，采取具有南宁特色的运作模式，积极培育若干个技术装备水平较高和产

业竞争力较强的建筑垃圾资源化利用示范企业,在技术创新、成果转化、技术推广、市场引领等方面发挥辐射带动作用,助推南宁市建筑垃圾资源化利用产业更好更快地发展壮大。

参考文献

[1] 贵阳市城管局、贵阳市住建局:《关于贵阳市建筑垃圾管理及资源化利用情况汇报》,2018年2月。
[2] 贵州省人民政府办公厅:《关于加强建筑垃圾管理促进资源化利用的通知》,2016年11月。
[3] 九三学社中央委员会:《让建筑垃圾成为"城市资源"》,《人民政协报》2015年7月24日。
[4] 青岛市建委资源化利用办公室:《青岛市建筑垃圾资源化利用情况介绍》,2018年2月。
[5] 青岛市人大(含常委会):《青岛市建筑废弃物资源化利用条例》,2017年10月。
[6] 山西省人民政府办公厅:《关于进一步加强建筑垃圾管理加快推进资源化利用的通知》,2018年2月。

B.23
南宁市易地扶贫搬迁拆旧复垦对策研究

联合课题组*

摘　要： 拆旧复垦是易地扶贫搬迁工作的重要组成部分和必须完成的任务，直接关系易地扶贫搬迁工作的成败。南宁市正严格落实中央和自治区的部署要求，扎实推进易地扶贫搬迁拆旧复垦工作。总体来看，南宁市易地扶贫搬迁拆旧复垦工作仍存在拆迁旧房困难较多、贫困群众顾虑重重、部门合力不够等问题，还需紧密结合当地实际、借鉴先进地区的经验，在紧扣群众利益、优化服务保障、创新工作举措等方面精准发力，确保拆旧复垦工作顺利完成，为全面实现脱贫助力。

关键词： 易地扶贫搬迁　拆旧复垦　群众利益

易地扶贫搬迁是以习近平同志为核心的党中央为打赢打好脱贫攻坚战、全面建成小康社会采取的超常举措，拆旧复垦是易地扶贫搬迁工作的重要组成部分和必须完成的任务，直接关系易地扶贫搬迁工作的成败。南宁市正严格落实中央和自治区的部署要求，扎实推进易地扶贫搬迁拆旧复垦工作。但由于各方面原因，工作进度和效果还不尽如人意，亟待采取有力措施加以解决。

---

* 课题组成员：梁国禄，中共南宁市委政研室（改革办）主任、市委副秘书长（兼）；李耿民，中共南宁市委政研室副主任；黄一峰，中共南宁市委政研室（改革办）社会科科长；宗高伟，中共南宁市委政研室（改革办）社会科四级主任科员；龙丰，南宁市自然资源局国土空间生态修复科科员；李伟捷，隆安县森林公安局刑事侦查队科员。

一 易地扶贫搬迁拆旧复垦的重要意义

习近平总书记强调,易地扶贫搬迁不仅要改善人居条件,更要实现可持续发展。将腾退出来的宅基地进行复垦复绿,对于整合发展资源,保障群众利益,巩固脱贫攻坚成效,实现经济、社会、生态效益的有机统一,具有十分重要的意义。

(一)有利于提高土地利用的效率

拆除旧宅基地后,对能够复垦为耕地的优先复垦为耕地,可以增加耕地面积、提高耕地质量、保障粮食安全;对不具备复垦价值或复垦条件的则按照"宜林则林、宜草则草"的原则实施生态保护和自然恢复,最大限度发挥土地的生态价值;对适用增减挂钩等政策的土地有计划地进行交易,可以为城市建设和工业发展创造更多的有利条件,最大限度发挥土地的综合价值。

(二)有利于保障搬迁群众的切身利益

原有的农村耕地等的权属关系不变,复垦后搬迁群众还享有优先承包权,且群众的生产、生活条件得到极大改善。不少地区结合实际制定、出台了奖励措施,搬迁群众在旧房屋被拆除时,能获得一笔补偿资金,积极拆除者往往还能获得额外奖励,使群众搬迁后的生产发展有了更坚实的基础。此外,拆旧复垦可有效断除搬迁群众的"退路"之念,推动他们更加安心地在搬迁新址生产生活。

(三)有利于拓宽地方的发展路径

地方政府有效运用增减挂钩政策,盘活复垦土地资源,既可为易地扶贫搬迁偿还融资提供资金支持,有效减轻地方政府的债务负担,又可以用结余的资金发展地方经济。同时,易地扶贫搬迁拆旧复垦工作既有对贫困群众的搬迁，又有对群众就业等的技能培训，还有对城乡土地等资源的重新规划利用，等等。这有利于提升城乡人力资源水平，进一步优化国土空间利用格局，提高国土资源利用水平，为更好实施乡村振兴战略、加快推动城乡协调发展创造了良好的条件。

二 南宁市易地扶贫搬迁拆旧复垦的基本情况

近年来，南宁市始终把易地扶贫搬迁作为打赢打好脱贫攻坚战的重要抓手，扎实推进各项工作，取得了阶段性成效。截至2018年底，全市已竣工住房15056套，搬迁入住62302人，易地扶贫搬迁住房建设及搬迁入住任务全面完成。

与之相比，南宁市搬迁群众原有房屋的拆旧复垦工作相对滞后。根据摸底排查，全市易地扶贫搬迁建档立卡贫困户中，独立房有8956户，连体房有5371户，无房户有674户。2018年以来，南宁市相关县区按照"能拆快拆、应拆尽拆、分类施策、先易后难"原则推进拆旧复垦工作。截至2019年8月31日，拆除1447套，全市旧房拆除率为16.84%，在全区的排名相对靠后。按照自治区要求，搬迁群众在搬迁入住新房后，两年左右要拆除旧房。可以说，南宁市的拆旧复垦工作时间紧、任务重。

三 南宁市易地扶贫搬迁拆旧复垦工作
存在的问题及原因分析

（一）拆除旧房困难较多

一是一些房屋的地理位置偏远。部分搬迁户房屋地处深山，大型机械难以进入，给拆旧复垦工作带来了不少困难。二是一些房屋的结构复杂。部分旧房与其他群众住房紧密相连，甚至有的使用同一根承重梁，一旦拆除会产生安全隐患。三是一些宅基地的复垦价值较低。不少旧房建在裸石上，要进行复垦还需从别的地方运土，路途较远且运费较高，操作不易。还有一些房屋分散在村屯中间，复垦用途基本是种菜，价值不大。

（二）一些搬迁群众顾虑重重

不少搬迁户不愿意搬离旧房，其原因主要有如下几点。一是情感上有不舍，多数群众有"故土难离"情节，尤其是一些老人怀旧思想严重，不愿随子女搬到新居。二是生活上有差异，有的群众对新的生活方式极不适应，特别是对物业管理收费、卫生要求等一时难以接受。三是能力上有欠缺，不少搬迁群众缺乏必要的知识和技能，较难满足就业要求，单靠打工难以维持生活。四是生产上有不便，有的群众认为人地分离后，原有的家禽家畜难以照料，原有的农具和粮食存放比较困难，原有的土地不好耕种和管理。五是认识上有盲点，一些搬迁群众担心失去农村原有权益，有的甚至错误地认为安置房只有居住权而没有房产权，因而不愿意搬迁。六是态度上有观望，有的群众既想得到安置房，又想继续享有原农村住房，有钻政策空子的侥幸心理，于是等待观望、能拖就拖。七是需求上有差距，部分安置小区在学校、医院、扶贫车间等的配套建设上还相对滞后，与群众需求仍有不小差距。

（三）部门之间合力不强

易地扶贫搬迁拆旧复垦工作涉及发改、自然资源、财政、扶贫等单位和部门，具体的推进工作主要依靠镇、村两级干部。现阶段，全市部门之间的合力还没有充分发挥，合作还不够顺畅，一些拆迁土地利用价值较低，难以通过增减挂钩平台进行交易，在一定程度上影响了拆旧复垦工作的有效推进和良性循环。

（四）干部担当精神亟待增强

有的干部担当意识还不强，对职责范围内的基本情况不清、底数不明，对群众的思想状况还不了解，只是机械地按照上级的部署要求开展工作。有

的勇气魄力还不够，面对矛盾困难当"甩手掌柜"，工作拈轻怕重、挑肥拣瘦，存在畏难情绪、逃避心理。有的本领能力还不足，没有吃透相关法律法规和政策要求，不能以群众喜闻乐见的形式开展宣传引导工作，创造性开展工作的能力还相对欠缺。

此外，各县的补助标准、补助发放情况不尽相同，补助偏低、拨款较慢的县区遇到的工作阻力较大。比如，按照目前政策，上林县、马山县的补助标准高于隆安县，三县又是近邻，标准的差异会对搬迁群众造成不小影响。

四 国内先进地区成功经验和做法

为学习其他城市的先进经验和做法，调研组先后赴陕西省汉中市、贵州省遵义市进行学习考察，同时通过查询相关资料，广泛了解全国其他地区的好经验好做法。具体而言，先进地区主要采取了以下好的做法。

（一）注重找准工作抓手

将增减挂钩指标流转与易地扶贫搬迁贷款偿还挂钩，将指标流转资金优先用于解决拆旧复垦成本问题，或用作搬迁的还款保证金，也可以优先用于对搬迁群众的后续发展扶持，以土地交易的良好成效提供有力的资金支撑。同时，统筹抓好人居环境优化、产业发展等工作，为实施乡村振兴战略奠定良好基础。比如，广东省出台相关规定，明确复垦指标收益须全部用于脱贫攻坚和美丽乡村建设。

（二）严格规范工作程序

汉中市严格规范工作流程、分类标准、补助政策等，制定完善资金管理办法，明确各环节支付期限、比例，以及资金使用的审计要求等事项，让各级部门更加明晰自身职责及相关工作要求。同时，按照"精、准、严、实"原则，由乡镇、乡村、自然资源所收集项目实施前、中、后影像资料，以及拆旧复垦"四方"签字协议书、自查初验报告、农户花名等资料,实行镇（办）自验、县级初验、市级验收、省级核查制度。

（三）不断创新工作方式

大力采用科技手段,汉中市推广坐标定位技术,让技术单位参与土地复垦实地勘测,逐个定位图斑坐标,精准确定四至边界,大大提高了工作效率和精准度。注重吸引社会参与,湖北襄阳市保康县充分发挥银行等社会机构的作用,深化与农发行的合作,确保在垫付启动资金、危房推倒平整、增减挂钩交易等过程中资金顺畅周转。突出用好交易平台,广东省明确规定,复垦指标通过广州耕地储备指标交易中心设立的交易平台公开交易,并制定完善交易规则和程序,确保交易严格按照规定顺利进行。

（四）充分激发干部干劲

首先,制定、下发实施方案,将各项工作任务细化分解,确保事事有人管、有人抓、有人负责。其次,充分发挥奖补政策的驱动作用,广东省分别将复垦指标净收益的5%、5%、15%和75%分配给县级财政、镇级财政、土地所有权人和土地使用权人,有效调动了各方积极性。陕西省汉中市城固县腾退复垦工作完成后,按照验收合格面积,给予镇（办）2000元/亩的组织实施工作经费,根据完成任务的情况给予镇（办）金额不等的奖励金,还明确规定奖励资金的50%可用于奖励相关工作人员。最后,加大督导检查力度和频次,汉中市勉县坚持"周统计、月评比、季通报、年考核"工作机制,对不能按要求完成任务的直接进行函询,把任务完成率及省市核查验收合格率与干部绩效工资、考核奖励挂钩,作为单位评先评优、奖罚以及提拔干部的重要参考。

（五）大力加强宣传引导

在形式上,组建工作交流群、组装宣传车、开辟手机报,采取发短信、贴标语、召开会议、入户交流等灵活多样的方式开展宣传工作。比如,汉中市采取了"院坝会议"形式，干部深入基层，与群众在院子里或家门口，面对面、心贴心地进行交流。在内容上，重点宣传与群众关心的问题相关的政策，大力提高政策知晓率。比如，明确了旧宅基地腾退复垦后拆旧户优先享受承包经营权，或就近纳入农业园区进行土地流转；为生产生活存在困难的农户集中搭建农具房，作为生产性过渡用房；对群众重点关心的补助标准问题，组织村镇干部登门拜访、算账演示。在范围上，到镇、进村、入户开展宣传工作，做到不留死角，最大限度保障广大群众的知情权、参与权，实现了"条件成熟一户、协议签订一户、旧宅拆除一户、补助兑付一户"。在结果上，持续跟踪搬迁群众的生产生活，积极为搬迁群众安心生产生活创造条件。比如，遵义市加强对搬迁劳动力的技能培训，将生产车间建在安置区楼下，开设的农贸市场不收租金，只对入驻的搬迁群众收取500元/年的押金。同时，设立"喜庆堂"，方便群众办宴席；建立"乡愁馆"，供搬迁群众聚会和娱乐使用，并在馆内借助实物和图片来展示搬迁群众的生活变化，起到了抚慰搬迁群众思乡之情的良好效果。

五 深入推进南宁市易地扶贫搬迁拆旧复垦工作的对策建议

扎实推进易地扶贫搬迁拆旧复垦工作，巩固和扩大全市脱贫攻坚成效，既要贯彻落实好"核心是精准、关键在落实、确保可持续"的要求，也要充分借鉴外地的先进做法，结合实际综合施策、精准发力，确保按时保质完成既定目标。

（一）始终紧扣群众利益

原有权益要继续保持，对于户口、农林牧副渔业相关收入，以及土地承包、流转等相关权益，要充分尊重贫困群众意愿，保持搬迁前后一致。新的权益要及时确认，对群众搬迁后所享有的相关权益，要及时予以权属确认，使群众能够及时熟知、安心发展。额外费用要尽量避免，严控住房面积、建设成本，合理引导搬迁群众搬家和装修等方面的行为，尽量减少不必要的支出。具体困难要灵活处理，一方面，对仍要继续从事农业生产的搬迁群众，可通过建设规范化的储物间、出租集体用房等多种方式，协调解决其农具、化肥、种子等的储存问题，便于群众继续从事产业发展。另一方面，要注重解决群众各种不便以及心理不适问题，帮助他们早日适应新生活。

（二）着力优化服务保障

要坚持以公共服务吸引人。加快完善道路、水、电、气等基础设施，大力建设教育、医疗、卫生、社保、治安等方面的公共服务设施，完善社区管理方式，提高群众自我管理、自我服务的能力和水平。要坚持用社区环境感召人。大力加强迁入地居住环境的绿化美化工作，营造良好文化氛围，用宜人、温馨、向上的环境来吸引、留住群众。要坚持用事业发展留住人。用好相关政策措施，加快完善培训和就业服务体系，通过建立扶贫车间、建设工业园区、鼓励自主创业等形式，积极扩大公益性岗位供给，千方百计为群众提供更多更稳定的就业岗位。要坚持用和谐氛围鼓舞人。逐步弱化"安置区""搬迁户"等概念，引导群众牢固树立主人翁心态。通过举办群众联谊活动等，加强搬迁群众之间的交流，以细心周到的服务和友善和谐的氛围打消搬迁群众的种种顾虑。要坚持用基层党建凝聚人。把搬迁群众中的党员及时组织起来，选优配强党支部书记，用党组织来凝聚党员、团结群众、推动工作。同时，抓好党员发展工作，注重把政治素质好、年纪轻、有文化、懂经营、善管理的搬迁群众吸收到党员队伍中，为各项工作提供强有力的组织保障。

（三）突出创新工作举措

因地制宜，运用科技手段，最大限度提高工作效率和水平。比如，可选择推广使用现代坐标定位技术精准确定四至边界，采取工程、生物、自然等方面的方式进行腾退土地的生态保护和自然恢复。要创新方式方法，比如系统收集整理搬迁户在拆旧复垦前后的生活生产方面的实物、影音等资料，建

立"乡愁馆",设计布置代入性强的场景,更好地满足群众的思乡"怀旧"情节。

(四)大力强化科学统筹

纵向上,上级统筹要加强,要及时掌握各级工作进度,加强指导和督促检查,推动工作均衡开展。要以点促面,先行先试探索经验,再点面结合全面推开,打造县、镇(办)两级的增减挂钩项目、旧宅基地腾退复垦的示范点,带动全局工作扎实推进。可通过推进会、经验交流会、观摩会等具体形式,让基层单位充分交流工作经验,相互取长补短,更好推进工作。横向上,部门参与要充分,发改部门、自然资源部门要充分发挥牵头作用,尤其是土地增减办公室要精准指导易地扶贫搬迁从立项到最终验收、交易的全过程,尽量避免出现腾退的土地利用价值低、交易难、助推经济社会发展的潜力得不到充分释放等情况。整体上,综合效应要凸显,把易地扶贫搬迁户旧宅腾退工作,与村庄整治、"散乱污"企业整治等工作有机结合起来,彻底摸清可复垦土地的分布、面积、条件等基本情况,推动各项工作同频共振、互促共进。

(五)切实增强担当实干精神

责任要明晰,按照定人员、定职责、定时间、定进度的"四定"要求,将任务细化分解,切实把拆旧复垦工作责任压紧压实。督导要跟进,实行红黑榜通报制度,加大督查力度,实施常态化督促检查、跟踪督办,切实做到问题不查清坚决不放过、责任不追究坚决不放过、整改不彻底坚决不放过。激励要加强,加强对拆旧复垦工作一线党员干部的关心关爱,在政治上激励、工作上支持、待遇上保障、心理上关怀,激励他们敢担当敢作为。同时,加大教育培训力度,让干部对法律法规、政策要求、实施步骤、重点难点等情况和问题,做到底数清、情况明,切实提高能力和水平。结果要挂钩,充分发挥考核结果的"指挥棒"作用,将拆旧复垦工作的实际成果与干部提拔任用和单位评比等挂钩,倒逼各项工作有效落实。

（六）持续加强宣传引导

宣传内容要回应群众需求，聚焦群众关心关切的热点和难点，抓好对群众高度关注的旧宅基地腾退复垦拆旧范围、奖补标准、后续权属等内容的宣传。要考虑群众感受，采取群众喜闻乐见的方式，如散发传单、上门讲解、表演文艺节目、召开群众会议等，进行全方位、多角度、高频次的宣传讲解，做到家喻户晓、深入人心。宣传力度要照顾群众差异，针对拆旧复垦的重点对象，摸准摸透他们最关心的问题和最现实的需求，通过上门走访、谈心谈话等，逐一回应其关切，努力赢得群众的理解。宣传工作要注重实效，让群众真正看到搬新拆旧、宅基地复垦、土地集中综合利用带来的实惠，用群众身边的人和事，影响和带动更多的群众积极配合和支持拆旧复垦工作。

社会科学文献出版社

皮 书

智库报告的主要形式
同一主题智库报告的聚合

❖ 皮书定义 ❖

皮书是对中国与世界发展状况和热点问题进行年度监测,以专业的角度、专家的视野和实证研究方法,针对某一领域或区域现状与发展态势展开分析和预测,具备前沿性、原创性、实证性、连续性、时效性等特点的公开出版物,由一系列权威研究报告组成。

❖ 皮书作者 ❖

皮书系列报告作者以国内外一流研究机构、知名高校等重点智库的研究人员为主,多为相关领域一流专家学者,他们的观点代表了当下学界对中国与世界的现实和未来最高水平的解读与分析。截至2020年,皮书研创机构有近千家,报告作者累计超过7万人。

❖ 皮书荣誉 ❖

皮书系列已成为社会科学文献出版社的著名图书品牌和中国社会科学院的知名学术品牌。2016年皮书系列正式列入"十三五"国家重点出版规划项目;2013~2020年,重点皮书列入中国社会科学院承担的国家哲学社会科学创新工程项目。

权威报告·一手数据·特色资源

皮书数据库
ANNUAL REPORT(YEARBOOK) DATABASE

分析解读当下中国发展变迁的高端智库平台

所获荣誉

- 2019年，入围国家新闻出版署数字出版精品遴选推荐计划项目
- 2016年，入选"'十三五'国家重点电子出版物出版规划骨干工程"
- 2015年，荣获"搜索中国正能量 点赞2015""创新中国科技创新奖"
- 2013年，荣获"中国出版政府奖·网络出版物奖"提名奖
- 连续多年荣获中国数字出版博览会"数字出版·优秀品牌"奖

成为会员

通过网址www.pishu.com.cn访问皮书数据库网站或下载皮书数据库APP，进行手机号码验证或邮箱验证即可成为皮书数据库会员。

会员福利

- 已注册用户购书后可免费获赠100元皮书数据库充值卡。刮开充值卡涂层获取充值密码，登录并进入"会员中心"—"在线充值"—"充值卡充值"，充值成功即可购买和查看数据库内容。
- 会员福利最终解释权归社会科学文献出版社所有。

数据库服务热线：400-008-6695
数据库服务QQ：2475522410
数据库服务邮箱：database@ssap.cn
图书销售热线：010-59367070/7028
图书服务QQ：1265056568
图书服务邮箱：duzhe@ssap.cn

卡号：183248673345

S 基本子库
SUB DATABASE

中国社会发展数据库（下设 12 个子库）

整合国内外中国社会发展研究成果，汇聚独家统计数据、深度分析报告，涉及社会、人口、政治、教育、法律等 12 个领域，为了解中国社会发展动态、跟踪社会核心热点、分析社会发展趋势提供一站式资源搜索和数据服务。

中国经济发展数据库（下设 12 个子库）

围绕国内外中国经济发展主题研究报告、学术资讯、基础数据等资料构建，内容涵盖宏观经济、农业经济、工业经济、产业经济等 12 个重点经济领域，为实时掌控经济运行态势、把握经济发展规律、洞察经济形势、进行经济决策提供参考和依据。

中国行业发展数据库（下设 17 个子库）

以中国国民经济行业分类为依据，覆盖金融业、旅游、医疗卫生、交通运输、能源矿产等 100 多个行业，跟踪分析国民经济相关行业市场运行状况和政策导向，汇集行业发展前沿资讯，为投资、从业及各种经济决策提供理论基础和实践指导。

中国区域发展数据库（下设 6 个子库）

对中国特定区域内的经济、社会、文化等领域现状与发展情况进行深度分析和预测，研究层级至县及县以下行政区，涉及地区、区域经济体、城市、农村等不同维度，为地方经济社会宏观态势研究、发展经验研究、案例分析提供数据服务。

中国文化传媒数据库（下设 18 个子库）

汇聚文化传媒领域专家观点、热点资讯，梳理国内外中国文化发展相关学术研究成果、一手统计数据，涵盖文化产业、新闻传播、电影娱乐、文学艺术、群众文化等 18 个重点研究领域。为文化传媒研究提供相关数据、研究报告和综合分析服务。

世界经济与国际关系数据库（下设 6 个子库）

立足"皮书系列"世界经济、国际关系相关学术资源，整合世界经济、国际政治、世界文化与科技、全球性问题、国际组织与国际法、区域研究 6 大领域研究成果，为世界经济与国际关系研究提供全方位数据分析，为决策和形势研判提供参考。

法律声明

"皮书系列"(含蓝皮书、绿皮书、黄皮书)之品牌由社会科学文献出版社最早使用并持续至今,现已被中国图书市场所熟知。"皮书系列"的相关商标已在中华人民共和国国家工商行政管理总局商标局注册,如LOGO( )、皮书、Pishu、经济蓝皮书、社会蓝皮书等。"皮书系列"图书的注册商标专用权及封面设计、版式设计的著作权均为社会科学文献出版社所有。未经社会科学文献出版社书面授权许可,任何使用与"皮书系列"图书注册商标、封面设计、版式设计相同或者近似的文字、图形或其组合的行为均系侵权行为。

经作者授权,本书的专有出版权及信息网络传播权等为社会科学文献出版社享有。未经社会科学文献出版社书面授权许可,任何就本书内容的复制、发行或以数字形式进行网络传播的行为均系侵权行为。

社会科学文献出版社将通过法律途径追究上述侵权行为的法律责任,维护自身合法权益。

欢迎社会各界人士对侵犯社会科学文献出版社上述权利的侵权行为进行举报。电话:010-59367121,电子邮箱:fawubu@ssap.cn。

社会科学文献出版社